A CONSTRUÇÃO DAS CIÊNCIAS
INTRODUÇÃO À FILOSOFIA E À ÉTICA DAS CIÊNCIAS

FUNDAÇÃO EDITORA DA UNESP

Presidente do Conselho Curador
Herman Jacobus Cornelis Voorwald

Diretor-Presidente
José Castilho Marques Neto

Editor-Executivo
Jézio Hernani Bomfim Gutierre

Conselho Editorial Acadêmico
Alberto Tsuyoshi Ikeda
Áureo Busetto
Célia Aparecida Ferreira Tolentino
Eda Maria Góes
Elisabete Maniglia
Elisabeth Criscuolo Urbinati
Ildeberto Muniz de Almeida
Maria de Lourdes Ortiz Gandini Baldan
Nilson Ghirardello
Vicente Pleitez

Editores-Assistentes
Anderson Nobara
Fabiana Mioto
Jorge Pereira Filho

GÉRARD FOUREZ

A CONSTRUÇÃO DAS CIÊNCIAS

INTRODUÇÃO À FILOSOFIA
E À ÉTICA DAS CIÊNCIAS

Tradução de
Luiz Paulo Rouanet

© 1991 by De Boeck-Wesmael S.A.

Título original em francês: *La construction de sciences*
Introduction à la philosophie et à l'éthique des sciences

© 1995 da tradução brasileira:
Fundação Editora da UNESP (FEU)
Praça da Sé, 108
01001-900 – São Paulo – SP
Tel.: (0xx11) 3242-7171
Fax: (0xx11) 3242-7172
www.editoraunesp.com.br
www.livrariaunesp.com.br
feu@editora.unesp.br

Dados Internacionais de Catalogação na Publicação (CIP)
(Câmara Brasileira do Livro, SP, Brasil)

Fourez, Gérard, 1937 –
  A construção das ciências: introdução à filosofia e à ética da ciência / Gérard Fourez; tradução de Luiz Paulo Rouanet. – São Paulo: Editora da Universidade Estadual Paulista, 1995. – (Biblioteca básica)

Bibliografia.
ISBN 85-7139-083-5

1. Ciência – Filosofia 2. Ética I. Título. II. Série.

95-0853   CDD-501

Índices para catálogo sistemático:
1. Ciência: Filosofia 501

Editora afiliada:

SUMÁRIO

11 Prefácio

17 Capítulo 1
Introdução

O que é a filosofia?   Códigos "restrito" e "elaborado"
O apartamento, o porão, o sótão   Diversas tradições filosóficas
O porquê da filosofia em um programa de ciências   Filosofia
e indiferença   As questões particulares visadas neste ensaio
A ciência e os códigos éticos   O que é a normalidade?

37 Capítulo 2
Reflexões epistemológicas. O método científico:
a observação

Um método dialético   Uma "tese": a representação de Claude
Bernard   A observação científica   Observar é estruturar um
modelo teórico   O que é um "fato"?   Ponto de partida: as
proposições empíricas ou teóricas?   O que é uma definição
científica?   Sobre os objetos semelhantes ou diferentes: o
problema da semelhança, o mesmo e o outro   Objetividade
absoluta ou objetividade socialmente instituída?

Os diferentes sentidos da "atividade do sujeito"   A ideologia da imediatez científica   O sentimento de realidade   E o "real"?   A convicção do observador: "as provas"   Conclusão: a revolução copernicana da filosofia da ciência

63 Capítulo 3
O método científico: adoção e rejeição de modelos

Teorias, leis, modelos   Podem-se deduzir leis das observações?   A ciência é subdeterminada   A evolução de nossas teorias e modelos científicos?   Modelos ligados a projetos   São os nossos modelos necessários ou contingentes?   Verificações, falseamentos   O critério de "falseabilidade"   Exemplos de proposições não falseáveis   As experiências que decidimos "cruciais"   Modificações das linhas de pesquisas   O razoável não é puramente racional   A diversidade das metodologias científicas   Existe a "melhor" tecnologia?   Uma racionalidade não absoluta   A lógica das descobertas científicas

91 Capítulo 4
O método científico: a comunidade científica

Um ponto de vista agnóstico sobre a natureza última da ciência   Definir a comunidade científica   A comunidade científica faz parte do método científico   As ambiguidades do conceito de "comunidade científica"   Um grupo menos unido do que se diz   A comunidade científica pertence à classe média   Uma corporação com seus próprios interesses   Os cientistas como técnicos intelectuais

103 Capítulo 5
O método científico: a ciência como disciplina intelectual

As disciplinas e os paradigmas científicos   As condições culturais do nascimento de uma disciplina   A construção das regras disciplinares   As rupturas epistemológicas   Os conceitos fundamentais são construídos e não dados   Os falsos objetos empíricos   Evoluções não previsíveis   Um exemplo de um paradigma e de suas condições sociais: a medicina científica   Ciência normal e revolução científica   Nascimento de uma disciplina: período pré-paradigmático   Disciplinas estabelecidas:

período paradigmático   O desenvolvimento das abordagens paradigmáticas   O lugar do paradigma: o laboratório   O esgotamento dos paradigmas: em direção ao período pós-paradigmático   Traduções, reduções, explicações   Incomensurabilidade dos paradigmas   As traduções: necessidade de toda abordagem técnica   Os riscos das traduções: abuso de saber ou acidentes   A ciência: uma linguagem técnica como as outras?   A interdisciplinaridade: a busca de uma superciência?   A interdisciplinaridade como prática particular   A ciência: ferramenta intelectual para uma economia de pensamento?   A ciência: tecnologia intelectual?   A produção científica

145 Intermezzo
A ciência e os quadrinhos sem legenda
Um jogo cheio de convenções   As observações   As leis e as teorias   As "verificações" e a resistência em abandonar uma teoria   A incomensurabilidade dos paradigmas   Mudança de paradigmas   A ciência não é subjetiva, é uma instituição social   Há somente uma verdade científica?

155 Capítulo 6
Perspectivas sócio-históricas sobre a ciência moderna
O universo autárquico da Alta Idade Média   O universo dos comerciantes burgueses   Uma objetividade permitindo uma comunicação universal   Uma cultura do domínio   Eficácia e limites do domínio científico   Da física, paradigma das ciências eternas, à história da ciência   O casamento da ciênciae da técnica   A sociologia da ciência moderna   O estatuto da história da ciência

179 Capítulo 7
Ciência e ideologia
Discursos ideológicos e eficácia crítica da ciência   Crítica da ideologia pela ciência   Incapacidade da ciência em esclarecer inteiramente as questões éticas   Dois graus de véus ideológicos   A ciência como ideologia   O caráter não consciente e implícito das ideologias e a ética diante das ideologias   A ciência varia de acordo com o grupo social?

195 **Capítulo 8**
Ciências fundamentais e ciências aplicadas
As noções e seus múltiplos usos   O círculo das legitimações recíprocas   Um fundamento epistemológico para a distinção   Uma perspectiva histórica para as ciências puras   A árvore da ciência e as ramificações científicas   Todo conhecimento científico é poder, mas em lugares diversos

207 **Capítulo 9**
Ciência, poder político e ético
Ciência e poder   Modelos tecnocrático, decisionista e pragmático-político   O abuso de saber da tecnocracia   Distinguir entre os meios e os fins, os valores e as técnicas?   Um exemplo: estabelecer programas de ensino   A tecnologia como política de sociedade   A vulgarização científica, efeito de vitrine ou poder?

227 **Capítulo 10**
Idealismo e história humana
Os enfoques idealista e histórico   Noção, ideia, conceito   Crítica do idealismo   Tudo se diluiria então no relativo?   Uma teoria da construção dos conceitos do ponto de vista histórico   Os conceitos e os relatos   A produção social dos conceitos na história   A grade econômica   A grade feminista   A grade ecológica   As grades complementares

251 **Capítulo 11**
Ciência, verdade, idealismo
Visão idealista da ciência   Visão histórica da ciência   A ciência como estrutura dissipativa   Ciências e teorias da verdade   Reflexões sobre a "coisa em si"   Acreditar na ciência?   A ciência como trabalho sobre os limites

263 **Capítulo 12**
Ética idealista e ética histórica
Ética, moral, culpabilização   Ética idealista   Um ponto de vista histórico sobre a ética   O que é uma decisão ética?   Uma moral do apelo e o debate ético   Construção de uma ética ou de um

paradigma ético   Confrontações com os valores e as pessoas
Moral cristã idealista e histórica   A indispensável análise no
debate ético   Debate ético e justiça   Uma concepção política e
positiva do direito   Justiça e amor   Ideologias da justiça
Moral individual e moral estrutural

297 Capítulo 13
Como articular ciência e ética?

Articulação da reflexão ética e dos resultados científicos   Diante
da ética e da política, os limites dos paradigmas   As
contribuições das análises especializadas na escolha da
liberdade   Um exemplo: a psicologia e a ética nas relações afetivas

307 Bibliografia

PREFÁCIO

Esta obra destina-se àqueles que desejam compreender a prática científica e sua inserção em nossa vida individual e coletiva. Ela mostra de que modo o esforço científico é permanentemente relacionado com um projeto humano. Salienta assim o sentido humano da ciência, a criatividade que lhe é inerente; esclarece também a maneira pela qual ela é produzida pela sociedade, e como repercute sobre a mesma. Trata-se, por conseguinte, de uma obra de reflexão filosófica e ética.

Como base deste ensaio acham-se algumas escolhas, como em todo trabalho intelectual. Entre estas, algumas são conscientes, outras situam-se fora deste domínio. Não se pode jamais perceber todas as opções que se toma ao escrever. Explicitarei aqui, contudo, algumas que me parecem claras.

Em primeiro lugar, como pano de fundo para essa reflexão, encontra-se o sentimento de que a ciência constitui uma formidável criação da história humana, mas também de que ela é ambígua. Esta ambiguidade revelou-se para mim quando terminava o meu doutorado em física teórica pela Universidade de Maryland, nos anos 60. Duas situações, em particular, fizeram-me refletir. A primeira surgiu no dia em que recebi o meu primeiro pagamento como "pesquisador assistente" (*research assistant*): descobri com espanto que, mesmo sendo o tema de minhas pesquisas dos mais teóricos e sem aplicação diretamente imaginável, era pago por meio de um contrato com as Forças Aéreas Americanas... A segunda tomada de consciência ocorreu quando me dei conta de que os meus colegas americanos recebiam ofertas de empregos bem melhores quando provinham dos serviços de pesquisa militares...

Semelhantes descobertas não me conduziram de modo algum à conclusão de que tanto fazia o uso científico ou militar. Levaram-me, porém, a refletir sobre a maneira pela qual se imbricam a ciência e a sociedade. Na época, a principal questão da filosofia da ciência que me ocupava era: "Pode a ciência alcançar o verdadeiro?". Perguntava-me com frequência cada vez maior: "O que fazem os cientistas na história humana?". Além disso, uma opção ética pessoal levou-me a especificar essa questão privilegiando o lugar daqueles que, de uma maneira ou de outra, são oprimidos. Coloco-me especialmente a questão: "De que modo a ciência contribui para a liberação ou opressão humanas?".

As minhas incumbências como professor encarregado da formação humana de estudantes que se especializam em ciência ou matemática fizeram-me refletir também sobre a maneira pela qual a formação dos cientistas os condiciona em seus comportamentos individual, familiar e social.

Essas situações e outras das quais eu possivelmente percebo menos a importância em relação a este ensaio levaram-me à convicção de que os cientistas podem beneficiar-se de uma reflexão filosófica. Acredito ser semelhante reflexão útil também para intelectuais não formados em faculdades de ciências. A minha experiência como organizador no Instituto Superior de Cultura Operária – Institut Supérieur de Culture Ouvrière (ISCO) me ensinou, ainda, que os trabalhadores podiam situar-se bem melhor em suas militâncias quando eram apresentados às ciências e às técnicas sem serem mistificados por elas. De tudo isto surgiu esta obra que quer valorizar a fantástica contribuição da ciência à cultura e à sociedade apontando, ao mesmo tempo, os seus limites.

O objetivo deste ensaio é promover uma reflexão pessoal e autônoma de cientistas – e de não cientistas – que não se especializaram em filosofia. Para tanto, ofereciam-se a mim duas estratégias. A primeira teria consistido em apresentar uma visão "tão objetiva quanto possível" de diversas correntes da filosofia, da sociologia e da psicologia da ciência. A segunda, a que escolhi, visa apresentar uma visão coerente particular do campo estudado, convidando o leitor a situar-se de maneira autônoma em relação a essa visão.

A primeira possibilidade teria convergido com uma das práticas da filosofia universitária: situar tomadas de posição em meio à exposição rigorosa das posições de outros pensadores. Semelhante método parece-me eficaz para leitores treinados em hermenêutica, e, portanto, capazes de perceber que as exposições mais rigorosamente construídas não fazem mais, afinal, do que apresentar os pensamentos dos outros segundo a nossa perspectiva (foi aliás Heidegger, creio, que disse um dia que um filósofo não podia jamais expor senão um único ponto de vista: o seu). A apresentação de pensamentos outros que os nossos comporta uma ambiguidade importante da qual Maurice Blondel estava profundamente consciente quando escolheu, para a sua famosa tese de doutorado sobre a *Ação* (1893), não fazer citações precisas.[1]

Creio que os não especialistas em filosofia – e em particular os estudantes de ciências – percebem com menos facilidade do que os filósofos de profissão até que ponto exposições aparentemente

---

1 Em uma nota no início de seu primeiro capítulo, diz, a propósito de expressões tomadas de empréstimo a alguns dos escritores contemporâneos: "Preferi não citá-los, a fim de não parecer imputar-lhes indiscretamente intenções que eles talvez não tenham".

"objetivas" são sempre particulares. É por isto que me parece importante salientar a especificidade de meu ensaio. Decidi expor a *minha* maneira de ver as práticas científicas, mesmo indicando outras visões cada vez que isto me pareceu útil, para que o leitor possa tomar o próprio partido. É preciso ter lucidez, porém, sobre o fato de que, quando escolhi expor outros pontos de vista, foi porque isto *me* pareceu adequado para evidenciar as diferentes escolhas possíveis. Não quero passar a ilusão da possibilidade de uma exposição exaustiva e "objetiva" dos outros pontos de vista.

Uma tal perspectiva parece-me mais indicada para promover a autonomia do leitor não especialista do que uma pretensão a uma aparente objetividade. Primeiro, porque a pluralidade dos pontos de vista já está garantida desde o início pelo fato de que cada leitor ou leitora – assim como cada cientista – tem sempre a sua filosofia da ciência espontânea. Ela lhe foi inculcada por meio do banho cultural no qual ele, ou ela, está submerso, ou pela formação científica seguida. Pode-se, além disso, falar de um fenômeno de condicionamento, pois esta filosofia espontânea nasce em um contexto em que é difícil perceber as diferenças das posições possíveis. Quando da leitura de um ensaio como este, pelo contrário, indico claramente que o leitor encontra-se em presença do *meu* ponto de vista, com o qual ele pode confrontar o seu, espontâneo ou refletido. Pessoalmente, creio que o que permite finalmente escapar ao totalitarismo no diálogo é a consciência de que a perspectiva do outro não é jamais a minha.

Poder-se-ia discorrer longamente sobre o modo como a apresentação de um pensamento poderia ser a mais liberadora. Creio que, quando se afirma (quando eu afirmo) com clareza a *sua* (*minha*) posição, os outros são levados a refletir sobre a sua. E se, por vezes, estudantes ou leitores sentem-se um pouco abalados pelo rolo compressor que é um pensamento mais formado na dialética do que o seu, a experiência mostra que eles sabem criar defesas para si, quando suspeitam que poderiam sofrer uma violação intelectual! Penso que mais vale proclamar com clareza que só se pode apresentar o seu ponto de vista, do que passar pelo artifício de exposições aparentemente mais objetivas. Isto em nada subtrai o interesse de apresentações de pensamentos diferentes, tais como a história da filosofia prática: esta obedece a critérios rigorosos no âmbito de um paradigma dado. É aliás o motivo pelo qual certas pessoas preferem esse tipo de abordagem. Muito depende da história intelectual e psicológica de cada um. De qualquer modo, o que *me* parece importante é que se esteja consciente de que existem múltiplas maneiras de pensar, e de que a minha é particular, assim como a de meu leitor. Acredito que, nessa perspectiva, trocas e confrontações podem se tornar interessantes.

No entanto, para colocar em evidência o contexto cultural dentro do qual conduzo a minha exposição, cito numerosas obras, sem desenvolver necessariamente o pensamento evocado pela citação. Cada vez que cito um autor é porque ele me pareceu um dia "interessante" em relação à minha pesquisa: seja porque ele a suscitava, seja porque a corroborava, seja porque a confrontava com outras opiniões, seja enfim que se opunha a ela. Acho importante que o leitor perceba este pano de fundo sobre o qual se destaca a minha reflexão.

Estas observações preliminares parecem-me úteis para situar este ensaio de filosofia e de ética da ciência, para "não especialistas" (não especialistas seja em filosofia, seja em ciência)...

Após um capítulo de introdução *destinado aos não filósofos*, alguns capítulos considerarão o método científico do modo como ele se desenvolveu no Ocidente nos últimos séculos. Examinaremos primeiro como funcionam os caminhos próprios à racionalidade científica (observação, construção, adoção e rejeição de modelos); em seguida, ampliaremos o conceito de método para ver o funcionamento das comunidades científicas e das diversas disciplinas. Isto nos conduzirá a considerar a ciência moderna como um fenômeno histórico e uma instituição particular à nossa civilização.

A distinção entre ciências e ideologias, assim como a dificuldade em separá-las claramente ocuparão os capítulos seguintes. Em especial, será examinada a distinção entre ciências fundamentais e ciências aplicadas, assim como a noção de interdisciplinaridade, o que nos conduzirá a considerar as relações entre as ciências e os poderes políticos e éticos.

Estas reflexões nos levarão a que nos interroguemos sobre diversas maneiras de ver as noções de verdade. É esta eterna e absoluta, ou sempre construída historicamente e em um contexto específico? Em que sentido a ciência pode pretender à verdade, e de que modo? Para concluir o nosso projeto de situar a ciência diante de nossas escolhas pessoais e coletivas nos restará então construir uma representação da reflexão ética e do seu vínculo com a política para, finalmente, estudar a relação dessas duas instâncias com a ciência.

Quero agradecer a meus colegas que estimularam ou criticaram o meu trabalho, particularmente J. Duchêne, P. Favraux, B. Feltz, Lambert, T. Nguyen, F. Saar, M. Singleton, G. Thill. Um agradecimento todo especial às minhas colaboradoras C. Gortebecke, M. Meert e M. Schonbrodt, sem as quais esta obra jamais teria sido concluída.

CAPÍTULO 1

INTRODUÇÃO

O que é a filosofia?

A filosofia não é uma disciplina que forneça, fora do âmbito da ciência, uma resposta a todos os problemas não resolvidos da humanidade. É uma disciplina de pensamento cuja tradição remonta bastante longe em um certo número de culturas, por exemplo, no Ocidente, e, sob outras formas, na Índia. O objetivo deste livro é o de introduzir a ela. O objetivo não é, portanto, dar ao leitor uma série de respostas, mas de fornecer outros métodos de pensamento que não os das ciências, na esperança de que isto contribua para tornar as práticas sociais, por um lado, mais "responsáveis" e, por outro, mais "humanas" (termo que evidentemente deve-se precisar melhor!). Uma das finalidades desta obra é também a de fornecer aos cientistas e professores de ciências, como pessoas individuais, uma abertura que os ajude a perceber diversas abordagens da realidade e a não encerrá-la dentro do método unidimensional das ciências.

Assim como ocorre com outras disciplinas (como a matemática, a física, a química, a biologia), a filosofia convida a entrar em uma tradição intelectual. Ela desenvolve um método, conceitos técnicos, ferramentas intelectuais que permitem compreender certas questões. É por esse motivo que, do mesmo modo que seria insensato querer fazer matemática sem se submeter, por exemplo, à disciplina do cálculo diferencial e integral, é impossível fazer filosofia sem adquirir uma cerca técnica e o vocabulário adequado. Pode parecer rabugice recordar isto, mas é algo necessário em uma cultura na qual muitos cientistas parecem esquecer toda exigência de rigor quando deixam o domínio de sua disciplina. Para refletir sobre os problemas da sociedade e sobre as questões humanas é preciso possuir "ferramentas" do mesmo modo que para fazer física; em ambos os casos nos inserimos em tradições intelectuais e utilizamos os resultados das gerações que nos precederam.

Códigos "restrito" e "elaborado"

A reflexão filosófica parte de uma experiência muito simples: do fato de que, em uma primeira aproximação, servimo-nos de dois tipos de linguagem para falar do mundo; o filósofo Bernstein (em Douglas, 1970) os distinguiu e chamou de códigos "restrito" e "elaborado".

Quando descrevo os objetos que estão sobre a minha escrivaninha, esta lâmpada de leitura, este ditafone, estas flores, estas folhas de papel, descrevo-os sem me preocupar com o alcance dessas descrições. O que me importa é que uma pessoa a par das práticas linguageiras de nossa cultura possa reconhecer a lâmpada de leitura, os livros, a caneta etc. Do mesmo modo, se digo que fulano esposou beltrana, normalmente não me lançarei com base nisso em uma reflexão elaborada sobre a significação do casamento e do amor. Utilizo então o *código restrito*: a linguagem do dia a dia, útil na prática e que não leva adiante todas as distinções que se poderia fazer para aprofundar o meu pensamento. *Caracteriza-se pelo fato de que aqueles que a utilizam partilham as mesmas pressuposições de base sobre o sujeito de que falam;* o discurso científico entra nessa categoria.

Por outro lado, se começo a colocar-me questões sobre a amizade, a vida, a morte, a justiça etc., produzirei um outro tipo de discurso, bem diferente daquele do código restrito. Observarei, por exemplo, que a noção de amizade não é clara. Para torná-la mais precisa, *contarei histórias,* e efetuarei múltiplas distinções. Precisarei ultrapassar a minha experiência de vida cotidiana, a fim de atingir camadas "mais profundas" de minha personalidade e da nossa vida em comum. Bernstein chamou de "*código elaborado*" o tipo de discurso que produzimos quando tentamos superar dessa maneira a linguagem cotidiana e prática (chamada também por vezes de "linguagem da utensilidade"). O que caracteriza o discurso elaborado é que ele é utilizado para falar de sujeitos a respeito dos quais *não partilhamos necessariamente as mesmas pressuposições de base.*

Em uma primeira aproximação, o código restrito fala do "como" das coisas, do mundo e das pessoas, ao passo que o código elaborado procura dizer algo do "porquê" e do "sentido". De modo geral, as ciências se ocupam com a linguagem restrita. No Ocidente, ainda falando de maneira geral, a filosofia – e por vezes também a religião – ocupa-se com o código elaborado (não se deve contudo jamais levar demasiado longe as distinções nem as teorias, aliás. Pode haver momentos em que o físico ou o biólogo se colocam questões "mais elaboradas" sobre a matéria ou a vida. Pode-se dizer que eles começam então a filosofar. Qualquer que seja a maneira pela qual se considera essa tendência dos cientistas a filosofar, podemos dizer, em uma primeira abordagem, que a distinção entre os códigos "restrito" e "elaborado" funciona bastante bem).

Dentro desta perspectiva, o código restrito corresponde ao interesse que têm os homens e as mulheres em colocar ordem em seu mundo, em controlá-lo e comunicar a outrem a maneira pela qual o veem. Habermas (1973) falará de um *interesse técnico.* É um código prático. Além disso, utiliza-se o código elaborado quando se trata de interpretar os acontecimentos, o mundo, a vida humana, a sociedade. Assim, Habermas dirá que esse interesse filosófico está ligado ao interesse *hermenêutico ou interpretatório* dos seres humanos. Ainda mais, o código elaborado – e a filosofia – é utilizado quando se trata de "criticar" interpretações habitualmente recebidas (ou seja, de emitir uma opinião mais refletida que especifique os seus "critérios"; a palavra "criticar" vem do grego e significa "efetuar um julgamento", não tem nada a ver com "denegrir"). Essa superação das ideias geralmente admitidas corresponde a um *interesse emancipatório*. Como somos por vezes prisioneiros de esquemas de interpretações da vida, do mundo e da sociedade, uma linguagem crítica tem por finalidade libertar-nos dessa prisão e renovar o nosso olhar.

Desse modo, se considero a noção de "mulher", posso primeiro utilizá-la no código restrito: nesse caso, todos compreendem o que significa. Em um outro plano, porém, ultrapassamos essa visão pragmática da noção "mulher" para utilizar uma representação que dê uma interpretação mais "fundamental" dela; esta se liga evidentemente à cultura de uma civilização, de um meio social, de nossa história pessoal etc. (assim, as pessoas verão a mulher de modo diferente na Idade Média e na era industrial – civilizações diferentes –; meios de sociedade diferentes – por exemplo, as classes burguesa ou operária, ou ainda os homens e as mulheres – veicularão uma imagem que lhes será própria; e cada indivíduo terá uma representação da mulher influenciada pelas atitudes que tiveram os seus pais). Uma reflexão filosófica tentará fornecer uma representação da mulher (interesse interpretatório ou hermenêutico) que ultrapasse as noções alienantes de feminilidade (interesse emancipatório). O fato de que a noção de mulher é algumas vezes ligada à visão de um ser relativamente indefeso e pouco inteligente, se bem que sensível, e outras vezes à representação de um parceiro igual ao homem, mostra bem que uma certa atividade "crítica" pode ser necessária para superar visões que aprisionam. Do mesmo modo, uma reflexão crítica pode liberar visões morais demasiado estreitas.

Como outro exemplo, consideremos como a noção de "ciência" é utilizada no código restrito e no código elaborado. O código restrito é aquele utilizado na maior parte dos cursos de ciências. Supõe-se saber do que se fala, e não se exige reflexão ulterior. Porém, caso se procure fazer uma ideia do que seja "em definitivo" a ciência, isto é, dar uma interpretação que faça "sentido" para nós, a tarefa se torna mais complexa. Todas essas interpretações não são equivalentes. Nesse nível interpretatório, a noção que se tem da ciência será ligada, graças a uma linguagem elaborada, a outros conceitos, tais como a felicidade dos humanos, o progresso, a verdade etc. Essa linguagem elaborada – essa filosofia da ciência – permitirá uma interpretação daquilo que a linguagem restrita diz a respeito da ciência. Além disso, a palavra "ciência" pode por vezes "aprisionar", por exemplo, quando alguns passam a impressão de que, uma vez que se falou de cientificidade, não há nada mais a fazer senão se submeter a ela, sem dizer ou pensar mais nada a respeito. Um filósofo "crítico" ou "emancipatório" da ciência procurará portanto compreender como e por que as ideologias da cientificidade podem mascarar interesses de sociedade diversos.

O apartamento, o porão, o sótão

A distinção desses dois códigos pode ser ilustrada por uma anedota cujo herói é o filósofo da ciência Gaston Bachelard. Esse pensador francês, no fim de sua vida, estava sendo entrevistado por um jornalista. Depois de alguns minutos, Bachelard o interrompeu: "O senhor, manifestamente, vive em um apartamento e não em uma casa". E o jornalista, surpreso, perguntou-lhe o que queria dizer com isso. O filósofo lhe respondeu que a diferença entre uma casa e um apartamento é que a primeira possui, além da zona de habitação, um sótão e um porão; e o que há de particular, acrescentou, é que sempre subimos ao sótão, e descemos ao porão.

Bachelard queria assim indicar que muitos vivem sem jamais deixar o nível do código restrito. Questões como "O que é o amor, ou a amizade?" parecem-lhes ociosas; assim como a maioria das questões relativas às ideias adquiridas. Pela imagem do sótão ou do porão, Bachelard mostrava que, para ele, ser "humano" significava por vezes "subir ao sótão", isto é, viver uma busca de significações da existência por meio dos símbolos filosóficos, poéticos, artísticos, religiosos etc. E "descer ao porão" implicava ir, por vezes, olhar o que se passa nos subsolos e fundamentos psicológicos ou sociais de nossa existência e discernir nos condicionamentos o que nos oprime ou libera.

Um dos interesses dessa imagem me parece ligado ao fato de que se passa a maior parte da existência na sala de estar e não no sótão ou no porão. Mas aqueles que "não sobem jamais ao sótão" e "não descem jamais ao porão" carecem talvez de uma certa dimensão (notemos que esse tema da "carência" necessitaria de uma elaboração para derivar os seus significados e fazer um exame crítico!). Por outro lado, aqueles que vivessem o tempo todo no sótão, ou no porão seriam talvez facilmente considerados como pouco equilibrados (como por exemplo aqueles que se preocupam sempre com todas as razões de sua ação).

Permanecemos a maior parte do tempo no mundo prático de nossos códigos restritos. Se nos afastássemos dele o tempo todo tornar-nos-íamos literalmente loucos. Pois, se estou em vias de efetuar uma experiência de laboratório, não tenho vontade, nesse momento, de me colocar a questão da significação última daquilo que faço. E o mesmo ocorre se quero dizer a alguém que gosto dessa pessoa. Não obstante, pode haver um sentido, tanto para nós como para os que estão à nossa volta, no fato de podermos, em certos momentos, "interpretar" o que fazemos, ou "criticar" ideias comuns adquiridas.

Parece-me normal, portanto, que uma reflexão filosófica não assuma, na formação prática de um cientista, um lugar exagerado. Assim mesmo, julgo importante que aqueles que recebem uma formação em ciência não se tornem seres "unidimensionais", incapazes de ver algo mais além de sua prática técnica. Não seria lamentável, tanto para a sociedade quanto para os indivíduos, que seres humanos tivessem uma formação extremamente aprimorada, quando se trata do código restrito, e formação alguma quanto à utilização de nossas tradições relativas ao código elaborado?

Em outros termos, consideraria lamentável, para ambas as partes, formar cientistas que tentariam ser rigorosos quando se trata de ciências, mas aceitariam facilmente uma total aproximação em outros domínios. Em outros termos ainda, uma abordagem filosófica se opõe ao condicionamento dos cientistas "técnicos perfeitos", mas incapazes de refletir sobre as implicações humanas de suas práticas (seria interessante, aliás, e isto faz parte de uma reflexão filosófica, interrogarmo-nos sobre as razões pelas quais muitos admitem sem dificuldade permanecer ignorantes quando se trata de questões humanas – de ter quanto a esse assunto uma espécie de "fé de carvoeiro", fé humana ou religiosa –, ao passo que recusam absolutamente possuir conhecimentos apenas aproximativos em um domínio técnico).

A abordagem filosófica que iremos empreender opõe-se também à existência daquilo que C. P. Snow (1963) chamou de uma "dupla cultura", isto é, uma separação entre as práticas profissionais científicas e as reflexões mais pessoais. É típico, com efeito, encontrar em nossa sociedade pessoas que, em sua vida pessoal ou pública, são puros executantes, ou puros técnicos, incapazes ou se recusando a refletir nas implicações sociais de suas práticas; em suas vidas "privadas" ou "familiares", contudo, advogam valores humanos.

Quando os cientistas desejam ter uma certa abertura, esta se faz geralmente à margem de seu trabalho profissional: interessam-se, por exemplo, pela música, por obras sociais ou caridosas, pela arte ou outras formas de expressão simbólica ou religiosa. Têm mais facilidade em lidar com grandes ideias sobre o mundo, Deus, a busca do verdadeiro, do que com reflexões concretas sobre as questões relacionadas com sua vida profissional. Precisaremos voltar às razões que levam a nossa sociedade a produzir uma classe média de cientistas técnicos, apolíticos, incapazes de enfrentar as significações humanas de suas vidas profissionais e confinando os seus questionamentos éticos a sua vida profissional ou privada.

Diversas tradições filosóficas

No campo da ciência, pode haver diversas maneiras de abordar certas questões – diversas tradições. Assim, existem diversos métodos para se efetuarem análises químicas. A maior parte desses métodos possui relação entre si, mas são distintos. Quando se forma um químico, poucas vezes ele é introduzido a todos os métodos de análise em química. Eventualmente, mais tarde, o estudante aprenderá outros de acordo com seus desejos e necessidades. De qualquer modo, após ter utilizado pelo menos um método, compreende-se um pouco melhor o que é a análise química.

O mesmo vale para a filosofia. Existem diversas tradições filosóficas no Ocidente, e numerosas escolas. Um estudante de filosofia deve ser confrontado com várias delas, ainda que seja impossível confrontá-lo com todas. Para um "cientista", já é difícil muitas vezes compreender um só enfoque filosófico. Nem pensar em confrontá-lo com as múltiplas maneiras pelas quais se pode "fazer filosofia". Se alguns "quiserem mais", podem começar a ler obras de filosofia.

O objetivo desta obra será, principalmente, iniciá-lo em uma abordagem filosófica, aquela que o autor prefere, mesmo estando consciente de que existem outras. Após ter aprofundado uma, será possível compreender mais facilmente como situar outras abordagens. Ainda mais porque cada um já tem uma, a sua filosofia espontânea (Althusser, 1974); por este termo entendemos a imagem não crítica que possuímos das coisas. Para os cientistas, essa filosofia espontânea é em geral condicionada pela visão transmitida por seus professores, mesmo que estes estivessem persuadidos a "só fazer ciência, e de modo algum filosofia".

A finalidade desta iniciação à filosofia, portanto, não é fornecer uma enciclopédia filosófica: é uma introdução, permitindo ao leitor adquirir uma visão mais crítica pelo fato de que se poderá comparar a sua visão espontânea (e as de seus professores) à exposta aqui (observemos que é ilusório querer apresentar um enfoque *neutro*, pretendendo, por exemplo, desenvolver "objetivamente" diversas filosofias da ciência: a síntese de tal modo produzida será sempre aquela do ponto de vista do expositor; e a impressão de objetividade seria finalmente devida a uma manipulação!). Nada impede, aliás, que os leitores leiam outros livros para saber mais a respeito. Várias vezes, portanto, se indicará como outros enfoques são possíveis. Na bibliografia assinalaremos uma ou outra obra que aborde a filosofia de acordo com um ponto de vista relativamente diferente do adotado neste curso.

O porquê da filosofia em um programa de ciências

"Por que dar um lugar à filosofia na formação dos cientistas?". Poderíamos perguntar também: "Por que um curso de informática para um químico?", ou: "Por que um curso de ciências naturais para um matemático?". A essas questões não existe uma resposta científica: a resposta é do âmbito de uma *política* universitária. Impõem-se matérias em um programa porque "se" (ou seja, aqueles que têm o poder de impor programas) considera que essas matérias são necessárias seja para o bem do estudante, seja para o bem da sociedade; trata-se sempre do "bem" do modo como os organizadores das formações o representam, de acordo com seus projetos e interesses próprios.

Em certos países, o legislador pensou que um universitário diplomado não pode ser pura e simplesmente identificado como um puro técnico. Considerou que os universitários, já que a sociedade lhes dará um certo poder, devem também ser capazes de examinar com certo rigor questões que não sejam concernentes à sua técnica específica. Trata-se de uma escolha política e ética, no sentido de que aqueles que a fizeram julgaram que seria irresponsável formar "cientistas" sem lhes dar uma certa formação nesse domínio humano (isto nos remete ao fato de que a universidade não forma "matemáticos", "físicos", "químicos" etc., de maneira abstrata, mas seres humanos que cumprirão um certo número de funções sociais, as quais os levarão a assumir responsabilidades).

Sem dúvida, também, além do interesse para a sociedade em ter cientistas capazes de refletir, alguns políticos da universidade consideraram que não seria "ético" submeter pessoas jovens ao condicionamento que é uma formação científica sem lhes dar uma espécie de antídoto pelo viés das ciências humanas (dizer que consideramos que algo não é "ético" equivale a dizer que não gostaríamos de um mundo onde essa coisa acontecesse).

A propósito dessas decisões políticas, assinalemos um fato empírico. Pesquisas mostraram (Holton, 1978) que, em nossa sociedade, há mais estudantes que se pretendem "apolíticos", ou não interessados pelas questões que fujam ao campo de suas técnicas entre aqueles que se destinam às ciências, do que entre aqueles que escolhem outras áreas. Os que escolhem a ciência prefeririam ser menos implicados nas questões relativas à sociedade. Pode-se perguntar por quê? Talvez porque facilmente podemos imaginar os cientistas em uma espécie de torre de marfim!

De qualquer modo, a "política" desta obra é constituir um contrapeso a essa tendência, propondo uma abordagem filosófica. Nasceu junto a uma decisão de política universitária inserindo no programa um curso de filosofia e outros cursos de formação humana. Esta prática de "contrapeso" existe também, aliás, no interior das próprias disciplinas científicas. Desse modo, recusar-se-á a formar um físico teórico sem lhe dar ao menos alguns exercícios de laboratório; é igualmente uma decisão de política universitária. As decisões no campo da política universitária que elaboram os programas são sempre um agregado de compromissos tentando responder ao que diferentes grupos, muitas vezes opostos por suas concepções e/ou interesses, consideram "bom" para aqueles que seguem a formação e/ou para a sociedade... e também

— ainda que isto seja muitas vezes dissimulado — para os seus próprios interesses.

Filosofia e indiferença

É realmente possível alguém jamais colocar-se uma questão de ordem filosófica? Pode-se dizer: "Quanto a mim, a filosofia não me interessa?"

Para abordar essa questão (o que não significa responder a ela, pois, com relação a muitas questões, podemos abordá-las, esclarecê-las, mas não faz sentido lhes dar *uma* resposta), distingamos ainda dois tipos de interesses. O primeiro liga-se à *globalidade* da história humana: diz respeito ao sentido dessa história. O segundo tipo, que denominarei de *setorializado*, concerne a uma variedade de coisas pelas quais podemos ser atraídos. Assim, podemos nos interessar pelo cultivo dos champignons, pela música, por uma boa refeição, pelos costumes das tribos zulus etc. São assuntos pelos quais o sujeito decide se vai se interessar ou não. Podemos então fazer uma representação da vida como uma multiplicidade de centros de interesse dentre os quais é necessário escolher.

Na medida em que consideramos os interesses pelo sentido da vida, a religião ou a filosofia como interesses setorializados, colocamo-nos a seguinte questão: "Será que eu tenho vontade de me interessar pela filosofia, ou pela religião, ou pelo sentido da vida etc.?". Contudo, podemos nos perguntar também se é adequado classificar um interesse *global* relativo ao sentido da existência entre os interesses setorializados. Interessar-se pela justiça na sociedade não significa exatamente a mesma coisa do que se interessar pelo cultivo do champignon. No primeiro caso, com efeito, o interesse é de fato ligado ao próprio mundo em que vivemos, ao passo que no segundo trata-se de uma questão mais evidentemente setorializada.

Alguns setorializam todos os interesses: é aliás a tendência de nossa sociedade de consumo e de mercado. No limite, tudo deve então ser considerado como mercadoria, que se apresentará eventualmente em público. Se alguém se interessa pela religião lhe será oferecido um curso de religião. Porém, se a mesma pessoa estiver interessada pelo cultivo de champignons, será isto que lhe oferecerão. Uma concepção como essa, na verdade, decide o sentido da existência, pois equivale a declarar que não existe história humana, e tampouco significação um pouco global: só haveria interesses setorializados. É uma resposta que não confere sentido à existência, tomada em sua globalidade: o sentido proviria unicamente de múltiplos projetos cuja totalidade não *significaria* nada.

Para outros, existem questões globais, mais importantes do que os interesses setorializados. Sem querer necessariamente impô-los aos outros, é para eles uma escolha existencial reconhecê-los.

Considerar que só há interesses setorializados é decidir permanecer para sempre no domínio da linguagem restrita. Pelo contrário, aceitar a questão global da existência é abrir-se a uma pesquisa e a um debate em uma linguagem elaborada, iniciando uma busca de sentido. É essa segunda escolha que está na base deste ensaio. Que os leitores que tiverem feito a escolha de não ter na existência senão interesses setorializados tomem consciência de que lhes é pedido agora que compreendam a maneira pela qual algumas pessoas abordam as questões da existência de modo diferente delas.

Esta pesquisa filosófica tem significação apenas para aqueles a quem a história e as decisões humanas colocam uma questão. Sem querer impor esta questão a todos (isto seria uma dominação), a política universitária subjacente aos cursos de filosofia impõe isto a todos os estudantes que a considerem.

As questões particulares visadas neste ensaio

Procurar-se-á aqui compreender (isto é, arriscar-se a uma linguagem elaborada sobre) a lógica no seu sentido mais amplo. Dentro desta perspectiva, o termo "lógica" recobre o estudo da maneira pela qual os saberes humanos se estruturam; implica pesquisar em que condições eles podem ser considerados como válidos. Esse domínio corresponde ao que se chamou por vezes também como filosofia da ciência (a parte da filosofia da ciência que considera a maneira pela qual os saberes se organizam chama-se *epistemologia*, em grego, "a ciência do saber").

Quanto à ética, é a parte da filosofia que reflete sobre as escolhas que têm uma importância na vida do homem, particularmente diante do fato empírico de que, em todas as sociedades, existem códigos morais, ou noções semelhantes.

Abordar essas questões de maneira tão ampla será difícil. É por isso que nós as abordaremos aqui sob um viés particular. Nós nos perguntaremos *em que medida* a ciência pode contribuir para a felicidade dos seres humanos e ajudá-los a resolver intelectual e praticamente os seus problemas de vida. Esta obra visará portanto a *relação* entre a *ciência* e a *ética*, e entre a ciência e o sociopolítico. Ou, para "particularizar" ainda mais a questão, nós nos perguntaremos em que medida a ciência pode nos ajudar a resolver certos problemas éticos e/ou sociopolíticos particulares, como a questão do aborto, da bioética, da corrida armamentista etc.

A busca de uma solução a essas questões levar-nos-á em especial a precisar duas questões importantes na tradição filosófica. A primeira diz respeito às escolhas éticas. Tentaremos compreender melhor o que querem dizer aqueles que pretendem que uma *ação seja moralmente boa*. A segunda questão concerne – e isto será importante para apreender a articulação entre a moral e a ciência – ao que nós entendemos por "verdade científica". Em outros termos, será preciso *compreender melhor o que se entende por objetividade científica, e apreender melhor o alcance, o valor e os limites dos conhecimentos científicos.*

A ciência e os códigos éticos

À primeira vista, certos códigos éticos podem estar ligados a questões científicas. Assim, pode-se considerar que a questão de saber se um paciente deve ou não ser operado possui uma dimensão moral. E a maioria aceitaria de bom grado que é legítimo introduzir, diante dessa questão, conhecimentos científicos em medicina (a questão se colocaria de modo diferente se o paciente tem, estatisticamente, poucas chances de sobreviver, ou se, pelo contrário, a operação oferece muitas chances de prolongar a sua vida). Determinadas questões científicas, portanto, podem influenciar os julgamentos éticos. O mesmo pode ocorrer em questões como o aborto. Desse modo, algumas pessoas se voltarão para os biólogos e médicos considerando que estes são capazes de dizer se, sim ou não, há circunstâncias em que o aborto seria aceitável.

Outros, pelo contrário, considerarão inapropriada essa consulta a especialistas científicos ante questões éticas. Outros ainda estarão de acordo em dirigir-se a esses especialistas, mas considerarão que é preciso mais: proporiam, por exemplo, que aos médicos ou aos biólogos se juntem também psicólogos ou sociólogos. Outros, enfim, afirmarão que existe realmente heterogeneidade entre a decisão ética e os resultados científicos.

Semelhantes questões podem surgir também no domínio da Ecologia. Aliás, o próprio termo "ecologia" é ambíguo. Por um lado, parece representar uma moral relativa ao meio ambiente. Por outro, é também uma disciplina científica que faz parte da Biologia.

Na mesma perspectiva, pode-se perguntar também se os geógrafos (ou os economistas, ou...) possuem resultados científicos graças aos quais poderiam determinar o que é moral ou não em matéria de desenvolvimento.

Ou ainda: "Têm os biólogos ou os psicólogos algo a dizer a propósito da moral sexual?" Ou: "Haveria cientistas que poderiam dizer se o homossexualismo é 'normal'?"

Eis uma série de questões que esta obra gostaria de ajudar a abordar.

O que é a normalidade?

No parágrafo precedente apareceu a palavra "normal". É uma palavra-chave, mas muito ambígua. Se, por exemplo, digo que não é normal que os seres humanos façam constantemente a guerra, qual o significado dessa palavra, "normal"? Ou ainda, se digo que o homossexualismo não é normal, o que isto significa? Existe uma multiplicidade de sentidos ligados a esta palavra. Proporei pelo menos quatro que me parecem úteis de serem distinguidos. Para tornar isto mais claro, situarei esses sentidos em um cenário – uma história – que indicará a maneira pela qual o termo é compreendido nela.

Primeiro cenário. Um objeto está em vias de subir, enquanto "normalmente" ele deveria cair. Se me dou conta de que se trata de um balão cheio de gás hélio, digo: "Ah, é normal!". Aqui, a palavra "normal" significa que conseguimos *introduzir um fenômeno no âmbito de nossa compreensão do mundo*. Nesse sentido, poderia dizer que "um cachorro ter cinco patas é normal". Dizê-lo significa simplesmente que eu me dou conta de que isso pode acontecer.

Neste sentido, tudo é, em princípio, normal. Com efeito, *metodologicamente*, queremos reintegrar tudo o que vemos em uma certa compreensão. E não cessaremos de fazê-lo antes de ter compreendido os fenômenos que estão diante de nós, isto é, antes de ter dito que eles eram normais. Se, em um caso particular, um fenômeno fosse "anormal", de acordo com esta primeira significação, simplesmente nós ainda não teríamos compreendido; mas esperaremos mais cedo ou mais tarde compreendê-lo. *Nesse sentido, para os cientistas, todos os fenômenos são "normais", pelo mero fato de que existem.*

Segundo cenário: "Um cachorro ter cinco patas, isto não é normal". Quer-se indicar por isto, em geral, que, de acordo com certos critérios estatísticos, um cachorro de cinco patas não está dentro das "normas". Do mesmo modo, nesse sentido, pode-se dizer que o homossexualismo não é normal, se entendemos por isto que somente uma minoria da população é homófila. Esse segundo sentido da noção de normalidade *refere-se pura e simplesmente a estatísticas*.

Entretanto, o estabelecimento de estatísticas depende sempre de *pressupostos teóricos*. Por exemplo, para dizer que, do ponto de vista estatístico, há um número X de cachorros com cinco patas, necessito de uma teoria pela qual determinarei que determinado animal é de fato um cachorro. Pode ser que, em nome de uma teoria, decida-se que um animal de cinco patas não é um cachorro. Neste caso, não haverá evidentemente cão de cinco patas. Quando se utiliza a estatística, tomam-se assim decisões em relação aos critérios e categorias utilizados.

Além disso, serão necessárias ainda decisões para determinar o que se entende por um fenômeno "estatisticamente anormal"; de uma maneira ou de outra, haverá uma teoria dizendo aquilo que se espera. A menos que se oculte a decisão tomada ao dizer que tudo que ultrapassar uma certa porcentagem é "anormal", é preciso considerar que é por uma escolha de critérios que se decide que algo é anormal. Assim, de acordo com certos critérios estatísticos, poder-se-á dizer que a fecundação é um fenômeno anormal, uma vez que há uma ínfima minoria de espermatozoides que servem à fecundação. Além disso, certos fenômenos que só aparecem em um por cento dos casos podem ser considerados normais. Esses exemplos mostram que a estatística não ensina, em matéria de normalidade, nada mais do que aquilo que foi necessário colocar como pressupostos necessários para construí-la (em um âmbito teórico admitido, porém, ela pode ser muito útil, por exemplo, quando se diz, em um processo de produção, que é preciso rejeitar as peças "anormais").

Terceiro cenário. "O homossexualismo não é normal". Isto pode significar simplesmente que, nesta sociedade, há uma espécie de consenso para dizer que nos encontramos diante de um fenômeno que não corresponde ao que esperamos. Neste sentido, chamamos de anormal ao que é *contrário à expectativa social*. É interessante dar-se conta de que esse sentido é provavelmente o que está profundamente fixado em nossas mentalidades. Quando dizemos que alguma coisa é anormal, isto significa que, na sociedade em que nos encontramos, isto é contrário à expectativa comum.

Desse modo, pode-se dizer que todas as crenças éticas em uma dada sociedade permitem uma classificação dos fenômenos em normais e anormais. Se, por exemplo, nessa sociedade, não se admite que um marido bata em sua esposa (ou que uma mulher bata em seu marido), dir-se-á que "bater no seu cônjuge é anormal". Neste sentido, a palavra "normal" se refere a uma normalidade socialmente admitida (observemos que essa norma não é necessariamente ética, mas pode ser simplesmente cultural: indica uma expectativa).

Quarto cenário. Diz-se por vezes que determinada coisa não é normal quando ela é contrária ao que "deve" ser. Por exemplo, posso dizer: "A corrida armamentista não é normal". Nesse sentido, não recorro a uma mera crença social, mas coloco um juízo de valor. Segundo esta compreensão ética e normativa da palavra "normal", fala-se daquilo que eu (ou nós) considero anormal. É possível que eu considere esta coisa anormal referindo-me simplesmente à maneira pela qual coloco os valores, ou porque pretendo referir-me a normas absolutas, ou a normas éticas socialmente admitidas.

Com frequência, essas quatro significações da palavra "normal" são confundidas. E podem se justapor. Não é raro também que alguém tome a primeira significação (é normal porque eu compreendi) pela última (é algo que admito). Assim, posso muito bem compreender que determinada pessoa bata em seu cônjuge e dizer que "depois de tudo que ele ou ela o fez sofrer, acho sua reação normal", sem decidir se, no quarto sentido, para mim, é normal: isto é, moralmente aceitável. Do mesmo modo, há muitas vezes uma confusão entre o sentido estatístico de uma norma e o seu sentido moral. Posso dizer assim que o fenômeno da homossexualidade é anormal (ou normal) de acordo com os meus valores éticos. E, em um outro sentido, alguns podem considerar que o homossexualismo é admissível eticamente (moralmente normal) e ao mesmo tempo considerar, talvez segundo outros critérios estatísticos, que é estatisticamente anormal. Do mesmo modo, ainda, pode-se considerar que determinada coisa é, em um âmbito teórico bem preciso, estatisticamente rara, mesmo levando em conta que, segundo a expectativa social, ela é normal.

Em suma, a utilização da palavra "normal" é ambígua porque pode dissimular posições bem diferentes. Tomemos um último exemplo: "A prostituição é, em uma sociedade, normal?". De acordo com o primeiro cenário, pode-se compreender o fenômeno e dizer que ele é normal. De acordo com o segundo, como em quase todas as sociedades há uma forma ou outra de prostituição, pode-se dizer que é estatisticamente normal (mas só se emite essa opinião, em geral, com base em critérios no mínimo pouco claros). Em muitas sociedades, ela não é considerada como normal de acordo com o terceiro cenário. Enfim, há um certo debate ético para saber se, em uma dada sociedade, deve-se considerar como normal legalizar a prostituição.

De acordo com as significações, a ciência tem coisas diferentes a dizer em relação ao que é normal. Conforme o primeiro sentido, a ciência não tem nada a dizer porque, por pressuposto, para a ciência, tudo o que acontece deve ser explicado, ou seja, tudo é normal. No sentido estatístico, a ciência pode ter bastante a dizer, mas sob condição de ter precisado bem – de uma maneira que não será jamais inteiramente científica – os critérios sobre os quais se baseará a estatística. Quanto à normalidade como crença social, a sociologia pode constatá-la, mas percebe-se que, sobre pontos particulares, ela não tem nada a ver com resultados científicos.

Finalmente, e esta será uma questão abordada nesta obra: "*Pode a ciência dizer algo a respeito do que 'deveria' ser?*". Em outros termos, *pode a ciência servir de fundamento à ética?* Pode ela determinar o que é o bem ou o mal? (Concretamente, um médico poderia dizer, por exemplo, que comportamentos são bons ou maus em matéria de ética sexual? Ou em matéria de aborto? Pode um geógrafo dizer algo sobre o que é justo em matéria de urbanismo? etc.)

Antes de poder abordar essas questões, precisamos fazer um pouco de "filosofia da ciência", isto é, interrogarmo-nos sobre o alcance do saber científico. Em outras palavras, é preciso ter em mente questões como: "O que é a verdade científica?", ou "O que quer dizer fazer ciência?", ou ainda "Em que sentido se pode dizer que a ciência é objetiva?". Este será o objeto dos capítulos que seguem.

Resumo

1 *Definição de filosofia:*

Instrumentos: o código "restrito" (prático) e o código "elaborado"
Interesse:
- ultrapassar uma visão unidimensional da vida;
- saber refletir de maneira *rigorosa* sobre os domínios não técnicos.

Limites: um único enfoque não significa um enfoque neutro e objetivo
Justificação:
- uma escolha política e ética da universidade;
- um instrumento para abordar as responsabilidades sociais.

A imagem do apartamento, do porão e do sótão.

2 *Interesses setorializados e interesse pelo "sentido" global.*

Escolha entre busca de um sentido ou o *nonsense* dos interesses setorializados.

3 *Filosofia da ciência; epistemologia; ética.*

4 *Exemplos de questões em que ciência e ética são solicitadas:*
- decisão de uma operação cirúrgica, de um aborto;
- desenvolvimento;
- proteção do meio ambiente;
- reações em relação ao homossexualismo;

O papel dos especialistas científicos nesses domínios.

5 O *problema da normalidade*:

- sentido científico e trivial;
- sentido estatístico;
- sentido fornecido pelo consenso social;
- sentido dependente de um juízo de valor.

Palavras-chave

Código restrito/ código elaborado/ ideias adquiridas/ rigor/ aproximação/ epistemologia/ interesses setorializados/ interpretativos/ críticos/ emancipatórios.

CAPÍTULO 2

REFLEXÕES EPISTEMOLÓGICAS
O MÉTODO CIENTÍFICO: A OBSERVAÇÃO

Um método dialético

Nas páginas que seguem, empregaremos um *método crítico dialético*. De acordo com esse método, parte-se da maneira pela qual, espontaneamente, as pessoas se representam algo. Na sequência desse processo, propõe-se uma nova maneira de ver. Este método é chamado de dialético, pois reproduz um esquema muito difundido desde Hegel: primeiro, se afirma uma tese, isto é, a maneira pela qual a realidade se apresenta. Depois, apresenta-se uma antítese, ou seja, a negação da tese, negação que é provocada pela aparição de outros pontos de vista, surgidos com base no exame crítico que se fez. Enfim, apresenta-se uma síntese, que é uma nova maneira de ver, resultante do processo crítico.

A síntese não é porém uma visão absoluta das coisas: é simplesmente uma nova maneira de ver, resultado da investigação realizada. Torna-se além disso uma nova tese que, por sua vez, poderá ser confrontada a uma antítese, a fim de produzir uma nova síntese que se tornará uma nova tese, e assim por diante. Semelhante método não tende a produzir uma verdade última e sim, uma verdade "crítica", ou seja, uma nova representação que se espera não seja tão "ingênua" quanto a precedente.

A fim de ilustrar esse método, suponhamos que olhemos para uma flor artificial. Em um primeiro olhar, podemos tomá-la por uma flor natural: poderíamos dizer que se trata da "tese". Depois, tendo efetuado exames mais precisos, podemos dizer: "Não é uma flor". Finalmente, isto pode conduzir a uma nova maneira de ver: "É uma flor artificial feita de seda". O processo pode continuar, e essa nova "tese" pode ser negada, produzir uma "antítese" e depois uma nova síntese. O refinamento crítico ocorrerá cada vez que a nova "tese" não satisfizer mais a nossos projetos.

Uma "tese": a representação de Claude Bernard

Neste capítulo, procuraremos examinar o método crítico baseando-nos em uma representação relativamente corrente em nosso século (SNEC, 1979), representação tomada de empréstimo, com muitas simplificações, a Claude Bernard. Este último, médico do século XIX, escreveu um importante livro intitulado *Introdução ao estudo da medicina experimental* [*Introduction à l'étude de la médecine expérimentale*, 1865, 1934]. Descreve nessa obra, com muita sutileza e nuança – bem mais do que na maioria dos manuais de ciências atuais, que contudo se servem de seu esquema –, o método científico.

Por alto, uma descrição clássica do método científico funciona como se segue: "As ciências partem da observação fiel da realidade. Na sequência dessa observação, tiram-se leis. Estas são então submetidas a verificações experimentais e, desse modo, postas à prova. Estas leis testadas são enfim inseridas em teorias que descrevem a realidade".

É esse modelo que iremos examinar agora por meio do método dialético, mostrando de que modo se pode tomar uma certa distância em relação à visão espontânea que se pode ter da observação, das leis, das provas, dos processos de verificação etc., sempre de maneira a obter uma visão mais crítica.

A observação científica

De acordo com a visão espontânea que a maioria tem da observação, esta diz respeito às "coisas tais como são". É sob este pressuposto que se diz com frequência que a observação deve ser fiel à realidade, e que, ao descrever uma observação, só se relata aquilo que existe. A observação seria uma mera atenção passiva, um *puro estudo receptivo*.

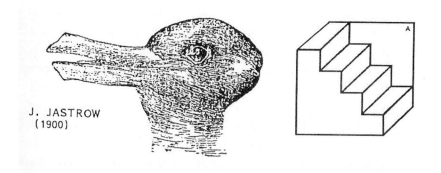

Observar é estruturar um modelo teórico

E, no entanto, se digo que há uma folha de papel sobre a escrivaninha, só posso dizê-lo sob condição de já ter uma ideia do que seja uma folha de papel. Do mesmo modo, se digo que a minha caneta cai no momento em que a solto, isto só é possível se já possuo uma certa ideia "teórica" daquilo que está em cima e do que está embaixo. Se, além disso, observo o desenho que está sobre a página, verei, de acordo com a maneira como me organizo, seja um coelho, seja um pato; uma escada vista de cima ou de baixo.

Estes exemplos mostram que *a observação não é puramente passiva*: trata-se antes de uma certa *organização da visão*. Se observo o que está em cima de minha escrivaninha é uma maneira, para mim, de colocar uma ordem naquilo que observo. Só verei as coisas na medida em que elas corresponderem a determinado interesse. Quase de maneira automática, eliminarei de meu campo de visão os elementos "que não fazem parte daquilo que observo" (por exemplo, se examino o que está em um quadro-negro em uma sala, eliminarei o que foi mal apagado na aula precedente; cf. Fourez, 1974, p.19-42).

Quando observo "alguma coisa", é preciso sempre que eu "a" descreva. Para tanto, utilizo uma série de *noções* que eu possuía antes; estas se referem sempre a uma representação teórica, geralmente implícita. Sem essas noções que me permitem organizar a minha observação, não sei o que dizer. E, na medida em que me faltaria um conceito teórico adequado, sou obrigado a apelar a outros conceitos básicos: por exemplo, se quero descrever a folha que está sobre a minha escrivaninha e não tenho noção do que seja folha, farei uma descrição falando dessa coisa branca que está sobre a minha escrivaninha, sobre a qual parece que existem linhas apresentando uma certa regularidade e também certa irregularidade etc. (Teria que se refletir aqui sobre a possibilidade psicológica para os humanos de "simbolizar", isto é, falar de "tal coisa", de "tal objeto", e de considerá-lo como um objeto, como uma coisa, isto é, separá-lo do fluxo de nossas ações reflexas para fazer dele um objeto de nossa linguagem, de nosso pensamento e de nossa comunicação.)

Em suma, para observar, é preciso sempre relacionar aquilo que se vê com noções que já se possuía anteriormente. Uma observação é uma *interpretação*: é integrar uma certa visão na representação teórica que fazemos da realidade. O que a filosofia afirma em particular desde Kant, a psicologia reencontrou especialmente na *psicologia cognitiva*. Essa abordagem das ciências psicológicas insiste precisamente sobre o caráter construído de nossos conhecimentos. Como notava Arnkoff: "As teorias construtivistas das cognições contrapõem-se àqueles que consideram que o conhecimento do mundo externo vem diretamente, de maneira imediata. O ponto de vista é construtivo na medida em que a significação de um acontecimento ou a configuração das entradas dos dados é construída pela indivíduo" (Arnkoff, 1980).

A parte teórica das observações foi estudada também pelos filósofos e sociólogos da ciência (ver Grady, 1973, citado por Pinch, 1985). Assim, Hanson (1958) nota que, quando Galileu fala de sua observação de "crateras" na Lua, este termo não é puramente "empírico", mas acha-se ligado a uma interpretação teórica. Achinstein (1968, p.181 ss.) conclui a sua análise sobre a possibilidade de separar os termos observacionais dos termos teóricos escrevendo: "O que foi mostrado não foi que divisões sejam impossíveis, mas que, de acordo com os critérios utilizados, muitas distinções podem surgir... um termo classificado como observacional (ou teórico) segundo um critério será não observacional (ou independente da teoria) segundo um outro". Além disso, nota Pinch (1985) que as relações de observação podem mudar de significações de acordo com o contexto teórico no qual os situamos. O conjunto das teorias utilizadas para produzir uma relação de observação pode ser mais ou menos importante, ou mais ou menos discutível. Todas as proposições empíricas dependem de uma rede de hipóteses interpretativas da experiência. Porém, elas não se referem às experiências do mesmo modo: não se "observa" do mesmo modo um neutrino, um micróbio, uma cratera sobre a Lua, uma nota de música, um gosto de açúcar ou um pôr do sol.

O que confere uma impressão de imediatez à observação é que não se colocam de maneira alguma em questão as teorias que servem de base à interpretação; a observação é uma certa *interpretação teórica não contestada* (pelo menos de momento). Ao passo que, se, observando uma flor sobre a minha escrivaninha, coloco em questão o meu conceito de "flor", não terei mais o sentimento de observar, mas de teorizar. Uma observação seria portanto uma maneira de olhar o mundo integrando-o à visão teórica mais antiga e aceita. É essa *ausência de elemento teórico novo* que dá o *efeito "convencional"* ou "cultural" da observação direta de um objeto. Pode-se observar a caneta que está sobre uma escrivaninha se – e somente se – possui-se o conceito de "caneta". Caso coloquemos em dúvida a adequação desse esquema de interpretação, conduziremos a observação a um outro discurso (sempre teórico), falando, por exemplo, desse objeto redondo comprido e branco que está sobre a escrivaninha. Em seguida, se postulará como tese teórica que isto poderia ser considerado como uma caneta. Para dizê-lo ainda de outro modo, observar é fornecer-se um *modelo teórico* daquilo que se vê, utilizando as representações teóricas de que se dispunha (Husserl, em Merleau-Ponty, 1945).

O que é um "fato"?

Não se observa, portanto, passivamente, mas se estrutura aquilo que se quer observar utilizando as noções que parecem úteis visando a uma *observação adequada*, isto é, que responda ao projeto que se possui. E é então que dizemos observar "fatos" (de maneira um tanto pedante, a etimologia da palavra "fato" remete a seu caráter construto, mesmo se não for devido a isto que denominamos fato a um "fato"). Se, por exemplo, digo que "o Sol gira ao redor da Terra é um fato", indico simplesmente qual é a minha interpretação teórica, aquela que me permite compreender (e portanto utilizar) o mundo. Digo que é um "fato" se considero que é algo indiscutível, que ninguém, pelo menos até agora, o coloca em questão (o que foi um fato para gerações anteriores, contudo, foi muitas vezes colocado em questão mais tarde, a partir do momento em que se havia dado uma outra representação teórica da coisa: desse modo, o que se tornou um fato é que é a Terra que gira ao redor do Sol).

Enfim, *o que chamamos um fato já é um modelo de interpretação* que será preciso aliás *estabelecer* ou provar (Bachelard, 1971; Duhem, 1906). É o que fazemos quando fornecemos uma "prova" de nossa observação. Por exemplo, se digo que vejo uma raposa, apoiarei a minha observação pela prova, que consistirá em mostrar sua cauda, suas orelhas, seu focinho etc. Se, no desenho, quero mostrar que é um pato que eu vejo, precisaria interpretar toda uma série de elementos em razão dessa visão global. E se precisasse, agora, mostrar que é um olho que se encontra no meio da cabeça, utilizaria ainda subinterpretações, dizendo, por exemplo, que determinado traço arredondado pertence à determinada parte do olho etc.

Quanto à "prova" da observação, como de resto a maioria das "provas" que encontramos nos manuais científicos, ela consiste em uma releitura do mundo utilizando o modelo que se colocou. Por exemplo, posso "provar" que o desenho é realmente de um pato, mostrando de que modo essa interpretação me permite ler o desenho de maneira satisfatória para mim. Do mesmo modo, posso "provar" o princípio da alavanca relendo experiências com ajuda desse modelo teórico (Mach, 1925).

É característico de nossa cultura que uma observação visual seja geralmente considerada mais válida do que outras. Afirma-se sem dificuldade que "o vermelho que vejo" é um fato; para outros sentidos como o olfato ou a audição tem-se termos menos precisos. Voltarei a este ponto, indicando como se tem uma impressão menos forte de que as notas de música são objetos, justamente porque fazem parte desse *universo do som que é menos instituído*, menos ligado a um discurso convencional partilhado em comum do que *o universo da visão*.

Na medida em que se percebe como a observação dos fatos é sempre a construção de um modelo de interpretação (em inglês o termo *theoretical construct*, pelo qual se designam as noções utilizadas, salienta esse aspecto construtivo). Percebe-se que esse modelo relaciona-se com o que nos interessa no momento. De acordo com os projetos, certas prescrições são mais adequadas do que outras. Não se vê bem, portanto, como uma observação poderia dar conta de um "real em si"; ela constitui na verdade uma *descrição útil tendo em vista um projeto*.[1]

Ponto de partida: as proposições empíricas ou teóricas?

Se as observações contêm sempre elementos de interpretação e de teorias, não se vê como se poderia *partir de uma observação que seria "o ponto de partida indiscutível da ciência"*. Se, por exemplo, observo uma célula no microscópio, já se trata de um modelo interpretatório, ligado a uma certa compreensão de um funcionamento, e não de um ponto de partida absoluto. Chega-se portanto sempre tarde demais para descobrir o primeiro ponto de partida.

Além disso, não se pode observar sem utilizar a *linguagem*, seja verbal, seja mental. E a língua já é uma maneira cultural de estruturar uma visão, uma compreensão. Uma descrição em uma língua não dará os mesmos efeitos que em uma outra. Somos, desse modo, irremediavelmente presos à linguagem, que existe antes de nós e continuará existindo depois de nós. Os cientistas, por conseguinte, não são indivíduos observando o mundo com base em nada; são *os participantes de um universo cultural e linguístico* no qual inserem os seus projetos individuais e coletivos (Prigogine & Stengers, 1980). Do mesmo modo, a noção de observação "completa" evidentemente não tem sentido algum, uma vez que observar é sempre selecionar, estruturar e, portanto, abandonar o

---

[1] "Acima do sujeito, além do objeto imediato, a ciência moderna funda-se sobre o projeto. No pensamento científico, a mediação do objeto pelo sujeito toma sempre a forma do projeto." E dentro desta perspectiva, pode-se dizer que os "fatos" são interpretações que não se coloca em questão, geralmente porque se esquece (individual e coletivamente) por meio de que "corte" (*découpage*) do mundo eles foram construídos (Bachelard, 1971, p.15).

que não se utiliza. Nada é mais estranho à observação científica do que uma observação "completa"; se perseguíssemos esse objetivo jamais faríamos ciência, mas continuaríamos sempre a observar! A imagem cultural – porém afinal inadequada – do indivíduo observando de uma maneira completamente neutra um mundo estranho a si será mais facilmente compreensível quando percebermos (cf. *infra* Capítulo 6) o vínculo que existe entre a observação científica e o *olhar "estrangeiro" do comerciante burguês* sobre o mundo que ele irá gerir. Contudo, esse olhar neutro do indivíduo sobre o mundo é uma ficção: antes do indivíduo há sempre a língua que ele utiliza, e que o habita como uma cultura. A observação neutra diante do objeto é uma ficção.

Na mesma linha, pode-se dizer que as *proposições empíricas* que apenas relatariam aquilo que se vê, e que seriam a base fundamental de todos os conhecimentos científicos, são já proposições em parte teóricas. As proposições empíricas não são "opostas" às *proposições teóricas*; elas já são teóricas.

A imagem do trabalho científico pela qual se começaria por recolher observações que exprimiríamos por meio de proposições empíricas indiscutíveis, para as quais procuraríamos em seguida proposições teóricas explicativas, é uma imagem puramente ficcional. O que parece se dar é que, na prática científica, em determinado momento, considera-se como "fato empírico" certos elementos de uma descrição. Por ora, não questionaremos esses "fatos empíricos".

As proposições empíricas diferem então das proposições teóricas, no sentido de que, por meio de uma *convenção prática ligada ao trabalho científico do momento*, nós as privilegiamos como não discutíveis de momento. Se digo que "a água ferve a 100 °C" é um dado empírico; isto significa que não questionarei essa afirmação. Além disso, mais tarde, em minha prática, pode ser que eu transforme essa proposição "empírica" em uma proposição teórica (e, aliás, antes de ser considerada como empírica, ela foi considerada como teórica).

Cada vez que uma observação não concorda com uma teoria, é sempre possível, mais do que modificar a teoria, modificar *as regras de interpretação da observação* e descrever diferentemente o que vemos. Voltaremos depois à utilização daquilo que denominamos as "hipóteses *ad hoc*".

O que é uma definição científica?

Na ciência não se parte de *definições*. Para definir, utilizamos sempre um esquema teórico admitido. Uma definição, em geral, é a *releitura de um certo número de elementos do mundo por meio de uma teoria*; é portanto uma interpretação. Assim, a definição de uma célula em biologia não é um ponto de partida, mas resultado de um processo interpretativo teórico. Do mesmo modo, não se começou definindo um elétron para então ver como encontrá-lo na realidade: a teoria de um elétron desenvolveu-se pouco a pouco, após o que pôde-se definir o que se entende pelo termo. De igual modo, consideremos o conceito de centro de gravidade ou de uma alavanca. O que, para um discurso, é o objeto de uma definição será para um outro o objeto de uma proposição teórica (Mach, 1925, p.49 ss., mostrou em uma análise histórica como esses conceitos não podiam se compreender fora do âmbito de uma elaboração teórica).

As definições e os processos teóricos têm por efeito dar-nos "*objetos científicos padronizados*" (Factor & Kooser, s.d.). Assim, jamais se encontra "a" maçã, mas tal ou tal maçã particular diferente de uma outra. O conceito, o "modelo" e a teoria – isto dá praticamente no mesmo – da "maçã" permitem pensar um objeto teórico que, em nosso raciocínio, substituirá o concreto da maçã. Pode-se considerar da mesma maneira "objetos científicos padronizados" mais complexos, como uma "diabete", ou um "processo de oxidação", uma "célula" etc.

Sobre os objetos semelhantes ou diferentes: o problema da semelhança, o mesmo e o outro

A observação levanta também o problema da diferença e da equivalência, do "mesmo" e do "outro", como dizia Platão. Dizer, por exemplo, que observo *duas* maçãs (ou uma maçã semelhante às outras) suponho que estabeleci uma relação de equivalência entre dois "objetos" diferentes. O mesmo ocorre se falo de duas diabetes, de duas crises econômicas, de dois lápis, de dois países subdesenvolvidos, de dois corpos condutores etc. Assim, observar é estabelecer, *em nome de uma percepção e de critérios teóricos*, relações de equivalência *entre o que eu poderia também considerar como diferente*. A "semelhança" não é recebida de modo passivo na observação, mas é *decidida* em uma visão teórica. É por meio de uma *decisão* (nem sempre consciente ou explícita), por exemplo, que utilizarei a noção de "flor" para falar de um certo número de objetos. O mesmo ocorre com a noção de "ciência": será por meio de uma decisão que agruparei ou não as atividades bem diferentes dos antigos egípcios, de Galileu e de seus contemporâneos, dos físicos modernos, dos psicanalistas, dos bioquímicos etc. A semelhança não é jamais dada, ela é imposta à nossa estruturação teórica porque a julgamos prática.

Objetividade absoluta ou objetividade socialmente instituída?

Mas então, o que ocorre com os objetos que observamos? Ainda temos a impressão de ver as coisas objetivas, tais como são. O problema dessa maneira de ver é que ela parte de uma definição espontânea da objetividade que seria "absoluta", isto é, sem nenhuma relação com outra coisa qualquer. Ora, parece evidente que não podemos falar de um objeto senão por meio de uma linguagem – realidade cultural – que pode ser utilizada para explicá-lo a outros. Não posso falar da lâmpada que está sobre a mesa a não ser sob a condição de ter dado a mim mesmo *elementos de linguagem suficientes, comuns e convencionais, a fim de ser compreendido*.

Falar de objetos é sempre situar-se em um universo convencional de linguagem. É por isso que se diz com frequência que os *objetos são objetos devido a seu caráter institucional*, o que significa que é em virtude das convenções culturais da linguagem que eles são objetos.[2] Um objeto só é um objeto sob condição de ser determinado objeto descritível, comunicável em uma linguagem. Dito de outro modo, falar de "objetos" é decidir sobre uma relação de equivalência entre "aquilo de que se fala".

Dizer que "alguma coisa" é objetiva é portanto dizer que é "alguma coisa" da qual se pode falar com sentido; é situá-la em um universo comum de percepção e de comunicação, em um universo convencional, instituído por uma cultura. Se, pelo contrário, eu quisesse falar de um "objeto" que não entraria em nenhuma linguagem, a minha visão seria puramente subjetiva, não comunicável; no limite: louca. *O mundo se torna objetos nas comunicações culturais*. A objetividade, compreendida desse modo, pelo menos, não é absoluta, mas sempre relativa a uma cultura.

Do mesmo modo que antes eu havia assinalado que existe uma linguagem anterior a toda descrição, é preciso acrescentar agora que existe também, anterior a todo objeto, uma estrutura organizada do mundo na qual se inserem os objetos. É o que sociólogos como Peter Berger & Thomas Luckmann (1978) chamaram de "*a construção social da realidade*". Por isto, entendem essa organização do universo ligada a uma determinada cultura, seja a de uma tribo de pescadores na Amazônia, seja a nossa cultura industrial, e que situa a visão de tal modo que cada uma das coisas pode encontrar o seu lugar (ou antes), que determina o que serão os objetos. Cornelius Castoriadis introduziu um conceito filosófico semelhan-

---

2   A esse respeito, cf. Berger & Luckmann, 1967 e Castoriadis, 1978. Cf. também Husserl (inédito), citado por Merleau-Ponty, 1945.

te falando da *instituição imaginária do mundo* (1978). Assim, o "mundo" é organizado em função de uma sociedade (cf. Fourez, 1974, p.19-42).

Os objetos não são dados "em si", independentemente de todo contexto cultural. Contudo, não são construções *subjetivas* no sentido corrente da palavra, isto é, "individuais": é justamente graças a uma maneira comum de vê-los e descrevê-los que os objetos são objetos. Se, por exemplo, pretendo fazer da flor outra coisa do que aquilo que está previsto em minha cultura, concluir-se-á que estou louco. Não posso descrever o mundo apenas com a minha subjetividade; preciso inserir-me em algo mais vasto, uma *instituição social*, ou seja, uma visão organizada admitida comunitariamente. Se, por exemplo, pretendo que um pequeno elefante rosa está a ponto de dançar sobre a minha mesa, é provável que me considerem como mentalmente perturbado... a menos que eu consiga relacionar a minha "visão" com um discurso socialmente admitido!

Para ser "objetivo" é preciso que eu me insira nessa rede social; é isto que me permitirá comunicar as minhas visões a outros; sem isto, se dirá simplesmente que estou sendo subjetivo. É por isto que Bachelard observava que "*a objetividade não pode se separar das características sociais da prova*" (1971, p.16; ver também Latour & Woolgar, 1979), que descrevem maravilhosamente todos os meandros, por vezes surpreendentes, do estabelecimento de um "fato" científico).

Em outros termos, o lugar da objetividade não é nem uma realidade-em-si absoluta, nem a subjetividade individual, mas a sociedade e suas convenções organizadas e instituídas (cf. Bloor, 1976, 1982). Relacionando desse modo o conceito de objetividade ao de interações sociais organizadas, não se trata de negar a importância da objetividade (dizer que alguma coisa não é absoluta não significa de modo nenhum negar a sua importância; por exemplo, dizer que poderíamos ter encontrado outros meios de transporte senão aqueles que chamamos de carros é afirmar a relatividade dessa tecnologia, mas não negar a sua importância ou interesse!). O que está em questão é tomar uma distância em relação ao modelo artificial de acordo com o qual um indivíduo só observaria "objetivamente" e de maneira independente de qualquer história, de modo absoluto, as "coisas tais como são"; trata-se de propor um modelo segundo o qual a observação seja uma construção social relativa a uma cultura e a seus projetos.

Os diferentes sentidos da "atividade do sujeito"

Pode-se dizer, portanto, que a observação não depende somente de um dado, mas de uma atividade do "sujeito". Este termo, contudo, é ambíguo, pois pode recobrir vários conceitos diferentes. Para muitos, a noção de subjetividade se refere a uma visão parcial do todo. Fala-se então do *"sujeito empírico"*, designando a pessoa que faz uma observação e é influenciada pelo que ela tem de particular e de individual, eventualmente por seus interesses ou paixões. Neste sentido, se interpreto uma observação em função de minha própria subjetividade, dir-se-á que a minha observação é "subjetiva" e, em se tratando de ciência, não é uma apreciação positiva. A ciência veicula uma ética do ocultamento, ou do apagamento do sujeito individual empírico.

Porém, desde Kant pelo menos, a subjetividade remete primeiro a uma *construção*. O termo "sujeito" designa então o conjunto das atividades estruturantes necessárias à observação. Este conjunto de atividades estruturantes forma aquilo que Kant denomina um *"sujeito transcendental"*. E, como observar é sempre construir e estruturar, pode-se dizer que a observação é a atividade do sujeito ou subjetiva (mas não no sentido corrente da palavra, que acabamos de recordar). É subjetiva no sentido de que observar é organizar a nossa visão segundo regras que são sociais e ligadas à historicidade de uma cultura.

Em termos mais simples, se tenho um giz verde sobre a mesa e, observando-o, considero-o como vermelho porque sou daltônico, dir-se-á, na linguagem corrente, que a minha interpretação é "subjetiva", pois depende de minha maneira *individual* de estruturar o mundo. Todavia, se falo de um giz verde, utilizando as noções de giz e de verde e várias outras, dir-se-á que a minha observação é "objetiva"; e contudo é por meio de uma atividade estruturante do sujeito e pela mediação de uma cultura partilhada que pude produzir essa observação. Mais ainda, pode-se dizer que o caráter objetivo provém diretamente das convenções que são veiculadas pelas atividades dos "sujeitos".

O "sujeito transcendental" não é de modo algum algo que dependa do indivíduo: trata-se na verdade de uma série de elementos, ligados a nossa biologia, a nossa linguagem, a nossa cultura etc. Como afirmaram Husserl e Merleau-Ponty,[3] "a subjetividade transcendental poderá ser uma intersubjetividade"; em outros termos, esse "sujeito" é uma comunidade humana organizada em uma língua, costumes etc. O que dá ao objeto o seu caráter objetivo é justamente essa construção por esse sujeito, de acordo com regras socialmente admitidas e reconhecidas. Em outros termos ainda, *só há objeto por meio da "subjetividade" da linguagem e das convenções*, mas isto não significa que a observação seja subjetiva, se entendermos por isso que dependeria da interpretação livre de um indivíduo.

O uso em informática de bancos de dados pode tornar mais claro o que é a objetivação. Para que um "objeto" exista em um banco de dados é preciso que ele entre em uma das categorias programadas nesse arquivo. O que determina uma classe de objetos não vem simplesmente "de fora", mas também da classificação que foi dada. Esta permite reunir em um conjunto de "objetos" coisas diferentes; é uma maneira concreta, convencional mas não arbitrária de resolver o problema do "mesmo" e do "outro".

---

3 Husserl, *Die Krisis europaïschen Wissenschaften und die transzendentale Phänomenologie*, III (inédito), citado por M. Merleau-Ponty, in: *Phénomenologie de la perception*, Prefácio, p. VII, Gallimard, 1945.

Poder-se-ia também introduzir aqui a noção de "*sujeito científico*", entendendo por isto o conjunto de atividades estruturantes ligadas a uma abordagem científica determinada sobre o mundo, a fim de produzir o "objeto científico" a ser estudado. Pode-se dizer que existe um "sujeito científico" particular para cada disciplina, ligado ao que chamaremos de "paradigma", ou "matriz disciplinar" da disciplina; estudaremos mais a fundo em que consiste esse "sujeito" quando abordarmos os seus conceitos. Indiquemos simplesmente por ora que é o conjunto de regras estruturantes que dão à disciplina os seus objetos. É claro que esse conceito de "sujeito científico" não remete a um ou a vários indivíduos mas a uma maneira socialmente estabelecida de estruturar o mundo.

Dito de outro modo, de acordo com as palavras de Prigogine & Stengers (1980), "a ciência se afirma hoje ciência humana, ciência feita por homens e para homens" (p.281). Segundo eles, com efeito, a ciência supõe um "enraizamento social e histórico" (p.280) e uma "interpretação global que não deixa de ter influência sobre as pesquisas locais" (p.88); os cientistas "pertencem à cultura para a qual por sua vez contribuem" (p.277).

A ideologia da imediatez científica

Apesar de tudo, a ideologia da "observação fiel dos fatos" continua viva. No espírito de um grande número de pessoas, observar é simplesmente situar-se passivamente diante do mundo tal como é. Mascara-se assim o caráter construído e social de toda observação; recusa-se, desse modo, a ver que "observar" é inserir-se no mundo dos projetos que se possui. Esse *apagamento do sujeito* (ao mesmo tempo individual e social, empírico e transcendental ou científico) não é inocente. Obliterando-o obtém-se a imagem de uma objetividade absoluta, independente de qualquer projeto humano. É uma maneira de absolutizar a visão científica e nossa visão do mundo, e de velar-nos a sua particularidade. Teremos que nos perguntar sobre as razões pelas quais as práticas científicas apagam tão bem as suas origens, a ponto de J. M. Lévy-Leblond poder dizer que geralmente fala-se de cientificidade quando se lida com um saber cujas origens foram suprimidas;[4] os saberes da vida cotidiana, aqueles que vemos ainda a que projetos estão ligados, são raramente chamados de científicos.

Daí se origina uma espécie de ingenuidade que se assemelha à de nossos antepassados quando consideravam que éramos civilizados, ao passo que as outras sociedades do mundo não o eram. Acreditamos que a nossa observação científica do mundo possui uma objetividade absoluta. Efetuar esse julgamento só é possível sob condição de esconder a particularidade de nossa visão, de nossa sociedade e da nossa situação. Esse "apagamento" acaba levando a uma *sociedade tecnocrática* onde se busca fundar ou legitimar decisões sociopolíticas ou éticas sobre raciocínios científicos pretensamente neutros e absolutos (cf. Stengers em Fourez, 1986).

Todavia, toda observação carrega consigo um elemento de *fidelidade*, no sentido de que ela se situa em uma comunidade humana e em relação a ela. E essa comunidade é por sua vez ligada a uma história e a um mundo que não se controla. Em suma, não se observa simplesmente o que se quer ver, *insere-se* em algo maior, *em uma história humana e em um mundo*.

O sentimento de realidade

Resta dizer algo sobre o fato de que temos com frequência a impressão de que o que nós observamos é verdadeiramente o "real". O *sentimento de realidade*[5] é um sentimento subjetivo e

---

4 Lévy-Leblond, 1981. Lembremos também o provérbio americano: "Um especialista é o idiota da aldeia vizinha"; ou ainda, "Ninguém é profeta em seu próprio país".
5 A respeito do sentimento de realidade, ver Maréchal, 1937 e também Fourez, 1974, 1979.

afetivo que faz com que tenhamos confiança no mundo tal como vemos.

Sem insistir demais sobre a origem de tal sentimento, assinalemos que ele não deixa de estar ligado ao fato de que muitas pessoas de quem gostamos (os nossos pais, por exemplo) veem o mundo como nós. A criança tem a impressão de que o mundo no qual ela vive é real na medida em que sente que as-pessoas-que-contam-para-ela veem a mesma coisa que ela. Se, pelo contrário, o seu pai ou a sua mãe afirmassem que o que ela vê não é real, ela logo teria a impressão de viver em um mundo irreal. Doenças psicológicas são aliás muitas vezes relacionadas a esse tipo de imagens ambíguas passadas pelos pais ao colocar continuamente em questão o sentimento de realidade da experiência da criança. De igual modo, os cientistas também possuem com frequência a impressão de ver o "real" quando estão inseridos em uma dada comunidade – a comunidade científica – que aprova a sua descrição.[6] Pelo contrário, quando têm a impressão de serem os únicos a observar um fenômeno, ficam tomados por um sentimento de irrealidade e têm a mesma tendência a não crer em suas observações. Não tardam então a abandonar as suas pesquisas (contudo, se levaram em consideração todos os critérios de observação objetiva tais como definidos pela comunidade científica, poderão continuar a defender o resultado de suas observações).

Além de seu vínculo com a visão de grupos particulares como a comunidade científica, as visões que se têm do mundo ligam-se, em última instância, a relato míticos que, em uma dada sociedade, encontram-se na base de toda representação. Semelhantes mitos são como um horizonte fora do qual não existe sentido. Em nossa sociedade ocidental, o *conceito de matéria* desempenha por vezes um papel desse tipo. É impossível definir o que é "a matéria". Esse conceito refere-se à visão última da organização científica do mundo

---

[6] A propósito, ver a descrição do laboratório de que falam Latour & Woolgar, 1979. Ver também Latour, 1984.

(ou, mais particularmente, à visão última da organização do mundo pela física).

Em nossa sociedade, contrariamente à da Idade Média, quando era a religião que tinha essa função, a ciência parece desempenhar o papel de mito fundamental, ou seja, que é para ela que as pessoas se dirigem para encontrar o que seria o real último.

E o "real"?

A noção de *real* parece funcionar como uma maneira de anunciar uma interpretação privilegiada; assim, se dirá que um sonho não é "real"... Tentar dizer o que é o real em última instância é procurar um discurso, uma interpretação à qual se daria um estatuto privilegiado. Dizer que "isso é realmente isto"[7] é privilegiar a segunda interpretação (isto) sobre a primeira (isso). Por exemplo, se digo que determinada doença não é realmente fisiológica, mas psicológica, a palavra "realmente" marca a interpretação privilegiada.

Quando se está habituado a ver o mundo de certo modo, torna-se quase impossível ver as coisas de maneira diferente. Questionar essa visão criaria uma profunda crise afetiva. A visão que se tem do mundo surge então como absolutamente objetiva. Isto pode ir até o ponto que, se, em determinada sociedade, alguém negasse essas visões "necessárias", ela seria rapidamente declarada louca. O que coloca uma questão em relação ao conceito de loucura: dizer que alguém é louco possui uma significação absoluta ou significa simplesmente que a sua visão do mundo não se integra bem na instituição imaginária do mundo de sua sociedade? (cf. Foucault, 1961).

---

7 Em francês, *ceci est réellement cela*; optou-se por traduzir *ceci* por isso, significando algo que se vê, para o qual se pode apontar, e cela por isto, precisando melhor o que se fala (N. T.).

A fim de tornar mais claro de que modo a construção social do mundo provoca o sentimento de objetividade, e como a objetividade é uma instituição social, o exemplo do solfejo é interessante. Sem o solfejo, sem uma certa teoria das notas musicais, as notas *não existem objetivamente*. E contudo, graças a essa teoria, as notas existem objetivamente. Elas não existem "em si mesmas", mas apenas por meio dessa visão sociocultural que institui o mundo do som: o solfejo. Como porém, em nossa cultura, o mundo do som é relativamente menos instituído do que o mundo da visão, tem-se a impressão (pelo menos a maioria das pessoas, mas não necessariamente os músicos) que o mundo do som é menos "objetivo" do que o mundo da visão. No limite, é-se tentado a dizer que as notas de música são menos reais do que as cores. Muitos têm a impressão de que ver o "vermelho" é objetivo, mas escutar um "lá" é ter uma experiência ligada à cultura. Na verdade, o próprio vermelho é também ligado a uma construção social do mundo (notemos que, para que as notas de música existam como objetos, não é preciso necessariamente que elas sejam definidas de maneira técnica por meio do solfejo; basta, assim como para as cores, que tenham uma definição informal (Hall, 1959).

Então, quando observamos, observamos o real? Observamos a "coisa-em-si" tal como seria independente de nós? Voltaremos mais tarde sobre a questão de saber se é possível alcançar o "objeto em si", e nos perguntaremos mesmo em que medida essa noção é útil. No entanto, as análises que acabamos de fazer nos levam a reconhecer que o que nós observamos é sempre um mundo já estruturado por nossa maneira de ver e de organizá-lo. Neste sentido, pode-se dizer que, em ciência, não se pode falar senão de "objetos fenomenais" (isto é, objetos tais como aparecem, vistos pelo sujeito transcendental ou pelo sujeito científico). Todas as observações científicas se situam em torno dessa visão estruturada; o que haveria em última instância "atrás" ou "abaixo" de nossas observações está fora de nosso alcance; chegamos sempre muito tarde: o sujeito estruturante já está lá quando falamos de um objeto.

As observações científicas não se preocupam com a "realidade última" do mundo observado; contentam-se com o mundo fenomenal tal como aparece, tal como nós os organizamos (cf. Kant, 1785; Blondel, 1893). É o sentido da famosa expressão atribuída a Newton: "*Hypotheses non fingo*" ("Não imagino nada a respeito do real último").[8]

A convicção do observador: as "provas"

Na medida em que a convicção está ligada a uma inserção em uma comunidade, podem-se analisar os vínculos que existem entre os processos de validação das teorias científicas e a lavagem cerebral (Fourez, 1974, Capítulo 1). Os psicólogos e os sociólogos estudaram a maneira pela qual se pode modificar sua visão do mundo. Para que esta seja modificada, parece que quatro elementos são necessários (Hall, 1959; Fourez, 1974, p.38-40).

É preciso uma estrutura de plausibilidade, ou seja, uma linguagem que dê uma certa coerência à nova organização do "real". É necessária uma segurança afetiva (substituto da presença assegurante dos pais, que garantem à criança a realidade do mundo): no mundo científico, é a comunidade científica que desempenha esse papel. É preciso também uma separação afetiva da visão anterior (não se está nunca suficientemente convencido de que se está distante daqueles que creem de outro modo!); aí também o "meio científico" tem um certo papel. E, enfim, é preciso que a nova visão possa reinterpretar a antiga – ou pelo menos aquilo que julgamos importante nela. O filme *A confissão* [*L'aveu*] colocou em evidência os elementos desse processo.

É nesse âmbito que se pode reinterpretar o que é apresentado nos manuais de ciência e em muitos artigos como "provas cientí-

---

8 Tradução bastante "livre" de Fourez; uma versão mais precisa poderia ser: "Não trabalho com hipóteses" (N. T.).

ficas". Trata-se geralmente de *releituras do mundo através da teoria*, que tendem a torná-la crível. Assim, se eu quiser "provar" que vejo verdadeiramente uma lâmpada sobre a minha mesa, só conseguirei redizer todos os elementos de interpretação que me levaram a falar de uma lâmpada. Efetuo apenas uma releitura de minha visão do mundo. Do mesmo modo, se quiser "provar" a minha teoria do elétron não farei mais do que reler o mundo por meio dessa teoria.

Tudo o que as "provas" que aparecem nos cursos de ciências conseguem dizer é que as teorias ensinadas fornecem um instrumento satisfatório de "leitura" do mundo observado. E todos os professores sabem a que ponto o "mundo observado" é estruturado em um curso a fim de que não apareça muito aquilo que poderia colocar em questão o modelo ensinado. A descrição do "mundo observado" já é feita em função da teoria que será "provada"; nesse sentido, pode-se dizer que toda descrição científica e toda observação já são estabelecimentos de um modelo teórico. A expressão "provar essa observação" não é utilizada, mas poderia significar que o modelo que se escolheu funciona para nossa satisfação (deve-se grifar "*nossa satisfação*", pois tudo o que se pede do modelo é que ele nos satisfaça em nossos projetos).

Veremos também, mais tarde, que um modelo será rejeitado não porque ele será "provado" falso, mas porque, finalmente, ele nos satisfará mais, e nos deixará em débito em relação ao que desejamos fazer, isto é, nossos projetos (e em ciência, esses projetos são em geral partilhados, ao passo que, em certas observações de nossa vida individual, intervêm critérios mais pessoais).

Conclusão: a revolução copernicana da filosofia da ciência

Essa seção sobre a observação científica tinha por objetivo operar, como dizia Kant, uma espécie de *revolução copernicana* em relação à observação (atribui-se a Copérnico nos ter ensinado a não mais ver o Sol girando em torno da Terra, mas esta em redor do Sol).

Em nossa cultura, consideramos espontaneamente que o observador "gira" em torno do objeto, sendo este considerado como o que produz a observação, ao passo que o sujeito observante aparece como essencialmente receptivo. A revolução copernicana consiste em deslocar o acento e dizer que a observação será antes de mais nada uma construção do sujeito, e não a descoberta de que alguma coisa estará lá independentemente do sujeito observante (mas dizer que alguma coisa é uma produção humana não é, como creem alguns, diminuir a sua importância: as tecnologias automobilísticas não são menos importantes se as considerarmos como construções humanas do que se as considerássemos como "descobertas" de algo que não existia antes!).

A importância dessa revolução copernicana é de legitimar a visão da ciência que a apresenta como um processo absoluto e de modo algum histórico. Psicologicamente, essa mudança de perspectiva é difícil, pois "essa ideia da subjetividade como construção-criação implica uma errância, a renúncia à certeza de um já-la à espera da descoberta" (Benasayag, 1986, p.42-4). Trata-se de fazer o enterro de um sonho que nos habita de um modo ou de outro: o de uma observação absoluta, direta, global, imediata, quase fusional com o mundo, de uma relação dual com a realidade. E, uma vez abandonado esse mito da imediatez, coloca-se a questão dos projetos humanos subjacentes e a do sentido dessa atividade humana.

Fomos assim levados a rever a noção de "sujeito de observação". Na medida em que a observação se liga à linguagem e a pressupostos culturais, falar de um sujeito de observação puramente individual é uma ficção. Os observadores em carne e osso não estão jamais "sós", mas sempre pré-habitados por toda uma cultura e por uma língua. E quando se trata de uma observação científica, é a coletividade científica que "habita" os processos de observação. Distinguindo as noções de sujeito empírico, sujeito transcendental e sujeito científico, chegamos à conclusão de que a objetividade não tem lugar nem na subjetividade, nem em um "real em si", mas na instituição social do mundo.[9]

Resumo

a) *Método dialético*: representação espontânea (tese), análise e negação crítica (antítese), nova representação (síntese, isto é, nova tese).

b) *Representação de Claude Bernard* (simplificada): observação, leis, verificações experimentais, leis provadas, teorias.

c) 1º A *observação científica*: nunca puramente passiva, supõe uma organização da visão, seguida de uma descrição (isto é, de uma interpretação em termos teóricos pré-adquiridos), estruturada em função de um projeto, estruturado por um "sujeito" a não se confundir com a subjetividade individual.

Os fatos são portanto modelos teóricos a serem "provados".
Os "fatos" não são um ponto de partida absoluto das ciências.
Os fatos se ligam à linguagem, à cultura; não são neutros.
As proposições empíricas já são teóricas, assim como as definições.
A objetividade se liga ao senso comum e à linguagem (cf. "construção social da realidade", "instituição imaginária do mundo", "humanidade" da ciência).
Subjetividade e objetividade.
Desabsolutização da ciência; possibilidade de recusar a tecnocracia.

---

9 Pode ser interessante estabelecer uma relação entre essas análises e o esquema aristotélico segundo o qual os objetos se compõem de matéria e de forma (e, para Aristóteles, a forma está sempre ligada a uma certa intencionalidade, isto é, a determinado projeto). O conceito de "matéria primeira" desenvolvido pelos filósofos escolásticos (a "matéria primeira" não é nenhuma realidade específica, mas indica que nada existe fora de uma referência a uma passividade) corresponde bem ao que apresentamos, indicando que, mesmo que todo objeto seja construído, ele não pode se definir como pura construção. Além disso, em uma concepção aristotélica, só existe objeto por sua "forma", ela mesma ligada à intencionalidade. Poder-se-ia, na mesma perspectiva, considerar a relação dos desenvolvimentos deste capítulo com a filosofia da ciência de Blondel (1893) ou o pensamento de Fichte.

2º *Quid do "sentimento de realidade"?* Ligado ao sentimento subjetivo, ao vínculo afetivo com "pessoas importantes para nós", a relatos míticos; "objeto em si" e "objeto fenomenal".

3º *Quid do conceito de "real"?* Ligado a um discurso privilegiado e não a uma existência objetiva em si; validade das teorias científicas e "lavagens cerebrais".

Conclusão: Deslegitimar a visão da ciência como "absoluta". Valorizar o seu aspecto construído pelos humanos.

Palavras-chave

Método crítico dialético/ leis científicas/ experimentação/ observação/ fato/ real em si/ proposições empíricas/ proposições teóricas/ definição/ objetividade/ instituição social do mundo/ sentimento de realidade/ provas/ sujeito empírico/ sujeito transcendental/ sujeito científico/ interpretação/ impressão de imediatez/ objeto fenomenal/ ponto de partida da ciência/ olhar do comerciante burguês/ hipótese *ad hoc*/ modelo teórico/ psicologia cognitiva/ ideologia da imediatez/ fidelidade da observação/ sociedade tecnocrática/ apagamento do sujeito/ mitos fundamentais/ perspectiva construtivista.

CAPÍTULO 3
O MÉTODO CIENTÍFICO:
ADOÇÃO E REJEIÇÃO DE MODELOS

Teorias, leis, modelos

De acordo com o modelo mais apresentado nos manuais do secundário[1] e muitas vezes na universidade, supõe-se que, com base em observações, "propõem-se", ou se "deduzem", ou se "descobrem" leis científicas. Por exemplo, diz-se que baseando-se na observação de alavancas poder-se-á tirar a lei da alavanca. Iremos considerar essa representação como uma tese inicial, para aplicar o mesmo método dialético utilizado no capítulo anterior.

Pode-se deduzir leis das observações?

Um físico, um pouco filósofo também, Ernst Mach (aquele que deixou o seu nome ligado à barreira do som) examinou detidamente esse problema em seu livro: *La mécanique, exposé historique et critique*

---

[1] Cf., por exemplo, o programa do curso de ciências do ensino católico belga. Essa representação é uma simplificação da de Claude Bernard, 1934.

de son développement (1925, p.15-30) [*A mecânica, exposição histórica e crítica de seu desenvolvimento*]. Esta obra, por seus desenvolvimentos históricos e críticos, contribuiu para recolocar em questão a física newtoniana, e desse modo preparar os desenvolvimentos da teoria da relatividade. Ela mostra como, cada vez que se pretende deduzir de uma observação a lei da alavanca, na verdade ela já estava implícita no próprio discurso da observação. Por exemplo, falando de ponto de apoio, de distância em relação ao ponto de apoio, de equilíbrio, de centro de gravidade, já se aceitou implicitamente nesses termos teóricos o equivalente da lei da alavanca.

Não se *deduzirá* portanto a lei da alavanca das *observações*, pois desde esse momento a lei já tinha sido injetada pelos termos teóricos utilizados. No entanto, tendo em vista a lei da alavanca (ou alguma coisa do gênero), torna-se possível efetuar observações que indicarão de que modo as forças a serem aplicadas à alavanca são proporcionais às distâncias do ponto de apoio. Em outros termos, ela pode ser "verificada", ou seja, ser constatado o seu bom funcionamento, uma vez admitidos um certo número de pressuposições.

De modo mais geral, desde o momento em que se aborda uma situação, tem-se sempre uma certa ideia da maneira pela qual podemos representá-la: adotamos um "modelo". Com base nessas ideias, pode-se ver até que ponto "isto funciona". Se, por exemplo, considero uma lei sobre a queda dos corpos, precisarei, para aplicá-la, e para que ela tenha um sentido, de certos conceitos teóricos, por exemplo, para o de direções privilegiadas que são o alto e o baixo. As leis ou os modelos teóricos se "verificam" utilizando-se os conceitos que lhes são ligados. Em outros termos, verificar uma lei é menos um processo puramente lógico do que a constatação de que a lei nos satisfaz.

A ciência é subdeterminada

Uma maneira relativamente simples de ver que não se pode deduzir uma lei baseando-se em uma série de observações empíricas é considerar (segundo os filósofos da ciência Duhem, 1906 e Quine, 1969) que, sendo dado um número finito de observações empíricas, existe um número infinito de teorias correspondentes a elas. Para compreender por que, comparemos as observações empíricas aos desenhos de histórias em quadrinhos: é possível construir um número infinito de histórias que serão compatíveis com os desenhos. De maneira similar, sendo colocado um número finito de dados empíricos, pode-se encontrar uma infinidade de leis ou modelos que lhes correspondem. As teorias científicas são subdeterminadas neste sentido de que não são completamente determinadas pelas proposições empíricas das quais, de acordo com uma epistemologia ingênua, seríamos tentados a extraí-las.

Este "teorema" segundo o qual é possível ter um *número infinito de teorias para um número finito de proposições empíricas* é importante porque relativiza as nossas representações científicas. Ele indica que não se pode dizer jamais que os resultados empíricos nos "obrigam" a ver o mundo de tal ou tal maneira. Ele seria compatível, por exemplo, com os dados empíricos dos quais se pretende tirar teorias científicas, defender uma teoria pretendendo que são anjos que fazem funcionar a integralidade do mundo; no nível lógico, essa teoria poderia muito bem funcionar. Sem dúvida, semelhantes teorias não são nada práticas se se quiser realizar um certo número de projetos, mas se considerarmos que a ciência se destina simplesmente a dar conta de um número finito de observações científicas, todas essas teorias serão equivalentes.

A evolução de nossas teorias e modelos científicos?

Pode-se então representar a abordagem científica como se segue. Começamos sempre olhando o mundo já com um certo número de ideias na cabeça: *ideias preconcebidas, representações, modelos, sejam científicos, pré-científicos ou míticos*. Essas representações possuem sempre uma coerência, mesmo que, levadas ao extremo, possam revelar-se incoerentes. Chamaremos de teorias, leis ou modelos todas essas representações que nos damos do mundo. Longe de provir unicamente das experiências que se acaba de fazer, elas dependem sempre das ideias que se aceitava de início.

Quando essas representações não nos convêm, por uma razão ou por outra, nós as substituímos por outras que nos sirvam melhor para fazer o que quisermos. Se desejo corrigir uma má-formação congênita, será melhor que eu tenha uma representação do mundo fortemente ligada à Biologia do que uma representando o corpo de maneira artística. Mas, para outros projetos, é possível que uma visão artística do mundo seja mais prática. As representações aparecem portanto mais ou menos válidas de acordo com os projetos humanos nos quais queremos situá-las (Mach, 1925, p.81).

Modelos ligados a projetos

De acordo com o ponto de vista acima desenvolvido, a ciência surge como uma prática que substitui continuamente por outras as representações que se tinha do mundo. Aliás, começa-se a fazer ciência quando não se aceita mais a visão espontânea como absolutamente necessária, mas como uma interpretação útil em determinado momento. Os nossos modelos partem sempre de uma visão ligada à vida cotidiana, de uma visão espontânea, evidentemente condicionada pela cultura. Ligam-se a uma maneira de viver, a uma cultura, a interesses, a uma multiplicidade de projetos. Se olho o meu quarto, forneço a mim mesmo um modelo ligado à minha vida cotidiana (ao que se chama às vezes de mundo utilitário). A organização dessa representação não é determinada pelos objetos que estão em meu quarto, mas pela maneira pela qual organizo a minha vida, pela qual a vejo, assim como a meus projetos. Pode-se dizer a respeito de nossos modelos o mesmo que foi dito sobre as observações.

Na medida em que tomo certa distância em relação a essa vida cotidiana, perguntando-me por exemplo como essa cadeira pode se sustentar, começo a construir um espaço conceitual podendo me fornecer um outro modelo do mundo, ligado, por exemplo, à física estática. Neste sentido, os sistemas teóricos aparecem como interpretações que organizam a nossa percepção do mundo. São *criações do espírito humano, assim como as visões poéticas, artísticas, estéticas etc*. Trata-se de construções humanas em que acaba se encontrando o espírito. É por isso que, em um sentido bem significativo, pode-se qualificá-las de visões "poéticas", lembrando, em grego, o sentido do verbo *poiein*: fazer, criar (Prigogine & Stengers, 1980, p.291).

Na medida em que não são puramente individuais, essas visões podem se modificar em determinada cultura. Podem ser consideradas como espécies de *ferramentas* intelectuais; mais tarde falaremos de "*técnicas*" intelectuais (Fourez, 1983). Considerar a minha cadeira, por exemplo, segundo o ponto de vista da física estática, é dar-me uma representação que me permite *fazer* um certo número de coisas com ela, neste mundo social em que vivemos e onde ela pode servir. Os modelos, por conseguinte, assim como os objetos, não são *subjetivos*, mas são *instituições sociais* ligadas a projetos: técnicas.

São os nossos modelos necessários ou contingentes?

O que acabamos de expor leva a outras questões. As visões do mundo que fornecemos a nós mesmos são necessárias ou contingentes? É necessário que eu organize as visões do meu escritório da maneira que faço? São os conceitos da física estática necessariamente dados? De que modo se chega a um acordo para falar dos fenômenos de iluminação do meu escritório em termos de eletricidade? Seria possível encontrar outras representações que seriam equivalentes ou que seriam igualmente "boas"? Existem regras universais? O que determina quais são as "boas" representações? O consenso em torno de uma teoria obedece a regras rígidas ou flexíveis? Certas representações nos *parecem* como absolutamente necessárias; assim, se digo que, quando eu largo este lápis, ele cai, parece-nos impossível falar de outro modo. Outras representações, pelo contrário, parecem-nos bem mais sujeitas à discussão: se quiser descrever uma sinfonia de Mozart, utilizarei uma representação que não será determinada por regras absolutamente estritas. A questão é saber se as representações que nos parecem necessárias parecem assim devido a *um longo hábito de nos representarmos certas coisas de determinada maneira*, ou porque elas o são de uma *maneira absoluta*. Ou, ainda, a questão é saber se, em última instância, toda representação acha-se ligada a convenções. As análises por nós desenvolvidas caminham no sentido da ausência de critério absoluto para dizer como "se deve" representar as coisas (recordemos que a palavra "absoluto" significa "sem vínculo", não relativo a qualquer outra coisa).

Os modelos e as teorias podem ser comparados a mapas geográficos. Estes não são cópias de um terreno. São uma maneira de poder se localizar. O conteúdo de um mapa é determinado, da mesma forma que os modelos, pelo projeto que se teve ao fazê-los. Desse modo, um mapa rodoviário não dá as mesmas indicações que um mapa geológico, e cada um deles é estruturado segundo um projeto diferente. Não se pode falar portanto de nada absoluto ou "neutro" na produção de um mapa: fazer-se-á aquele que parecer mais prático tendo em vista projetos particulares. E um bom mapa é um que permita que eu me localize, tendo em vista os projetos que tenho.

Para ler bem um mapa, é preciso compreender de que modo os símbolos foram determinados. Igualmente, para compreender um modelo científico, é preciso apreender como os conceitos foram construídos. Além disso, existe uma "objetividade" de um mapa no sentido de que, *quando se sabe utilizar*, ele permite *comunicar* conhecimentos a respeito do terreno. O mesmo ocorre com os modelos científicos. É a possibilidade de *utilizá-los* no interior de uma *comunidade científica que conhece o seu modo de utilização* que lhes dá a sua "objetividade", isto é, a sua possibilidade de servir como "objeto" nessa comunidade humana.

Verificações, falseamentos

De acordo com a imagem mais popularizada da ciência, quando se produziu um certo número de leis ou teorias, deve-se "verificá-las" por meio da experiência. Este termo "verificar" comporta algumas ambiguidades.

A primeira questão se liga à utilização do termo "verdadeiro". O que significa a afirmação de que uma teoria é "verdadeira"? Pode-se dizer que uma teoria é "verdadeira"? Examinaremos posteriormente essa questão da "verdade" da ciência; aqui, nos contentaremos em examinar o que se entende por "verificar" uma teoria (ou ainda por "testar uma teoria", ou por "debilitá-la" ou "falseá-la").

Quando se pensa *verificar* as leis científicas, a ideia que prevalece é a de que, partindo de uma hipótese ou de um modelo, efetuam-se experiências para ver se essa lei é verdadeira. A primeira dificuldade dessa maneira de ver é que, independentemente do fato de que o termo "verdadeira" seja mal definido, não se está jamais seguro de que uma experiência suplementar não poderia dar um resultado diferente da experiência anterior. Afinal de contas, se faço mil experiências verificando que "todos os corvos são negros", nada impede que um dia eu encontre um corvo branco. A propósito das verificações, pode-se repetir o que se disse a respeito das provas: são releituras do mundo com ajuda da teoria que se "verifica"; e com a qual estamos satisfeitos. Confrontados com as ambiguidades de toda verificação, os filósofos da ciência modificaram as suas representações dos testes das leis (ou das teorias, ou dos modelos – consideraremos aqui esses termos como equivalentes).

Os modelos – como a Lei de Newton – são sempre considerados como hipotéticos e são utilizados enquanto *"nos" satisfizerem*. Mas quando, em determinado momento, eles não "nos" prestarem os serviços que se esperava deles, nós os substituiremos por outros, se os encontrarmos. O que representa esse "nos" de que falamos aqui deve ser precisado. Foi desse modo que, no início deste século, os *físicos* substituíram a física de Newton pela física relativista de Einstein. Sob esta ótica, não se coloca mais a questão de saber se os modelos são "verdadeiros", mas interessa-se simplesmente por sua *eficácia* em um âmbito determinado (para retomar uma frase de E. Mach, interessa-se pela *economia de pensamento* que eles irão nos permitir. Mach, 1925, p.121). Na medida em que eles "nos" prestam o serviço que se espera deles, os modelos são conservados. E nós os adotamos a partir do momento em que consideramos que eles podem "nos" ser úteis ou simplesmente porque não temos ideias melhores de momento. Se estou habituado a olhar pássaros e disponho de toda uma série de teorias a seu respeito, eu aplicá-las-ei quase automaticamente na primeira vez que vir um morcego. E utilizá-las-ei enquanto estiver satisfeito com os resultados. No entanto, se chego ao ponto em que as minhas ideias relativas aos pássaros (os meus modelos) se aplicam cada vez menos aos morcegos, serei obrigado a criar um novo modelo ou a conservar o antigo.

A *decisão* de, em determinado momento, conservar ou rejeitar um modelo, não provém diretamente de critérios abstratos e gerais. Na prática, *abandona-se um modelo (ou uma lei, ou uma teoria) por razões complexas que não são jamais inteiramente racionalizáveis*. Há sempre uma decisão mais ou menos "voluntarista" e não necessária.

A esse respeito, pode-se refletir sobre a maneira pela qual alguém observa uma pessoa que abre o capô de seu carro para verificar o óleo. Na medida em que essa pessoa efetua os gestos que correspondem ao que se espera, continuar-se-á a manter essa hipótese: "o fenômeno é explicado para alguém que verifica o óleo". No entanto, se surgem gestos insólitos, pode-se começar a pensar em outras hipóteses, ou seja, a se dar um outro modelo. Em que momento estar-se-á suficientemente abalado para abandonar a primeira hipótese e dizer que se visa a uma outra? Isto dependerá tanto dos conhecimentos que se tem de um motor de carro como da maneira pela qual se está atento etc. Esse momento, porém, não pode ser deduzido de uma lógica anterior: ele depende de uma série de "imponderáveis". No momento em que o observador vê os gestos insólitos da pessoa, duas "estratégias" lhe são possíveis: seja *decidir* abandonar a hipótese da verificação do óleo, seja *decidir* introduzir hipóteses *ad hoc* a fim de "salvar" a sua teoria – por exemplo, supondo que a pessoa verifica o seu óleo, mas também assoa o nariz (voltaremos depois a essas decisões de abandono de um modelo ou de introdução de hipóteses *ad hoc* nas práticas científicas).

De acordo com essa representação, as práticas científicas não buscam tanto verificar as teorias como, para utilizar o termo do filósofo Karl Popper (1973), "falseá-las". Entende-se por isto que, na prática, os cientistas avançam em suas pesquisas procurando determinar os limites dos modelos utilizados; tentam mostrar como os modelos são "falsos", a fim de poder então substituí-los.

O critério de "falseabilidade"

A ciência "moderna" se quer "experimental". Por este termo, entende-se que uma de suas características é só considerar os modelos ou discursos na medida em que eles têm certos efeitos práticos. Em termos mais precisos, só se aceitará como discurso científico *o discurso a respeito do qual se possa eventualmente determinar uma situação em que o modelo poderia não funcionar*. É o que se chama de critério de falseabilidade, determinado por Popper. Indo a contracorrente de seus amigos do Círculo de Viena, Popper considera que "é impossível encontrar um critério (ou um conjunto de critérios) que permita provar a verdade de uma proposição ou teoria; porém, se não se pode provar que uma proposição é verdadeira, pode-se provar que ela é falsa, sob condição de que se possa testá-la, colocá-la à prova. Se ela satisfizer a essa condição, é uma teoria científica. Pelo contrário, uma teoria que é capaz de tudo interpretar, sem contradição, e que volta a cair sempre sobre os seus pés, não deve ser tomada por uma teoria científica" (Lamotte, 1985).

Se, por exemplo, digo que a aceleração de um objeto que cai é constante, trata-se de uma proposição que poderia se revelar falsa por ocasião de uma experiência para a qual se utilizassem critérios precisos; é portanto "falseável"; é então uma proposição que pode ser aceita segundo o critério acima. Além disso, a proposição segundo a qual eu durmo porque uma "força dormitiva" me faz dormir será rejeitada, pois não se vê como conceber uma experiência que poderia dar um resultado em consequência do qual se decidisse abandonar a teoria (com efeito, seja qual for a causa de meu sono, pode-se dizer que se trata de uma força dormitiva).

Os cientistas rejeitam portanto os discursos que funcionariam para tudo (como o que pretenderia que todos os fenômenos físicos se devessem à ação de anjos visíveis e inobserváveis!). Em outros termos, só se aceitam os discursos que podem "fazer" uma diferença na prática; mais precisamente, só se aceitam os discursos "falseáveis" (um discurso "falseável" não é, é claro, um discurso necessariamente "falso", mas um discurso do qual se pode dizer: "não é automaticamente verdadeiro; isto poderia se revelar falso; isto pode ser testado e o resultado poderia não ser positivo").

Exemplos de proposições não falseáveis

A proposição "ajo assim porque é do meu interesse agir assim" pode ser compreendida como uma proposição não falseável, na medida em que posso inventar para mim múltiplos interesses que farão com que esses interesses sejam sempre a causa da minha ação. Por exemplo, se não existem interesses financeiros, poderei dizer que há um interesse político, ou afetivo etc., de modo que se agirá sempre por interesse. É possível analisar qualquer comportamento chamando de "interesse" o que o causa. Assim, pode-se chegar a uma situação em que, o que quer que aconteça, a proposição não estará nunca errada. Não se está lidando então com uma proposição experimental, mas com uma proposição "padrão" (*cadre*) que se impõe à realidade.

Essas proposições padrões jamais se sujeitam a um teste experimental estrito. No entanto, podem ser extremamente práticas na medida em que fornecem uma maneira de abordar esses fenômenos.

Em ciência, certos conceitos podem ser muito úteis, mesmo sendo não falseáveis (Binge, 1983). Por exemplo, a lei da conservação da energia funciona em geral junto aos físicos de uma maneira não falseável, na medida em que, por princípio metodológico, os físicos buscarão sempre uma "forma" alternativa à energia, caso uma forma comece a desaparecer. Assim, se a energia calórica desaparece, buscar-se-á sob que forma ela poderia ter aparecido, por exemplo, sob forma de energia elétrica. E se em determinado momento não se visualiza bem sob que forma ela reaparece, colocar-se-á a hipótese de uma nova forma de energia.

Em biologia, o conceito de evolução funciona do mesmo modo: pressupõe-se sempre que uma espécie viva provém de uma outra. E se uma espécie viva não parece ter nenhum ancestral, ele será pressuposto. O simples fato de que não se encontram ancestrais de uma espécie não acarretará uma dúvida em relação ao modelo da evolução, mas antes a hipótese de que deve existir ou ter existido, em alguma parte, uma espécie viva que cumpriu esse papel.

Esses exemplos mostram que o conceito de falseabilidade de Popper não é tão claro quanto parece à primeira vista. À primeira vista, de fato, esse critério de falseabilidade parece dizer que, em ciência, só se aceitará proposições que permitam determinar uma experiência em consequência da qual se dirá seja que a hipótese é reforçada, seja que ela é rejeitada. Este seria o critério de falseabilidade em seu sentido estrito. Mas a prática científica é mais complexa: não somente pode-se utilizar "leis" não falseáveis, como iremos ver que é preciso uma decisão voluntarista para concluir que uma experiência contradiz uma lei.

As experiências que decidimos "cruciais"

Uma experiência – por si – não falseia um modelo, pois não fornece o resultado esperado, pode-se sempre atribuir esse fracasso a perturbações de várias ordens ou a outras hipóteses *ad hoc*. Assim, se um doente recebe um diagnóstico de "gripado", não é porque certos sintomas não se encaixam tão facilmente no "modelo" "gripe" que um médico abandonará de imediato essa hipótese. Ou, se a aceleração de um objeto, contrariamente ao modelo, não é constante, posso atribuir esse fenômeno, por exemplo, à fricção do ar. O fracasso do modelo diante da experiência não implica automaticamente a sua rejeição.

Decidir que uma experiência é crucial (cf. Toulmin, 1957) é portanto introduzir um elemento voluntarista. Entende-se por isto que se está decidido, caso a experiência não dê os resultados esperados, a abandonar o modelo que se examinava.

Essa *decisão* de considerar uma experiência como crucial é essencial ao processo científico, *mas não se deve de modo algum a raciocínios científicos* no sentido usual ou restrito do termo. De fato, no momento em que um modelo funciona mal, pode-se sempre "salvá-lo", sob condição de introduzir um certo número de hipóteses adequadas. Essas hipóteses poderão ser *ad hoc* ou "sistemáticas". As hipóteses *ad hoc* são hipóteses que se fazem no âmbito da teoria para explicar por que uma experiência não resultou no que se esperava (se, por exemplo, um planeta não segue a trajetória esperada de acordo com as leis da relatividade, pode-se colocar como hipóteses *ad hoc* que um outro astro provocou o desvio da trajetória; lembremos também a hipótese de que a pessoa que verifica o óleo de seu carro pode estar se assoando!).

Próximas às hipóteses *ad hoc*, recordemos as hipóteses e teorias de interpretação que mencionamos no capítulo sobre a observação. Uma experiência só fornece resultados mediante interpretações teóricas. Assim, a experiência utilizando um aparelho, como um microscópio ou um contador de partículas, só pode funcionar devido à existência de uma teoria relativa à interpretação dos resultados. O mesmo ocorre quando utilizo os meus sentidos: por exemplo, se experimento uma pimenta vermelha e decreto que se trata de açúcar, trata-se de uma interpretação teórica discutível. O mesmo se aplica a uma teoria que me permite dizer que medi um nêutron. Se a experiência funciona de maneira inesperada, é sempre possível, a fim de salvar as teorias testadas, acusar as hipóteses relativas à interpretação dos resultados experimentais.

Uma hipótese sistemática se liga a um dos grandes princípios de que eu falava acima: por exemplo, o princípio de conservação da energia é uma hipótese sistemática. Se, em determinada situação, uma energia parece realmente ter "desaparecido", colocarei a hipótese de que ela deve ter aparecido sob outra "forma". O mesmo se dá a respeito da hipótese sistemática da evolução. Em economia, a lei da oferta e da procura tem a mesma característica. É um conceito não verificável no qual se faz entrar de maneira sistemática toda uma série de observações econômicas: se alguma coisa não se encaixa na lei da oferta e da procura, buscar-se-á inventar outras formas de ofertas e de procura; por exemplo, dir-se-á que existe também uma procura de "estatuto social" etc.

Além disso, pode ser o caso que, em determinadas situações, um pesquisador ou um grupo de pesquisadores decidem fazer uma experiência "crucial". É uma experiência estruturada em uma teoria determinada, e de tal modo que se considera que, se certos resultados não surgirem, a teoria deve ser abandonada (notemos que se poderia dizer "a teoria deve ser considerada falsa", mas o que quer dizer "falso"?). Sem recorrer a exemplos científicos elaborados, basta ver a experiência "crucial" que fazemos com frequência para saber se determinado produto é sal ou açúcar: coloca-se um pouco sobre o dedo, e se o gosto não é o do sal ou do açúcar, abandona-se a hipótese correspondente. Isto só é possível porque se trabalhou dentro de um âmbito teórico preciso, que supõe que, se o produto que tem essa forma branca não tem um gosto do qual tenho a memória, direi que não é sal (ou açúcar). Mas, para que esse tipo de raciocínio funcione, é preciso ter "decidido" isso de antemão. É preciso, por exemplo, ter "decidido" que é impossível que um produto que não me dê um sabor do qual eu me recordo possa ser sal (assinalemos aqui a diferença entre as experiências "positivas" e "negativas", isto é, aquelas que farão com que se "aceite" ou "rejeite" um modelo. Existe com efeito uma diferença entre a experiência que me conduzirá à hipótese segundo a qual esse produto branco é açúcar e aquela que me fará rejeitar a hipótese segundo a qual esse produto branco é sal).

É somente se se decidiu aceitar um quadro teórico preciso que uma experiência pode dar uma resposta em um sentido ou em outro. O quadro teórico determinará também os elementos que reterão como "pertinentes" ou "não pertinentes". Por exemplo, é uma leitura teórica que fará com que o médico que está testando o diagnóstico "gripe" considere como não pertinente a observação de um sangramento proveniente de um corte feito por uma faca. É também um esquema teórico que fará com que ele considere como não pertinente para esse diagnóstico a úlcera estomacal da qual o paciente sofria há muito. Porém, um dia pode ser que um novo esquema teórico – um novo diagnóstico – venha a reunir os sintomas "gripais" e os da "úlcera no estômago"...

Modificações das linhas de pesquisas

Quando se abandona uma hipótese, não se abandona jamais uma proposição isolada, mas toda uma linha de pesquisas ou de interpretações do mundo; é um pouco como o abandono de um diagnóstico. Assim, quando observo um animal voando no crepúsculo, levantarei primeiro a hipótese de que se trata de um pássaro. Depois, se o vejo voar de maneira irregular, a minha primeira tendência será continuar dizendo que é um pássaro que tem esse tipo de voo. Porém, pode ser que, em determinado momento, eu abandone inteiramente essa "pista", mudando o meu quadro interpretativo e coloque a hipótese de que se trata de um morcego. Ou, se não conheço morcegos, poderei levantar a hipótese de um pássaro de tipo diferente, a ponto talvez de não querer chamá-lo mais de pássaro.

Em ciência, agimos mais ou menos do mesmo modo. Existem linhas de pesquisas, pistas, programas que parecem promissores. Depois, pode ocorrer que, em um dado momento, por uma razão ou por outra, ou mais frequentemente por razões múltiplas, abandone-se essa linha. Foi desse modo que, no século XIX, abandonou-se a linha segundo a qual o calor era representado como um fluido. As razões para se abandonar semelhante descrição são complexas ao extremo. Teria sido possível construir modelos interpretativos bem eficazes, tão eficazes talvez quanto os modelos atuais, conservando a hipótese do fluido (aliás, a teoria dos fônons (*phonons*) corresponde a essa estratégia). Mas há momentos em que, só Deus sabe por que, um certo modelo interpretativo não parece inteiramente satisfatório; então, se um outro estiver disponível, ele é adotado (neste parágrafo, utilizei a palavra "eficaz"; isto levanta a seguinte questão: em relação a que?). Alguns autores (Stengers, 1987) analisaram os estranhos destinos de conceitos científicos "nômades" que passam de uma ciência a outra, com maior ou menor "sucesso".

Nesta perspectiva, seria preciso considerar como um pouco ingênua a ideia segundo a qual os cientistas se propõem uma lei ou modelo, pois realizam experiências que os levam a aceitar ou rejeitar o modelo. Em termos práticos, parece que os cientistas escolhem uma determinada direção para abordar uma questão.

Eles perseguirão essa direção por tanto tempo *quanto ela lhes parecer promissora* (uma questão a se colocar "promissora de quê"?). Somente quando ela lhes parecer pouco "interessante" é que a rejeitarão. Mas esse *"pouco interessante não pode ser reduzido a uma pura racionalidade científica"* no sentido restrito ou ideologizado do termo. É sempre por meio de um juízo prático que se abandona uma linha de pesquisa. Não se pode nunca, por mera dedução, chegar a dizer que é preciso abandonar tal ou tal modelo, ou tal ou tal conceito (Stengers, 1987).

Essas práticas científicas podem ser esclarecidas também pela comparação com as técnicas materiais (pensemos, por exemplo, nas técnicas dos meios de transporte). Estas surgem como uma maneira de abordar um certo número de problemas, um certo número de projetos humanos. E enquanto elas forem satisfatórias, continuar-se-á a utilizá-las. Existem verdadeiras linhas de pesquisa para cada uma das técnicas. Por exemplo, no domínio em questão, existe a linha de meios de transportes marítimos, aéreos, terrestres etc. Existem também as linhas de técnicas para o motor a explosão, ou para o motor elétrico etc. Os motivos que levam a adotar ou a rejeitar uma determinada técnica são complexos e não obedecem a uma lógica que determinaria *a priori* em que elas são ou não eficazes. Por exemplo, não é tão fácil ver por que o programa de pesquisas sobre o motor elétrico, para os carros, foi abandonado no final do século passado. Fatores econômicos, interpessoais, políticos, afetivos, culturais etc. cruzam-se com aqueles que denominamos puramente técnicos (por que, aliás, os chamamos de "puramente técnicos"?). Os motivos da rejeição de uma pista não são jamais unicamente "racionais"; ou, se os chamamos assim, é de uma maneira não falseável (é com efeito sempre possível encontrar uma boa "razão" para dizer por que a abandonamos, seja essa razão de ordem econômica, afetiva, cultural etc.). Mas a única coisa que parece clara é que não existem razões "científicas", no sentido usual da palavra, que podem determinar de maneira clara se há ou não motivo para se firmar em uma direção qualquer.

A lógica da descoberta tecnológica surge então como uma lógica da substituição, ligada a razões que é mais correto denominar de *a posteriori* do que o contrário.

O razoável não é puramente racional

O fato de que não é por meio de deduções lógicas que se decide aceitar ou recusar uma teoria leva a devolver ao *sentimento*, no sentido forte da palavra, um lugar que lhe havia sido retirado na prática científica. O que faz com que mudemos de ponto de vista é que, em determinado momento, consideramos – de maneira razoável, mas não por pura razão – que uma tal interpretação apresenta inconvenientes *demais*, ou que uma outra é atraente *demais*. A cada vez, a palavra "demais" indica um sentimento. E se pretendo que é devido a uma experiência crucial que, finalmente, mudamos de opinião, essa experiência só é crucial porque se *decidiu* assim. Novamente aí aparece no processo científico o aspecto "voluntarista" notado por Popper. No entanto, não se trata de um voluntarismo arbitrário, mas de uma decisão "razoável", conseqüência de uma busca de adaptação à existência (Toulmin, 1972). Não são mais escolhas individuais: na base dessas decisões encontram-se todas as interações sociais que fazem com que certas posições sejam "insuportáveis", enquanto outras parecem se impor. A busca de "racionalidade" científica pode ser analisada também como um fenômeno de sociedade, uma luta ou uma competição (Latour, 1984, Stengers, 1987).

Enfim, as nossas análises críticas mostram que o procedimento científico se parece mais com as outras decisões da existência do que com a imagem etérea, puramente ligada ao mundo das idéias, que se tem normalmente. Existem múltiplos fatores que podem levar um grupo de cientistas, ou um determinado cientista, a abandonar certas teorias: esses fatores são globais e possuem componentes econômicos, técnicos, afetivos, políticos em sentido amplo (e muitas vezes – pensemos em Lyssenko – em sentido restrito; cf. Kotek, 1986).

A diversidade das metodologias científicas

Uma vez constatada a relatividade dos métodos pelos quais os cientistas negociam as suas provas, deve-se insistir sobre a coerência que elas podem apresentar. Diante de questões, os cientistas utilizam métodos e maneiras diversas de apreendê-las.

Assim, pode-se ver certos laboratórios dar mais importância ao que se chama de *método analítico*. Por alto, este método consiste em se dar um modelo que mostre o "real" como *construído considerando-se seus elementos de base* (Descartes, *Discurso do método*, 1637). Para encontrar um modelo adequado, os pesquisadores tentam determinar todos os componentes de um sistema para reconstruí-lo. Costuma-se opor esse método ao "método sistêmico", que se interessa menos pela reconstrução de um sistema com base em seus componentes, mas privilegia a compreensão do sistema como um "todo". Segundo esse método, considera-se como primordiais as interações entre os componentes, a ponto de considerar o sistema como uma caixa-preta sobre a qual se vai avaliar o efeito dos diferentes *inputs* sobre os *outputs* (para análises precisas dos procedimentos analítico e sistêmico, ver Thill e Feltz, 1986).

Em matemática, podem-se ver diversas maneiras de trabalhar para se chegar aos resultados. Alguns insistirão sobre uma heurística partindo dos casos particulares, outros, sobre a generalidade das hipóteses etc.

Deve-se evitar portanto acreditar que a prática concreta dos cientistas segue exatamente o que eles dizem que ela faz. Nos últimos anos, vários estudos epistemológicos (Thill, 1983; B. Latour, 1984; Woolgar, 1977; Feltz, 1986) interessaram-se em examinar de perto de que modo, concretamente, funcionam os laboratórios, a fim de poder descrever, por meio de uma análise epistemossocioantropológica a maneira pela qual as pesquisas decorrem, tanto no que diz respeito aos seus métodos heurísticos quanto em seu funcionamento institucional e pelas maneiras como elas se legitimam externamente.

Existe a "melhor" tecnologia?

Pode-se considerar a ciência como uma tecnologia intelectual destinada a fornecer interpretações do mundo que correspondam a nossos projetos. Como dizia Ernst Mach, alguns vão mais longe em determinada direção e menos longe em uma outra (Mach, 1925, p.81). O mesmo vale para as técnicas materiais: por exemplo, para os transportes, alguns serão mais rápidos, mas menos confortáveis; outros, mais poéticos, ou mais econômicos, ou mais sociais, e assim por diante.

Uma importante diferença cultural que poderia existir entre as técnicas materiais e as técnicas intelectuais é que, quando se trata de técnicas materiais, não se pretende jamais possuir enfim a melhor, a mais avançada. Mais do que isso, não parece que se raciocine como se houvesse uma tecnologia melhor. Pelo contrário, de maneira geral, considera-se que, para cada uma das técnicas, importa perceber a relatividade dos critérios que se quer aplicar para avaliá-la. Por exemplo, poucas pessoas imaginam que haja um sentido em pretender buscar "o melhor" meio de transporte. Pede-se que se especifiquem os critérios que se quer utilizar para avaliar um determinado meio de transporte. Já no caso das técnicas intelectuais, o conceito (a ideologia) de "verdade científica" parece funcionar como se houvesse, em um mundo das ideias, talvez, mas em todo caso de maneira absoluta, "o melhor" modelo para representar o mundo. Esse modelo seria "a verdade".

Quando se trata de técnicas materiais, somos tentados, em nossa cultura, a nos referirmos sempre a nossos projetos sociais e a nossos desejos individuais para avaliá-los; para as técnicas intelectuais, um efeito ideológico parece nos impedir de fazê-lo (e é esse efeito que se encontra na base das ideologias tecnocráticas). A respeito das técnicas intelectuais de representação do mundo, a nossa cultura parece pressupor a existência "do melhor modelo", que será considerado como a verdade. E enquanto não se chegar a essa verdade última, dir-se-á que só se possui um modelo aproximativo.

Do mesmo modo, quando se trata de falar da resolução de problemas tecnológicos, adotamos uma atitude diferente da que adotamos quando se trata de problemas "científicos". Por exemplo, se for o caso de resolver o problema da armazenagem dos materiais radioativos, ninguém pensará tê-lo resolvido de modo absoluto. Dir-se-á, pelo contrário, se for alguém um pouco honesto pelo menos, que se encontrou uma solução que corresponde a um certo número de critérios que se sabe relativos (critérios de segurança, de rentabilidade econômica etc.). Aliás, estranhamente, os cientistas parecem às vezes querer resolver certos problemas de modo absoluto. Alguns dirão, por exemplo, que o problema da atração dos corpos ou o da hereditariedade estão resolvidos. Escolho de propósito esses dois exemplos que conduzem o pensamento em direções diferentes: o problema da atração dos corpos foi resolvido por Newton, e depois os "progressos" científicos indicaram que era preciso delimitar e colocar critérios mais precisos para se poder falar em resolução nesse caso; pelo contrário, quando se trata de problemas de "hereditariedade", existem biólogos que entendem que se pode hoje considerar esses problemas como resolvidos de modo absoluto. Stengers (1987) e outros analisaram como certos conceitos podem ser "endurecidos" a ponto de servir de referência a problemas práticos e poder assim considerá-los como absolutamente resolvidos!

Cada vez que, em ciência, se fala de um *problema "resolvido"*, seria preciso sem dúvida compreender essa "resolução" no mesmo sentido do que quando falamos das técnicas materiais. Pode-se dizer, por exemplo, que se "resolveu" o problema da construção de uma ponte de mais de um quilômetro de comprimento. Esse problema não tinha solução há alguns séculos. A questão que se coloca é por quais razões culturais ninguém imagina que tenha encontrado a última palavra em tecnologia, ou mesmo que haja uma tecnologia mais avançada para construir uma ponte desse tipo, ao passo que muitos cientistas consideram que existe um modelo intelectual mais perfeito para "resolver o problema da hereditariedade" (seria interessante, aliás, perguntar-se por que, dois séculos atrás, os "cientistas" da época tinham uma impressão menos nítida de estar produzindo verdades últimas do que agora).

A comparação com as técnicas materiais poderá fazer intervir também o conceito de "*conhecimentos apropriados*". Sabe-se que se chama de "tecnologia apropriada" uma tecnologia que se adapta particularmente bem a certos problemas, em um ambiente físico e social determinado. Assim, um motor simples e reparável pode ser mais apropriado do que um motor mais potente mas que, em determinado país, não poderia ser consertado por falta de peças; ou do que um tipo de motor que dependeria de um país estrangeiro. Do mesmo modo, podem existir modelos teóricos mais apropriados do que outros para um determinado projeto. Por exemplo, um método de resolução de equação poderá ser mais ou menos apropriado se se trata de compreender o funcionamento de um martelo para fazer um buraco, ou outra coisa qualquer. Repitamos: "A verdadeira relação que existe entre diferentes teorias é de ordem histórica. Uma conduz mais longe em uma ordem de ideias, mas uma outra conduzirá mais adiante no que diz respeito a outras questões" (Mach, 1925, p.81).

É no mesmo sentido que uma noção como "a frente de batalha (*front*) dos conhecimentos" pode adquirir uma precisão maior. Muitas vezes, a pesquisa científica considera que uma pesquisa é original quando ela propicia avanços em um problema tal como definido pela comunidade científica. No entanto, existem conhecimentos que podem ser igualmente úteis, mas que serão menos apreciados. Ninguém, por exemplo, receberá um prêmio Nobel de medicina por ter feito com que doentes de um país em desenvolvimento aceitassem tomar uma medicação simples (como a reidratação oral para a diarreia dos bebês). Esses títulos honoríficos são reservados a outros estudos, ligados à bacteriologia, à imunologia etc. Contudo, qualquer um que consiga encontrar um método daquele tipo produzirá um conhecimento novo, e é possível que esse conhecimento seja bem mais "útil" aos pacientes do que aqueles que forem premiados.

Poder-se-ia perguntar, então, se é adequado deixar unicamente aos especialistas determinar quais são os conhecimentos originais e os problemas que estão no *front* dos conhecimentos. Foi por este motivo que Prigogine & Stengers propuseram a realização de um "cruzamento" dos diversos tipos de conhecimento: os dos marinheiros, dos camponeses, dos poetas, dos cientistas etc. (Prigogine & Stengers, 1980; cf. também Fourez, 1979a).

Uma racionalidade não absoluta

As considerações acima nos levam a conceber que, na prática científica, o ponto central não é o da aceitabilidade das proposições científicas de uma maneira absoluta. De fato, quando nos perguntamos se uma proposição científica é aceitável, nós nos referimos sempre a uma série de critérios práticos. Desse modo, uma teoria que permitirá que se compreenda melhor como funciona um lazer, ou a trajetória de um planeta, será considerada como aceitável. Nesse sentido, compreender uma proposição científica não é alcançar uma espécie de verdade eterna, mas é saber servir-se de um modelo de maneira concreta, em ligação com um certo número de projetos. É assim que Toulmin se situa em relação a Popper: "as questões de Popper se situam em uma problemática de *aceitabilidade de proposições*, mais do que em uma *aplicabilidade de conceitos*" (Toulmin, 1972, p.480).

Compreender, por exemplo, o que é a evolução é saber fazer funcionar esse conceito no âmbito da biologia. Do mesmo modo, compreender o que é uma célula é ser capaz de utilizar esse conceito para se representar um certo número de fenômenos biológicos (notemos que a possibilidade de utilizar o conceito de maneira prática é necessária tanto para que ele possa trazer uma contribuição como para que ele seja falseável; e, pelo contrário, uma proposição como "uma força dormitiva me faz dormir" é inutilizável praticamente; precisaria ainda se refletir sobre o sentido da palavra "praticamente").

Isto nos leva a reconhecer que o trabalho científico não é de uma "pureza" racional tal como se pretende muitas vezes. Para considerar um resultado científico como aceito e aceitável, os cientistas põem em jogo toda uma série de critérios que se pode mais facilmente determinar *a posteriori* do que *a priori*. Se um resultado vem do laboratório de um Prêmio Nobel, por exemplo, há mais chances de que ele seja aceito do que se vier de um laboratório menos conhecido. Já há algumas décadas, a sociologia da ciência tem examinado, no detalhe, como se realizavam as negociações concretas que conduziam a comunidade científica a aceitar esta ou aquela teoria. Nessas negociações entram elementos de várias ordens, desde relações de força até considerações de ordem financeira, passando por ambições de carreira, pressupostos filosóficos, políticos etc. (cf. Stengers, 1987). Assim, quando se examina a controvérsia entre Pasteur e Pouget a respeito da "geração espontânea", está-se longe de um debate que se situaria pura e simplesmente no plano da "racionalidade unicamente científica" (Latour, 1984).

Além disso, essa "racionalidade científica" é um conceito relativamente abstrato que, em geral, apenas reproduz a história da ciência vista pelos vencedores. Quando uma teoria científica é finalmente aceita, tem-se a tendência a dizer que ela é e que ela sempre foi racional. No entanto, no concreto da história, entra em jogo toda uma série de elementos que, pelo menos em nossa época, nunca foram considerados científicos. Na argumentação de Newton, por exemplo, havia tanto raciocínios filosóficos, teológicos quanto raciocínios "científicos" (embora a distinção entre esses vários tipos de raciocínios seja feita posteriormente por nós, ao passo que Newton pensava de maneira global, misturando o que nós chamamos de física e teologia). Aliás, um tipo de raciocínio que consideramos "racional" em determinada época pode, mais tarde, ser considerado como não sendo (Bloor, 1976).

O conjunto dessas considerações indica que, muitas vezes, o discurso da racionalidade científica arrisca-se a fazer esquecer que, como notava Wittgenstein, não saímos jamais da linguagem cotidiana, e que "não dominamos com o olhar o uso de nossas palavras" (Wittgenstein, 1976, § 122, p.49c [cf. trad. brasileira]). A racionalidade científica tem a ver, em suma, não com uma lógica absoluta, mas com a arte do cotidiano: "somos submetidos, embora não identificados, à linguagem comum. Como na nau dos insensatos, embarcamos sem possibilidade de sobrevoo ou totalização. É a `prosa do mundo' de que falava Merleau-Ponty. Ela engloba todo discurso, mesmo se as experiências humanas não se reduzem ao que ela pode exprimir. As cientificidades permitem-se esquecê-la para se constituir..." (Certeau, 1980, p.48).

A lógica das descobertas científicas

O percurso por nós descrito permite constatar a diferença entre uma visão positivista da ciência e a lógica das descobertas científicas tal como proposta por Popper. Para os positivistas, a ciência decorre praticamente em linha direta baseando-se em observações. Ela busca a verdade científica. O importante em ciência é ver se as leis e teorias são aceitáveis (Popper, 1973; Toulmin, 1972).

Na lógica popperiana, o que ocorre é bem diferente. As representações científicas decorrem de nossas representações míticas anteriores. A teoria e a linguagem estão sempre presentes antes de nossas observações. O trabalho científico será um trabalho de imaginação, de invenção, por meio do qual a comunidade científica substituirá certas representações por outras, consideradas mais adequadas de acordo com os nossos projetos. O que faz que os seres humanos pensem é o sentimento de que eles não estão ainda perfeitamente à vontade no mundo, é a *carência* (*manque*). As teorias se sucedem em uma história humana; elas são feitas pelos humanos e para os humanos (a respeito de Popper, cf. Malherbe, 1976).

A mesma lógica pode, aliás, ser utilizada tanto pelas ciências naturais quanto pelas ciências humanas. Em ambos os casos, trata-se de produzir uma visão do mundo que nos permita dizer o que queremos dizer e agir da maneira que queremos. Porém, onde o positivista dizia: "O mundo é assim", as tradições popperianas tenderão a dizer simplesmente: "Nesta situação, parece-nos mais interessante representar o mundo desta maneira". Não se cai no relativismo, mas torna-se possível perceber que, em nossa história humana, há lugar para uma variedade de verdades, em vez de uma só, tão facilmente totalitária na medida em que se quer impô-la a todos e em qualquer circunstância.

No capítulo dedicado à observação, pôde-se ver que este não era o processo passivo descrito pela ideologia dominante; revalorizou-se o sujeito e seus *projetos*. Quando se trata das maneiras de escolher ou de testar as leis, a ideologia dominante se refere a uma racionalidade universal e clara. As análises propostas indicam que, finalmente, é preciso, também nesse campo, reportar-se a decisões humanas, ligadas a histórias humanas. Os raciocínios científicos aparecem como ligados de maneira inexorável a histórias humanas. São desmistificados na medida em que surgem para muitos como originados de uma lógica sobre-humana, provenientes do mundo "puro" dos raciocínios e das ideias.

Enfim, deve-se salientar ainda uma vez que o fato de acreditar que a ciência seja uma tecnologia intelectual feita pelos humanos, para os humanos e tendo em vista os seus projetos não diminui em nada o seu valor. Afirma-se aqui apenas que não se acredita que a ciência venha "do céu", como pretendem diversas "sociologias dos deuses" (sejam estes a razão, ou a verdade, ou a natureza etc.; Touraine, 1980). Não é, aliás, porque não se acredita que a tecnologia do automóvel provenha diretamente dos deuses que se deixa de considerá-la como prática; o mesmo vale para a ciência. A descoberta de seu caráter humano conduz, contudo, a um questionamento de seu papel, sua história e o seu valor na história humana; escamoteiam-se essas questões, evidentemente, se se acredita que a ciência provém dos "deuses". Falar da ciência como das técnicas é portanto insistir sobre o fato de que ela só faz sentido no contexto humano.

Resumo

Teorias, leis, modelos:

As leis não são deduzidas das observações; elas se verificam se nos satisfazem.
Há uma infinidade de teorias possíveis para um número finito de observações (subdeterminação da ciência).
Os modelos estão ligados ao imaginário cultural, a projetos; são contingentes.

Verificação, falseamento:

Não é a verdade, mas a eficácia de um modelo que importa.
Um modelo é utilizado enquanto não for falseado por um outro mais eficaz. Critério de falseabilidade: somente as proposições falseáveis (não automaticamente verdadeiras) seriam "científicas".
É por meio de uma decisão voluntarista que se abandona um modelo (experiência "crucial"). Um modelo pode sempre ser "salvo" por hipóteses *ad hoc* ou "sistemáticas". A experiência é determinada também por um contexto teórico que, entre outros, determina o que será visto como "pertinente". As decisões científicas não se referem a proposições isoladas, mas sobre linhas de pesquisa.
A diversidade dos métodos científicos; as abordagens analítica e sistêmica; os estudos epistemossocioantropológicos.
Existe a "melhor" tecnologia? Por que a nossa cultura parece negá-la para as tecnologias materiais, mas não para as tecnologias intelectuais?

Aceitabilidade das proposições ou aplicabilidade dos conceitos; conhecimentos apropriados.
Os critérios últimos de adoção de um modelo não são jamais "puramente" racionais.

Conclusões:

Implicações do fato de que a observação e as teorias científicas são construídas por "sujeitos" social e politicamente situados, perseguindo seus "projetos".

Palavras-chave

Dedução/ subdeterminação da ciência/ origem dos modelos/ criação poética dos modelos/ absoluto/ contingência das teorias/ verificar/ testar/ falsear/ falseamento/ proposições não falseáveis na ciência/ decisões voluntaristas na rejeição de uma lei/ cientificidade/ experiências cruciais/ hipóteses *ad hoc*/ hipóteses sistemáticas/ linhas de pesquisa/ procedimento analítico/ procedimento sistêmico/ racionalidade da rejeição de um modelo/ verdade como eficácia/ problema resolvido/ conhecimento apropriado/ decisões no trabalho científico/ critérios/ ciência e projetos/ sociologia dos deuses.

CAPÍTULO 4
O MÉTODO CIENTÍFICO: A COMUNIDADE CIENTÍFICA

Um ponto de vista agnóstico sobre a natureza última da ciência

Examinamos a representação dominante da ciência; ela se caracteriza por uma visão centrada sobre o inelutável ou o necessário: a observação examinaria as coisas tais como são, sem que intervenha nenhum fator humano; as leis seriam tiradas dessas observações e depois verificadas por experiências que obedeceriam a uma lógica e uma racionalidade únicas e claras.

A análise crítica mostrou os limites de semelhante representação: as observações já são construções humanas, os modelos provêm de nossas ideias anteriores, e por meio de uma lógica pragmática e histórica (e não por meio de uma racionalidade necessária) que os cientistas decidem rejeitar ou conservar modelos particulares. Essa análise remete as práticas científicas a sua situação histórica. Ela desmistifica a ciência, pondo em questão a sua a-historicidade, a sua universalidade, a sua absolutez, o seu caráter quase sagrado.

Mostrando a sua historicidade, essas análises não "denigrem" a ciência: elas se contentam em situá-la em meio a outras grandes realizações humanas como a arte ou as técnicas. Elas podem contudo ser um pouco "chocantes" para aqueles e aquelas que tiverem investido na ciência uma dimensão absoluta, praticamente religiosa, e que esperavam nela encontrar uma certeza ou um absoluto aos quais muitos aspiram em uma sociedade tão mutável como a nossa.

A partir do momento em que se aceita que a racionalidade científica não é eterna, mas se associa a uma maneira socialmente reconhecida e eficaz de abordar a nossa relação com o mundo, vemo-nos remetidos a uma reflexão sobre a maneira pela qual essa racionalidade funciona. Não nos situamos mais diante de um conceito abstrato de racionalidade científica, mas diante de práticas concretas. A comunidade científica e suas práticas se tornam então um fenômeno humano como muitos outros. Podemos estudá-los sem lhes dar de antemão um estatuto excepcional; nós os abordamos um pouco como se estudássemos, por exemplo, uma tribo bantu que resolve os seus problemas por meio de conselhos.[1] Esses "conselhos", com efeito, são, como a prática científica, maneiras socialmente admitidas de refletir em comum. Podem ser consideradas como uma espécie de técnica intelectual destinada a resolver problemas. Do mesmo modo, o raciocínio científico é uma maneira socialmente reconhecida, e extremamente eficaz, ao que parece, de resolver as nossas relações com o mundo.

Esse ponto de vista sociopolítico sobre a ciência e a comunidade científica pode estudar a ciência sem ter de antemão um juízo sobre o que ela seria por natureza ou por essência. É o que chamamos de um ponto de vista agnóstico sobre a natureza última da prática científica e sobre a ciência (cf. Bloor, 1976; Latour & Woolgar, 1979; Latour, 1984; Stengers, 1987).

---

1 Palabres, em francês, que designa conferências com um chefe negro (Larousse) (N. T.).

Definir a comunidade científica

Em nossa moderna sociedade, a comunidade científica é um grupo social relativamente bem definido. Estrutura-se em parte por si mesmo: é uma confraria onde os indivíduos se reconhecem como membros de um mesmo corpo. Ela pode se aproximar, do ponto de vista do antropólogo ou do sociólogo, de outros grupos sociais tais como os sapateiros, os alquimistas ou os feiticeiros. Em cada caso, temos um grupo social que se autodefiniu de acordo com sua atividade, cujos membros se reconhecem entre si e que tem, portanto, a sua coerência própria.

No entanto, a comunidade científica difere da dos alquimistas, na medida em que ela é oficialmente, ou quase, reconhecida em nossa sociedade. Aqueles que são aceitos como "cientistas" são considerados como possuidores de conhecimentos específicos, úteis e mesmo passíveis de retribuição. A comunidade científica, portanto, não só goza de reconhecimento interno como externo também (ou seja, não apenas dentro de seu próprio grupo, mas também de fora). Esse reconhecimento é admitido publicamente, o que, em linguagem mais técnica, pode-se exprimir assinalando que se trata de um reconhecimento pelos grupos dominantes, isto é, pelos grupos que possuem peso suficiente dentro da sociedade para que, uma vez tendo lhes reconhecido algo, praticamente ninguém pode ignorá-lo. E nem todo conhecimento recebe semelhante reconhecimento. Assim, a parapsicologia não é reconhecida pelos grupos dominantes. Contudo, esse reconhecimento público parece uma característica essencial da ciência tal como a vemos hoje. Sem ele, não se falará mais em ciência...

A necessidade de reconhecimento externo traduz-se por lutas sociais, por meio das quais os defensores das subcomunidades particulares (por exemplo, a acupuntura ou a homeopatia) tentam ser socialmente reconhecidas. E essa necessidade não é de todo desinteressada, pois o reconhecimento reflete-se em apoio econômico, em poder social e em prestígio. Isto se realiza graças a "aliados privilegiados". Ao longo da história, foram os príncipes sobretudo que reconheceram a comunidade científica; mais recentemente, os aliados privilegiados das comunidades científicas foram, de fato, o que o General Eisenhower chamou de complexo militar-industrial (sobre as interações sociais relativas ao reconhecimento científico, cf. Latour, 1984; também Cetina-Knorr, 1985).

A comunidade científica não pode, por conseguinte, definir-se unicamente como um grupo capaz de lidar com um certo tipo de conhecimentos. Como grupo com um acesso privilegiado ao saber, será frequentemente solicitado de seus membros desempenhar um papel social e, em particular, dar o seu parecer como especialistas (*experts*), ou seja, como pessoas detentoras de um certo saber que lhes permite opinar em questões da sociedade. A comunidade científica goza de um estatuto privilegiado, semelhante ao dos feiticeiros ou dos padres em determinadas culturas.

De um ponto de vista sociológico, são esses reconhecimentos, tanto internos quanto externos, que dão ao conceito de comunidade científica o seu conteúdo específico.

A comunidade científica faz parte do método científico

Da maneira acima considerada, a comunidade científica poderia parecer como um elemento externo à ciência e a seus resultados. Haveria a ciência e os seus progressos; e depois – elemento puramente adjacente – haveria o fato de que são praticadas por um grupo humano. O método científico poderia ser analisado – e é assim que ele é na maior parte do tempo – independentemente da comunidade científica.

Semelhante concepção do método científico é incapaz de se dar conta da obtenção dos resultados interessantes. Afinal, um laboratório terá uma boa *performance* tanto por seu pessoal ser bem organizado e ter acesso a aparelhos precisos, como por raciocinar corretamente. A fim de produzir resultados científicos, é preciso também possuir recursos, acesso às revistas, às bibliotecas, a congressos etc. É preciso também que, nas unidades de pesquisa, a comunicação, o diálogo e a crítica circulem. O método de produção da ciência passa, portanto, pelos processos sociais que permitem a constituição de equipes estáveis e eficazes: subsídios, contratos, alianças sociopolíticas, gestão de equipes etc. Mais uma vez, a ciência aparece como um processo humano, feito por humanos, para humanos e com humanos.

As ambiguidades do conceito de "comunidade científica"

Do mesmo modo que desenvolvemos uma visão crítica da observação ou das verificações experimentais, iremos agora aplicar o mesmo método dialético à comunidade científica e ver como a "tese" (a visão espontânea que muitos, em nossa sociedade, possuem a respeito desse método) pode ser superada.

O termo "comunidade científica" não deixa de ser ambíguo. Quando se diz: "a comunidade científica pensa de tal ou tal modo", ou "reconhece tal ou tal fenômeno", esse sujeito "comunidade científica" não é muito preciso. Se eu afirmo: "acredito que este ditafone se encontra sobre a mesa", o sujeito sou eu. Se digo, porém, "a comunidade científica acredita que este ditafone se encontra sobre a mesa", não se sabe mais quem é o sujeito. O mesmo tipo de ambiguidade surge na utilização da palavra "sociedade", e de muitas outras palavras. Por exemplo, quando se diz: "A sociedade favorece a produção industrial", não se sabe quem é o sujeito dessa proposição. Trata-se de todos ou apenas daqueles "cuja opinião conta"?

Quando a examinamos de perto, a "comunidade científica" revela-se como um pequeno mundo bastante estruturado. Há os "grandes" experimentadores de laboratório, que possuem relativamente bastante poder, depois outros que são como "operários especializados", e enfim existem os "proletários dos laboratórios", os assistentes de laboratório. Há uma ambiguidade, portanto, quando se diz, por exemplo, que "tal é o interesse da comunidade científica". Trata-se do interesse dos chefes de laboratório ou dos assistentes? Falar de comunidade científica em geral pode ocultar divergências de interesse bem profundas. Na verdade, na medida em que os grandes laboratórios mostram-se como empresas de produção do saber, podem-se produzir conflitos que poderiam até mesmo ser analisados em termos de luta de classes (Gorz, 1974).

Um grupo menos unido do que se diz

Pratica-se na comunidade científica, como em outros grupos, uma divisão de trabalho que engendra divergências de interesses. Os estudantes percebem isso logo: quando têm de entregar um texto para concluir a licenciatura, vivem muitas vezes uma tensão entre os seus interesses (o seu aprendizado) e os do laboratório ou do serviço em que trabalham. E quando se fala do interesse do serviço no qual trabalham, designa-se portanto o interesse dos cientistas já tarimbados que trabalham no local. Aliás, a mesma ambiguidade surge quando se fala dos interesses da sociedade: dizer, por exemplo, que é do interesse da sociedade que a inflação seja mínima, não quer dizer que isso seja do interesse de todos, ou de todos os grupos.

Ao se falar dos interesses da comunidade científica, designam-se portanto os interesses de uma corporação; mas os interesses desse modo designados podem ocultar as divergências. Poderia ser, por exemplo, que um assistente de laboratório se encontrasse em uma maior solidariedade "objetiva" com operários da indústria do que com o seu chefe de laboratório. E certos discursos, colocando em evidência o interesse da comunidade científica, podem ter como função, entre outras, mascarar essas divergências de interesses: os interesses de um professor universitário, os dos laboratoristas, os dos assistentes, dos pesquisadores qualificados, dos doutorandos, dos estagiários, dos técnicos ou secretários etc. divergem muito mais do que o termo geral de "comunidade científica" induz a crer. Contudo, como em toda corporação poderosa, mesmo os menos privilegiados entre os que vivem da ciência tendem a se identificar, e às vezes de maneira inversamente proporcional ao poder que eles possuem dentro dessa "corporação".

A comunidade científica pertence à classe média

No entanto, com toda a sua diversidade, a comunidade científica não ocupa uma posição aleatória na sociedade: ela pertence *à classe média de nossa sociedade industrial* (nos países em desenvolvimento, a comunidade científica ocupa uma posição social diferente, o que exigiria uma análise mais apurada, muito importante para compreender o papel da ciência e da técnica nesses países). Ela pertence, portanto, a grupos que não têm um enorme poder social, mas que, assim mesmo, estão no centro da sociedade e tendem a identificar-se com os "interesses da sociedade", tais como definidos pelos grupos privilegiados ou pelos grupos dominantes. Essa "classe média" caracteriza-se ainda por uma identificação bastante forte com a ordem social existente (afinal, para essa classe social, a sociedade "não está tão mal assim!"), acompanhada de um ressentimento ("roubam-nos uma parte de nosso trabalho através dos impostos, pela má organização da sociedade, pelo desperdício etc."). Uma boa parte dessas características da classe média (Bellah, 1985) surge na comunidade científica.

A comunidade científica, como grupo com pouco poder direto, tem uma tendência a procurar aliados. Na medida em que os cientistas vivem com certas classes sociais e necessitam delas (a classe média e, com base em determinado nível na hierarquia científica, a classe média alta), a sua comunidade tenderá a identificar-se com os interesses desses grupos. Essas "alianças" influenciarão os seus pesquisadores, tornando-os por vezes mais atentos a certas questões do que a outras, ou dando a uma disciplina uma fisionomia que lhe é peculiar. É desse modo que, se um grupo de matemáticos estuda problemas de tráfego em um aglomerado urbano, é pouco provável que ele deixe de levar em conta os interesses da população que habita as cidades-dormitório em torno da metrópole. Mas não será impossível que ele esqueça os interesses das populações mais pobres que habitam no centro. E depois veremos como a medicina científica se estruturará em torno de um paradigma em boa parte determinado pela prática social de uma medicina individualizada, curativa, visando àqueles que podem pagar por seus serviços (Lambourne, 1970, 1972).

A comunidade científica busca também encontrar aliados que, eventualmente, subsidiarão as suas pesquisas; é portanto um grupo social que tem "algo a vender", e que procura "compradores". É desse modo que ela se voltou cada vez mais para o complexo militar-industrial (e para o Estado, que tende cada vez mais a afirmar o seu poder por meio do controle que ele tem das despesas militares. Menahem, 1976; Waysand, 1974; Devooght em Naisse, 1987; Valenduc, 1986; Kenly, 1986).

No último século, a ciência quase sempre progrediu quando os militares (ou grupos paramilitares e estatais como a NASA) a subsidiaram de maneira maciça. Hoje, a maioria das pesquisas científicas no mundo são direta ou indiretamente militares, mas os militares, tanto de um lado como do outro da Cortina de Ferro, a fim de conservar uma influência sobre a comunidade científica, subsidiam as pesquisas ditas "fundamentais".

A tendência da ciência moderna de se aliar aos militares, porém, não deve passar sem uma análise mais apurada. A "militarização" da ciência não é a mesma em todos os lugares e em todas as épocas. Assim, nos EUA, sob a administração Carter, uma responsabilidade maior das pesquisas científicas recaiu sobre os civis; já a administração Reagan devolveu uma boa parcela dessas responsabilidade aos militares. Os projetos da "guerra nas estrelas" parecem significar uma nova militarização da pesquisa espacial, da pesquisa em informática etc. Eles tendem a subordinar uma retomada científico-técnica a objetivos militares. Uma parte da comunidade científica sente um certo mal-estar diante dessa situação, mas, como é frequente na classe média, muito individualista, não reage de maneira eficaz (Tocqueville, 1840).

Uma corporação com seus próprios interesses

A comunidade científica se estrutura parcialmente, como vimos, por interesses determinados pelas organizações sociais às quais ela se alia, e pelas estruturas econômicas necessárias a seu funcionamento. Ela não é o grupo "neutro e desinteressado" que por vezes ela imagina ser. A maneira de pensar da maior parte dos cientistas será influenciada pelo seu lugar social de origem.

Desse modo, em contato menos direto com os poderes econômico-sociais do que os empresários, os cientistas serão em geral menos condicionados pelos interesses econômicos; é por isso que eles surgirão às vezes como um pouco mais "progressistas" do que outros grupos sociais, como os engenheiros, por exemplo. Aliás, como grande parte da classe média, tenderão a racionalizar a sua falta de poder por meio de ideologias defendendo a apolitização e o individualismo (Tocqueville, 1840).

Finalmente, os cientistas têm muitas vezes a impressão de serem desapropriados de seu trabalho. Dependem de poderes sobre os quais não possuem um controle direto (a indústria, os militares e o Estado). São outros que decidem por eles. Em sua "impotência social", os cientistas, como a maior parte da classe média, criticarão com muita facilidade e dirão que, se deixassem que eles agissem, as coisas andariam bem melhor. Exprimem o seu ressentimento mantendo sobre a gestão pública discursos "rabugentos", tanto mais simplistas quanto menos eles forem formados para fazer análises sociais (os discursos "gagás..." – o que se tem que fazer é isto).

Devido a essa condição de classe média despolitizada, a comunidade científica tem também a tendência a se tornar um sistema burocrático. Quer-se perseguir os próprios interesses, "deixando a sociedade a si mesma"; mas isto só é possível se essa sociedade funciona segundo as regras de um grande sistema tecnoburocrático impessoal. Uma análise do funcionamento da comunidade científica não pode limitar-se à consideração das alianças e de seus interesses. É preciso também levar em conta o fenômeno burocrático, ou seja, os interesses criados por suas organizações internas, que criam poderes, clientelas etc.

O conjunto desses condicionamentos explica, sem dúvida, um certo "corporativismo" dos cientistas: eles se mobilizam com facilidade para a defesa dos interesses globais de seu grupo, e sentem-se "patriotas" de uma pátria chamada comunidade científica. Têm dificuldade em perceber interesses superiores aos de seu grupo, e acreditarão que o que é bom para eles também o é para a nação. Os que não forem inteiramente fiéis aos interesses do grupo surgirão a seus olhos como "traidores" de sua causa. Porém, essa "causa" raras vezes será apresentada de maneira diretamente ligada a seus interesses; ela será defendida em termos tão genéricos como "o progresso científico", "o avanço do conhecimento" etc. Esses discursos, contudo, mascaram ideologicamente os interesses de um grupo particular.

Os cientistas como técnicos intelectuais

Outra característica dos "cientistas", relacionada a essa situação de classe média, terá efeitos sobre os seus condicionamentos e formação. Nas sociedades modernas, a classe média, não sendo destinada a partilhar do poder social, é em geral condicionada a constituir-se em fiel executante. Quando se deseja um técnico, na sociedade industrial, prefere-se que ele não reflita demais sobre as implicações de seu trabalho: tudo o que lhe é pedido é executar o que lhe dizem para fazer. O farmacêutico que trabalha na indústria, por exemplo, não deve perturbar o processo de produção perguntando-se até que ponto a indústria farmacêutica tem, de fato, um efeito positivo sobre a saúde!

A sociedade industrial baseia-se nessa distinção entre os projetos e a sua execução. Assim, um mecânico deve consertar o carro e ele não deve se perguntar para que servirá esse carro. Em outras sociedades semelhante hiato entre os projetos e a sua realização seria impensável. Na nossa, onde existe essa separação, os técnicos recebem um condicionamento para não refletir sobre o que fazem: o que lhes é pedido é que façam. É nesse contexto que certas questões levantadas no primeiro capítulo sobre o interesse de uma formação crítica dos estudantes de ciência mostram o que está subjacente do ponto de vista social.

Toda a formação dos cientistas parece destinada a fazer com que eles esqueçam a que pode servir a ciência. Tudo se passa como se se tratasse de produzir resultados científicos sem se colocar a questão de suas implicações sociais, e sem se preocupar com suas finalidades (como um encanador que coloca um registro sem se perguntar para que ele vai servir). Não é por acaso, então, que a filosofia espontânea de muitos cientistas consiste em acreditar que a ciência "cai do céu", independentemente de todo projeto social. Tudo contribui para fazer do cientista um artesão mais ou menos cego à questão social. Concretamente, essa atitude produz cientistas que aceitam a "dupla cultura" que assinalamos no primeiro capítulo: a separação do humano e da prática profissional científica (Snow, 1963). Não é por acaso que uma das características dos conhecimentos reconhecidos como científicos é que a sua origem concreta na sociedade e na história foi apagada (Levy-Leblond, 1973; Certeau, 1980).

Resumo

De um ponto de vista agnóstico em relação à natureza da ciência, a comunidade científica é um grupo social bem definido, cujos membros se reconhecem entre si (reconhecimento interno) e são oficialmente reconhecidos em nossa sociedade (reconhecimento externo), recompensados e valorizados por seus aliados privilegiados (complexo militar--industrial, em particular), e reconhecidos como especialistas. Grupo de classe média. A gestão e o comportamento da comunidade científica são partes constitutivas dos métodos científicos.

Suas ambiguidades:

- sua falsa imagem de "comunidades";
- sua hierarquização interna e sua divisão de trabalho;
- os interesses divergentes em seu interior;
- a sua dependência econômica do poder;
- a sua tendência à burocratização;
- a sua filosofia geralmente pouco crítica em relação à sociedade, e sua tendência a só lidar com grandes ideias abstratas.

Palavras-chave

Comunidade científica/ reconhecimento interno/ reconhecimento externo/ complexo militar-industrial/ alianças da comunidade científica/ classe média/ ressentimento da comunidade científica/ individualismo/ sistema tecnoburocrático e individualismo/ corporativismo.

CAPÍTULO 5

O MÉTODO CIENTÍFICO: A CIÊNCIA COMO DISCIPLINA INTELECTUAL

O que é a ciência como tecnologia *intelectual*? Vimos o seu lado material (bibliotecas, laboratórios, rede de revistas etc.). Precisamos agora examinar como ela se estrutura enquanto sistema intelectual.

As disciplinas e os paradigmas científicos

Uma disciplina científica é determinada por uma organização mental. É o que chamamos, em filosofia da ciência, de uma *matriz disciplinar* ou um *paradigma*, ou seja, uma estrutura mental, consciente ou não, que serve para classificar o mundo e poder abordá-lo (a noção de paradigma se deve a Kuhn, 1962. Ver também Barnes, 1982).

Se, por exemplo, quisermos efetuar uma pesquisa no domínio da saúde, é preciso, para começar, já possuir algumas ideias a respeito da questão. E a disciplina que nascer dessas pesquisas sobre a saúde estruturar-se-á em torno dessas ideias prévias. O conceito de "saúde" não cai do céu, mas provém de uma certa maneira de contar o que nós vivemos por meio de relatos que todos conhecemos e que dizem o que é para nós, concretamente, estar com boa saúde.

De igual modo, a biologia será influenciada por uma certa ideia, partilhada por um dado conjunto cultural, da diferença entre o que está vivo e o que não está. Aqui, como em outras situações, fala-se de uma diferença e portanto da decisão – em geral inconsciente ou pré-consciente – pela qual escolhemos valorizar a diferença e não a semelhança. Em nossa cultura, por exemplo, traçamos uma linha de demarcação quase tão grande entre o vegetal e o animal quanto entre o ser vivo e o não vivo; aliás, essa linha de demarcação deixou os seus traços em biologia na distinção entre a botânica e a zoologia. esses elementos culturais estão na base da disciplina que se denomina biologia; fazem parte de seu *paradigma*.

As condições culturais do nascimento de uma disciplina

Mesmo certos conceitos que parecem absolutamente evidentes, como o de "matéria", são culturalmente construídos, e servem de base a disciplinas como a física. Somente a partir do século XVII e, de maneira clara, no século XVIII, é que nasce a noção moderna de matéria, quando as pessoas distinguem entre o que é "animado" e o que é simplesmente "material". No final do século XVII, Gilbert, descobrindo o magnetismo terrestre, pensa estar lidando com a alma da Terra. Lembremo-nos de que, para os alquimistas, os metais têm praticamente uma vida, muito semelhante aliás às dos vegetais.

Do mesmo modo, há objetos de estudos que só aparecem em um dado momento histórico. Por exemplo, para que se possa falar da psicologia, é necessário que se tenha uma certa concepção do ser humano como indivíduo. E é somente a partir do século XIX que serão considerados dois estudos particulares do ser humano, um que se aterá principalmente ao ser humano como indivíduo, e outro, ao ser humano como social, dando nascimento a duas disciplinas: a psicologia e a sociologia.

Em nossos dias, pudemos assistir ao nascimento de uma nova disciplina científica: a informática. Com base em noções bastante vagas relativas à comunicação e à informação, e estruturando-se em torno de uma técnica determinada (o computador), foi criada uma tecnologia intelectual, que permite pensar os problemas da comunicação e da informação. Aliás, a bem da verdade, a informática (e todas as disciplinas fazem o mesmo) irá redefinir o que são para ela a comunicação e a informação.

Pode-se continuar a considerar outras disciplinas: a biologia molecular, por exemplo, consiste também em uma maneira particular de abordar os problemas dos seres vivos, ligada ao modelo científico do patrimônio genético e da "dupla hélice".[1]

Em cada um desses casos, uma disciplina científica nasce como uma nova maneira de considerar o mundo e essa nova maneira se estrutura em ressonância com as condições culturais, econômicas e sociais de uma época.

A construção das regras disciplinares

Em torno e na base de cada disciplina científica, existe *um certo número de regras, princípios, estruturas mentais, instrumentos, normas culturais e/ou práticas, que organizam o mundo antes de seu estudo mais aprofundado*. Essa classificação separará, por exemplo, o que é vivo do que não é, os fenômenos físicos dos fenômenos químicos, as medidas da física relativista daqueles da física não relativista etc. Uma vez operadas essas distinções, elas produzem classificações

---

[1] Forma de organização do DNA (N. T.).

que parecem quase evidentes, a ponto de servirem de base e de referência ao pensamento subsequente.

Essa "evidência" é um efeito que sobrevém somente *após* o estabelecimento de uma disciplina científica. Assim, antes do nascimento da física, na época de Galileu, considerar os fenômenos materiais de maneira independente de qualquer "animação" parecia uma coisa quase aberrante. Lembremos que Gilbert, ao descobrir o magnetismo terrestre no início do século XVII, pensava ter descoberto a alma da Terra. Um século mais tarde, Newton ainda não terá efetuado uma separação completa entre a ciência e a teologia.

Há momentos em que a evidência de um "paradigma científico" é recolocada em questão. Assim, no início deste século, praticamente todos os estudos relativos à saúde identificavam-se como os estudos de biologia "puramente materiais". Hoje, os fatores psicossomáticos e os fatores ambientais ganham um espaço cada vez maior. Está presente aí uma maneira de "reestruturar" um objeto de conhecimento.

"O objeto de uma disciplina" não existe portanto antes da existência dessa própria disciplina; ele é construído por ela. Ou, como diz Heidegger (1958, p.199): "a ciência não atinge mais do que aquilo que o seu próprio modo de representação já admitiu anteriormente como objeto possível para si". Por exemplo, só se poderá falar da física, no sentido moderno do termo, a partir do momento em que será dada a representação intelectual de fenômenos físicos de maneira independente dos fenômenos dinâmicos. Em outros termos, uma disciplina científica não é definida pelo objeto que ela estuda, mas é ela que o determina (na Idade Média, a escolástica dizia que uma ciência não é definida por seu "objeto material", mas por seu "objeto formal", isto é, por uma maneira de ver o mundo). E, na evolução de uma disciplina, esse objeto pode variar. Assim, a química orgânica começou como uma disciplina relativamente revolucionária, ousando aplicar aos seres vivos os métodos da química. Definia-se pela utilização desses métodos sobre os seres vivos. Com o seu desenvolvimento e suas múltiplas aplicações, ela foi em seguida redefinida como a química das cadeias carbônicas.

As rupturas epistemológicas

Na base de toda disciplina, há um corte, uma ação humana que "separa" e que "proíbe" confundir, sempre em virtude de um projeto. Para a biologia, é o que estabelece a diferença entre o vivo e o não vivo; para a física, o que coloca a noção de "matéria", independentemente dos projetos humanos ou de todo o seu conteúdo; para a psicologia, é o que distingue o indivíduo da sociedade e de seu meio e assim por diante. Essa separação, essa construção do objeto pela comunidade científica, é o que Bachelard chama de "rupturas epistemológicas" (1971), ou seja, as rupturas que dão um estatuto a um saber determinado. Na base da prática científica existe essa ação humana, e não um objeto que seria "dado".

A ciência emerge pouco a pouco do discurso cotidiano e/ou artesanal: do discurso do jardineiro, por exemplo, ver-se-á aparecer os discursos sistemáticos que se tornarão o tema da botânica. Porém, ela também se caracteriza pela ruptura em relação ao discurso cotidiano.

Aliás, é característico do discurso científico apagar as suas origens; ele se apresenta muitas vezes como o da objetividade, fazendo rapidamente esquecer que um ponto de vista foi selecionado de início. Assim, para construir uma "ciência das cidades", é preciso encontrar uma definição do que é uma cidade; isto só será possível após se ter escolhido um ponto de vista preciso para descrever as cidades.

Um paradigma estabelece uma ruptura com os projetos da vida cotidiana, e permite eliminar uma série de questões que não serão mais consideradas como pertinentes. Poder-se-á, por exemplo, eliminar do estudo das cidades todas as aldeias. É essa "ruptura epistemológica" que delimitará o objeto e conferirá, também, sua "objetividade" a uma disciplina científica.

Os conceitos fundamentais são construídos e não, dados

O interesse de uma filosofia da ciência que enfatize essas rupturas epistemológicas é denunciar a ideologia positivista que pretenda observar "as cidades tais como existem", por exemplo, quando o próprio conceito de "cidade" é uma construção intelectual, ligada a um paradigma ou a uma teoria. É-se remetido portanto aos projetos humanos subjacentes a essa construção.

A partir do momento em que sabemos que o estudo científico das cidades depende de uma decisão relativa a uma ruptura epistemológica contingente, torna-se possível levar em conta o fato de que esse conceito já depende de uma certa visão do mundo e da sociedade, de um certo projeto. Saber que o conceito de cidade é construído nos faz lembrar que ele não foi construído por acaso, mas em função de interesses precisos, historicamente determinados, e que poderia ser interessante esclarecer em algum momento.

O que acaba de ser dito a respeito do conceito de "cidade" pode ser estendido a todos os conceitos fundamentais da ciência. Tomando os de "saúde", "ser humano", "desenvolvimento", "matéria", "consciência", "recurso energético", "cidades", "regiões petrolíferas", "loucura", "igualdade", "informações", "comunicações", "partículas elementares", "relações de incertezas", "vida", "equilíbrio ecológico", "necessidade", "droga", "científico", "precisão", "natureza humana", "sexualidade humana", "amor humano", "raças", "inteligência" etc., temos exemplos típicos de conceitos que podem ser considerados de diferentes maneiras. Ou ainda considerá-los como dados desde sempre e não construídos (mais adiante, classificaremos esse ponto de vista como *idealista*). Ou, por outra, considerar que são o resultado de uma decisão epistemológica ou teórica, que operou uma ruptura em relação à utilização vaga do termo.

A cada vez, a definição construída cientificamente é uma tradução da *noção* corrente ligada a esse termo. Porém, ela não lhe é equivalente; assim, a definição médica da saúde, na medida em que se quer precisa e determinada dentro de um âmbito teórico, jamais recobrirá a noção global que nós possuímos. Existe uma força afetiva ligada à globalidade da linguagem cotidiana, que não encontramos no discurso científico (Marcuse, 1968). Além disso, a escolha de uma definição científica determinada não será jamais ideologicamente neutra. Vê-se isso facilmente ao se considerar a noção de "desenvolvimento": a maneira pela qual se definirá o desenvolvimento está ligada a uma visão do mundo, a um projeto, a múltiplas legitimações, ou seja, a todo um discurso ideológico.

Os falsos objetos empíricos

Uma visão espontânea tende a acreditar que as disciplinas são determinadas por objetos que seriam dados "empiricamente". Alguns, por exemplo, quererão definir a farmacologia como a ciência dos medicamentos, como se um medicamento fosse um objeto empiricamente dado. Ora, é devido a uma ação humana considerando algo como um medicamento que a própria noção de medicamento ganha algum sentido. É um projeto humano que constrói a disciplina e o paradigma da farmacologia, e não a existência "dada" de medicamentos. Percebe-se facilmente a "ruptura epistemológica" se se considera o conjunto de regras (não explícitas, evidentemente) que nos fazem chamar algo de "medicamento" (esse conjunto de regras faz parte da definição paradigmática da farmacologia). O aspecto convencional da farmacologia e os limites colocados pelo paradigma surgem do fato de que não se considera uma muleta como um medicamento. O leitor pode, como exercício, perguntar-se quais são as regras implícitas que se adotam para dizer que alguma coisa é um medicamento, e perguntar-se sobre a possibilidade de uma outra estruturação possível dessa noção.

No caso da farmacologia ou da matemática, pode-se perceber a atividade humana realizando a ruptura epistemológica. Em outros casos, ela é menos evidente. É comum, por exemplo, ouvir geólogos definir a sua disciplina como a ciência da Terra, como se esta fosse um objeto empiricamente dado. Ora, para que o conceito de "Terra" possa definir a geologia ele precisa ser construído. Possuindo a Terra uma alma, tal como pensava Gilbert por volta de 1600, ao descobrir o magnetismo, não define de modo algum a geologia. Pode-se porém – exercício deixado a critério do leitor – descrever os elementos constitutivos do conceito teórico de Terra, na base da geologia moderna. Não se trata de um conceito empírico, mas de um conceito definido por diferenças valorizadas (ruptura epistemológica). Por exemplo, a geologia examina a "Terra", separando-a dos humanos que a habitam. Esse caso ilustra, aliás, a força do paradigma, pois este dispensa uma consideração de tudo ao mesmo tempo.

Na mesma linha, pode-se enumerar muitos falsos objetos empíricos que pretensamente se encontram na base de uma disciplina: a matéria, a saúde, a Terra, o fenômeno econômico (ou psíquico, ou sociológico), a operação lógica, a reação química, o território geográfico, o ambiente ecológico, o ser vivo, a informação etc. Nenhum desses conceitos é "dado", eles são todos construídos segundo o projeto que se persegue e são socialmente aceitos. É por isto que se poderia dizer que *uma disciplina científica é menos determinada por seu objeto do que por seu objetivo.*

Evoluções não previsíveis

Antes que uma disciplina nasça, não é sem dúvida possível dizer a forma que ela tomará mais tarde. Nisto pode-se comparar a ciência – tecnologia intelectual – com as tecnologias materiais: o que sucederá à tecnologia automotiva não é predeterminado, mas é o fruto de um desenvolvimento histórico contingente (isto é, não absolutamente necessário).

Assim, a informática não aguardava em uma espécie de mundo das ideias para ser "descoberta" pelos cientistas do século XX. É provavelmente mais adequado dizer que uma série de pessoas forjaram para si mesmas, em meados do século XX, representações de fenômenos de comunicações e de informações que se tornaram tecnologias extremamente eficazes. Essas pessoas formaram uma comunidade de especialistas que se autodenominou de "informática". Os fenômenos informáticos são então finalmente definidos como aquilo de que se ocupam os especialistas em informática.

Desse modo representada, a evolução das disciplinas científicas não corresponde a uma lógica da história predeterminada e previsível. Deve-se mais a uma verdadeira história na qual o novo é possível, assim como bifurcações imprevisíveis, o todo condicionado por um conjunto de condições sociais, econômicas, culturais etc., mas não inteiramente determinado por elas. Esse modelo da evolução da ciência está ligado a um paradigma, o das estruturas dissipativas. Teríamos fenômenos, alimentando-se de energias exteriores, cujas estruturas macroscópicas não são previsíveis pois, como outros fenômenos históricos, podem ser causadas por modificações microscópicas das condições iniciais. A ciência teria uma verdadeira história, ao passo que os resultados científicos seriam uma construção e não o desenvolvimento das verdades científicas que, desde sempre, teriam esperado ser "descobertas" (sobre essa visão histórica da ciência, ver Prigogine & Stengers, 1979).

Em sua obra *D'une science à l'autre, des concepts nomades* [De uma ciência à outra, os conceitos nômades], Stengers e seus colaboradores (1987) analisam como os conceitos se "propagam" de uma disciplina à outra, fortalecendo novos pontos de vista que os cientistas considerarão mais ou menos frequentes. Mostra-se aí também como se opera o "endurecimento" de certos conceitos que se tornam referências incontestes, que eu denominei de "falsos objetos empíricos".

Um exemplo de um paradigma e de suas condições sociais: a medicina científica

A descrição do paradigma de uma disciplina deve sempre se fazer em uma espécie de metalinguagem, isto é, adotando uma linguagem comum, diferente portanto daquela da própria disciplina. Pode-se encontrar na literatura diversas descrições do paradigma de certas disciplinas. Assim François Jacob (1970), em seu livro *La logique du vivant* [A lógica do ser vivo] apresentou uma história da biologia que se converte em uma descrição da evolução do paradigma dessa disciplina. Prigogine & Stengers, em *La Nouvelle Alliance* [A nova aliança, 1979], fizeram o mesmo em relação à física, colocando em evidência a ruptura entre o antigo paradigma clássico e as novas perspectivas.

Apresentaremos aqui o paradigma da medicina científica, tal como ele pode ser percebido por meio do conceito de saúde desenvolvido pelo Dr. Lambourne (1970 e 1972). Insistiremos sobre os vínculos existentes entre esse paradigma e alguns valores, assim como algumas práticas sociais. Sabemos que esse paradigma concedeu uma eficácia notável à prática da medicina; veremos aqui os seus aspectos particulares.

O conceito de "medicina" não é dado de uma vez por todas. Encontra-se ligado às culturas. Desse modo, diz-se que o médico chinês é pago na medida em que o seu cliente goza de boa saúde, ao passo que na medicina ocidental o médico só recebe remuneração quando o seu paciente está sofrendo. É claro que isto provoca modificações no que se refere ao que será valorizado e considerado importante em medicina! Tampouco o conceito de saúde cai do céu: é uma construção ligada a uma cultura.

Para definir o conceito de saúde, o Dr. Lambourne propõe um esquema bidimensional: seguindo um eixo vertical, ele nota a extensão do campo da medicina, e depois o da microbiologia, o organismo, o indivíduo, a família, a vizinhança, o meio ambiente, até o mundo inteiro (ver Figura 1). Seguindo o eixo horizontal notam-se então maneiras de conceber os cuidados com a saúde: "extração" do mal, cura do doente, cuidados e bem-estar do doente, crescimento pessoal graças à doença, fortalecimento das aspirações e do próprio doente, iniciação a novos modos de vida.

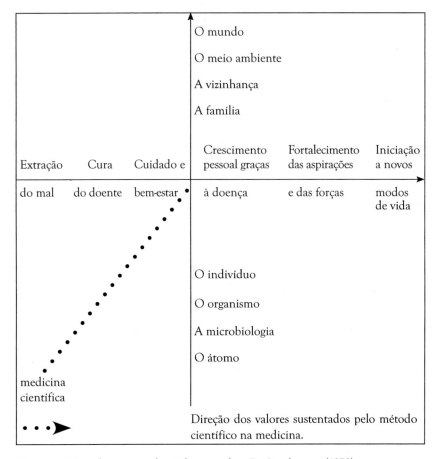

Figura 1 – Mapa do conceito de saúde, segundo o Dr. Lambourne (1972).

Definido este quadro, não é difícil ver que a medicina científica se caracterizou historicamente por uma escolha de valores, privilegiando a área sudoeste de nosso gráfico. Quanto mais restrito for o domínio da medicina – da microbiologia, por exemplo –, e mais bem definido for um problema – a "extração" do mal, por exemplo –, mais essa medicina será considerada como "científica". O interesse da medicina moderna se situa em alguma parte, sobre o eixo horizontal, entre a extração do mal e a cura do doente e, no eixo vertical, entre a medicina orgânica e a medicina familiar. A importância que se atribui de algumas décadas para cá aos aspectos psicológicos da medicina modificaram esse interesse, deslocando-o um pouco em direção à área nordeste do gráfico. As ideologias ecologistas acentuam esse efeito.

Essa escolha da medicina científica foi determinada pela prática médica. O fato de que ela tenha inicialmente se dirigido a pacientes capazes de se cuidar e de pagar, o médico não deixa de estar ligado à valorização que examinamos anteriormente. Se os cuidados com a saúde se dirigissem primeiro às massas, a ciência da saúde teria dado muito mais importância à higiene do que de fato foi dada. Sem dúvida, também, o aspecto preventivo teria prevalecido sobre o curativo.

A maneira pela qual o paradigma é estruturado hoje possui consequências sociais. Assim, ele privilegiará os diagnósticos da doença e daquele que, na equipe da saúde, está mais próximo: o médico. Isto fará com que se julgue normal dispensar grandes somas de dinheiro por uma operação cirúrgica, ao passo que, segundo a escolha implícita, haverá uma tendência a negligenciar o trabalho dos enfermeiros; a razão disso é simples: a operação visa à doença, enquanto os enfermeiros se interessam pelo bem-estar e conforto do doente. O paradigma veicula uma série de escolhas de prioridade: prioridade do diagnóstico sobre o tratamento, prioridade da cura sobre a higiene, prioridade do corpo sobre a psicologia, prioridade das especializações sobre a medicina geral, prioridade da cura sobre o bem viver e assim por diante.

Escolhas políticas e econômicas decorrem dessas prioridades: os orçamentos destinar-se-ão mais às pesquisas ditas "puramente medicinais" do que àquelas concernentes à higiene pública, mesmo que as segundas tragam mais "resultados" no campo da saúde do que as primeiras. Existe um vínculo entre esse paradigma e a tendência a negligenciar os efeitos sobre a saúde das estruturas econômico-sociais ligadas ao trabalho na empresa (Thill et al., 1980).

Devido a esse paradigma, o termo "curar" será determinado pela ciência médica, bem mais do que por problemas concretos. É desse modo que – nos países subdesenvolvidos, por exemplo – os médicos podem se julgar capazes de curar vermes intestinais mesmo em situações em que, com toda a evidência, as populações não estão livres deles. É que, para esses médicos, o termo "curar" significa "curar dentro de um hospital", ou seja, tendo suprimido todas as outras variáveis do problema concreto – variáveis econômicas, culturais, políticas etc. Pode-se assim constatar essa situação paradoxal em que os médicos pretenderão ser capazes de curar determinada doença, quando as pessoas continuarão a padecer e mesmo a morrer delas. Acontece simplesmente que a noção corrente de cura foi deslocada no âmbito do paradigma da medicina científica e redefinida por ele.

Se o paradigma da medicina científica contribui para que, com o intuito de melhorar a saúde das populações dos países desenvolvidos, se utilizem mais os medicamentos do que a supressão do trabalho com pausas, os seus efeitos são ainda mais marcantes nos países em desenvolvimento. Na maioria deles, as estruturas da medicina científica só chegaram à construção de grandes hospitais modernos; ali alguns doentes são tratados de acordo com todas as técnicas da arte, enquanto centenas de pessoas fora dali ressentem violentamente a necessidade de novos modos de vida. O fracasso da medicina científica nesses países é tão grande que a maioria dos médicos formados nos países desenvolvidos não desejam retornar aos seus países de origem ou, se o fazem, não querem trabalhar junto à população menos privilegiada. A formação científica por eles recebida os torna pouco aptos a perceber as questões da saúde tais como se apresentam nesses lugares. O que pode fazer um especialista em operações cardíacas quando a maioria da população sofre de paralisias intestinais? Para que serve um diagnóstico bem preciso se ele só pode ser aplicado a uma minoria? Esses exemplos mostram que o valor de um saber, como o de uma tecnologia, é sempre ligado a um contexto da sociedade: os saberes assim como as tecnologias podem ser mais ou menos apropriados.

A maneira pela qual um paradigma pode influenciar a prática aparece claramente quando se considera a dificuldade de fazer com que os médicos aceitem a prática da reidratação oral para os casos de diarreia, em especial nas crianças. Quando os pesquisadores sabem que esse método é tão eficaz, senão mais, do que os remédios, quando se sabe que é um método barato que pode ser aplicado às massas, quando o processo de aplicação é simples, ele é dificilmente aceito tanto pelos médicos quanto pela população. E para convencer os seus colegas, os médicos são obrigados a lançar mão de argumentos bioquímicos, quando bons argumentos em termos de saúde, nesse caso, seriam aqueles provenientes da economia e das estatísticas de resultados (Papart, 1985).

Poder-se-ia perguntar o que seria um conceito de saúde no qual a direção do vetor de valores, em lugar de apontar para a área sudoeste do gráfico, se dirigisse à área nordeste. Nessa situação, o acento recairia sobre a busca de novos modos de vida e de morte, pelo fortalecimento da energia das pessoas, pela vizinhança e pelo mundo, sem por isto negligenciar o aspecto microscópico e o da extração da doença. E se reconhecem tendências presentes em nossa sociedade mas em geral consideradas como "menos científicas".

Semelhante mudança de paradigma teria resultados sobre a prática dos trabalhadores na área de saúde. Privilegiar-se-iam as equipes nas quais o médico que efetua o diagnóstico não teria necessariamente o papel principal. Uma importância maior atribuir--se-ia aos tratamentos, à educação e à promoção dos valores da vida. Esse enfoque não se concentraria sobre um indivíduo "abstrato", porque encontra-se separado da realidade afetiva e social em que vive, mas sobre uma pessoa integrada à sua vizinhança, ao seu meio de trabalho, à sua região e ao Universo. A profissão de enfermeiro seria valorizada, pois considerar-se-ia importante que uma pessoa fosse bem acolhida, reconfortada e cuidada pessoalmente, a ponto de poder se instruir com sua doença e tirar dela novas forças. Toda uma série de outros conhecimentos surgiria, tão eficazes talvez quanto os que conhecemos hoje.

Essa modificação de paradigma conduziria a modificações na estrutura social da equipe dos que trabalham no campo da saúde: em vez de ser dominada pelo médico que, em virtude de sua precisão "científica", dirige o resto da equipe, a equipe seria mais integrada. Por exemplo, quando alguém se aproxima da morte, a equipe ocupar-se-ia mais com o acompanhamento do moribundo do que com o que hoje é a técnica medicinal. O que não quer dizer que a ciência da saúde seria menos técnica, mas a concepção de técnica seria mais abrangente.

A análise que acabamos de fazer a respeito da medicina é um caso em que se pode ver com clareza o funcionamento mental e social do paradigma. A força e a fraqueza da medicina científica provêm ambos do aspecto redutor do paradigma. Sem redução metodológica, logo se está girando em círculos, mas ela também apresenta inconvenientes. *Mutatis mutandis*, é possível mostrar algo semelhante para todas as disciplinas, desde a física ou a matemática até a informática, passando por muitas outras.

Ciência normal e revolução científica

Ao introduzir o conceito de paradigma como conjunto de regras e de representações mentais e culturais ligadas ao surgimento de uma disciplina científica, Thomas S. Kuhn valorizou as decisões (muitas vezes não intencionais, não racionais, mas não se devendo ao acaso ou sendo irracionais) pelas quais uma disciplina toma sua forma histórica. Ao introduzir esse conceito, ele evidenciou que uma ciência tem data de nascimento, diante de questões e preocupações precisas, em uma rede de interesses precisos que hoje é fácil de analisar (como no caso da ciência da informática, em que se vê o contexto influenciar a estrutura e a prática dessa disciplina). Colocou em questão, assim, fundamentalmente, a representação segundo a qual as disciplinas existiriam desde sempre, como pensam os idealistas.

Kuhn introduzia um conceito que gerou inúmeras controvérsias. Distingue com efeito dois momentos bem diversos das práticas científicas. O que ele chama de *ciência normal* é o trabalho científico que, no interior de escolhas paradigmáticas determinadas, tenta resolver problemas. E o que ele chama de *revolução científica* é o que acontece quando é o âmbito paradigmático de uma disciplina que é questionado.

Assim, no início do século XIX, a física trabalhava dentro do paradigma newtoniano e a maneira pela qual se agia corresponde bem ao conceito de "ciência normal". Trabalhava-se dentro de um esquema teórico conhecido, que quase não se questionava. Além disso, no final do século, o paradigma do espaço newtoniano foi cada vez mais questionado; estar-se-ia diante de uma revolução científica: após um período de fervilhamento intelectual, nasceu o paradigma relativista. Uma análise análoga poderia ser feita no campo da biologia da hereditariedade que trabalha dentro do paradigma da biologia molecular (Jacob, 1970). Em cada caso, quando ocorre uma revolução científica, a disciplina redefine o seu objeto (respectivamente o espaço e a hereditariedade) por meio do novo paradigma. Seria o caso de perguntar-se também se a tendência na ciência da saúde em revalorizar os fatores psicológicos, sociais e globais não significa também uma certa revolução científica.

Existem inúmeras controvérsias relativas à operacionalidade da distinção entre *ciência normal* e período de *revolução científica*; de acordo com o ponto de vista, com efeito, pode-se considerar "pequenas revoluções científicas" ou "grandes".[2] Porém, praticamente todos concordam em reconhecer o valor da contribuição de Kuhn quando ele indica a existência de um vínculo entre uma história cultural e o desenvolvimento das disciplinas científicas. Mesmo que alguns (Giard, 1974) acrescentem que ele negligenciou a importância da história socioeconômica ligada às disciplinas.

Nascimento de uma disciplina: período pré-paradigmático

O período durante o qual uma disciplina está a ponto de nascer, o momento em que ela é ainda relativamente flexível chama-se, de acordo com o grupo de Stanberg (um grupo de filósofos alemães, cf. Stengers, 1981), a *fase pré-paradigmática*. É o período em que as práticas das disciplinas não estão ainda bem definidas como, há cerca de 30 anos, a informática ou a vulcanologia. Em vulcanologia, por exemplo, Haroun Tazieff é o protótipo do cientista de uma disciplina em fase pré-paradigmática. Ele se recusa a utilizar técnicas que serão em seguida adotadas por outros vulcanólogos. A sua prática científica parece por vezes que se baseia mais em uma familiaridade com os vulcões do que com métodos extremamente precisos. Essa prioridade do existencial sobre as regras da disciplina caracteriza esse período, assim como a importância dada às demandas sociais exteriores a uma comunidade científica cuja identidade não está clara ainda. Sabe-se aliás como, em especial quando houve a ameaça de explosão do vulcão *Soufrière*, Tazieff foi contestado pelos "ortodoxos" da vulcanologia (ou seja, aqueles que haviam adotado o paradigma!; Lague, 1977).

---

[2] Masterman, in Lakatos & Murgrave (1970), de maneira epistemológica, e Salomon (1970), de maneira histórica, mostram as dificuldades encontradas ao se querer utilizar o conceito de revolução científica de maneira precisa. Ver também a excelente análise de Haching (1986).

O período pré-paradigmático se caracteriza em particular pelo fato de que não existem ainda formações universitárias precisas para se tornar um especialista dessa disciplina. Estes provêm de todos os campos, como se viu, no início dos anos 60, no período pré-paradigmático da informática. Os problemas se originam de maneira mais ou menos direta da vida cotidiana ou, em todo caso, de fora da disciplina: do mundo industrial, militar, da produção, de outras disciplinas científicas etc. Em informática, por exemplo, serão problemas colocados em termos de armazenagem, de gestão, de pesquisa operacional, e assim por diante. Em ciências ligadas ao campo da saúde, serão problemas diretamente colocados em termos de pessoas que estão doentes ou morrendo (o que explica aliás a prioridade da medicina curativa sobre a medicina preventiva). Diz-se, aliás, que, durante esse período, são as "demandas externas" que são determinantes.

Durante o período pré-paradigmático, as realidades sociais são determinantes para a evolução de uma disciplina. Assim, na história da física, as necessidades da navegação, da balística militar, da mineração são preocupações que determinam as direções nas quais o objeto "físico" desenvolver-se-á. Para a informática, pode-se analisar a influência da indústria, e mais particularmente da "gigante" IBM. As questões que se colocaram os geólogos, por ocasião do período pré-paradigmático, foram fortemente influenciadas pelas pesquisas militares e petrolíferas. Quanto à geografia, ela esteve de maneira geral ligada ao "poder": no período pré-paradigmático, é por vezes difícil distinguir um geógrafo do batedor de uma invasão (e aliás, não é sempre tão fácil fazer essa distinção atualmente, de tal modo a geografia tem servido ao exercício do poder, embora nem sempre para "fazer a guerra" e estabelecer impérios – militares ou econômicos). Por alto, pode-se considerar que a geografia nasceu como uma tecnologia intelectual cujo objetivo era o de facilitar o governo (Lacoste, 1976).

As disciplinas científicas são portanto ligadas a múltiplos mecanismos sociais e mesmo a lutas sociais. São as demandas sociais e a maneira pelas quais os grupos de pessoas procuram responder a elas que determinam pouco a pouco a fisionomia própria das disciplinas. Por vezes, contudo, com o tempo, a demanda social externa pode ser obnubilada a um tal ponto que se poderia acreditar que ela desde sempre existiu. É o caso, por exemplo, da física e de outras "velhas" disciplinas de conceitos "enrijecidos" (Stengers, 1987, esquece-se, por exemplo, da ligação que a matemática teve com as técnicas comerciais e o vínculo que ela mantém atualmente com a nossa sociedade de gestão!). Para outras disciplinas, pelo contrário, pode-se ainda perceber o vínculo entre a sua origem social e o seu atual funcionamento (é o caso para a geografia, a geologia, a medicina, a informática etc.).

A atenção aos condicionamentos socioculturais dos paradigmas não deve fazer com que se perca de vista a importância das determinações ligadas a outros componentes da condição humana e de sua evolução. Assim, "a física de Galileu remete ao fato de que vivemos em um meio onde as forças de fricção são geralmente débeis. Se, semelhantes aos golfinhos, tivéssemos vivido em um meio mais denso, a ciência dos movimentos teria assumido uma forma diferente" (Prigogine & Stengers, 1988, p.21).

Disciplinas estabelecidas: período paradigmático

Quando uma disciplina está "estabelecida", fala-se de *período paradigmático*. É a época durante a qual ela tem o seu objeto construído de maneira relativamente estável, e suas técnicas são relativamente claras. Nesse momento, os problemas não são mais definidos tanto pelas demandas "externas" quanto por termos "disciplinares". Será preciso, por sinal, *traduzir* o tempo todo as questões da vida cotidiana em termos paradigmáticos e vice-versa.

Desse modo, em medicina, em termos pré-paradigmáticos, falar-se-á de uma dor de barriga, enquanto, em termos paradigmáticos, será preciso *traduzir* essa demanda externa em termos mais disciplinares, falando por exemplo em hiperacidez no estômago ou coisas semelhantes. Depois, será necessário traduzir novamente o problema em termos de existência cotidiana, prescrevendo remédios, por exemplo, e indicando como devem ser tomados, impondo ou discutindo regimes para a vida toda.

No período paradigmático, as pesquisas serão efetuadas em geral de maneira "técnica" (isto é, em termos que se referem às escolhas paradigmáticas): assim, haverá uma tendência menor a fazer pesquisas sobre a "dor de barriga" do que sobre objetos já determinados pela disciplina, como as "úlceras estomacais", ou outras questões ainda mais técnicas, definidas em termos bioquímicos, por exemplo.

De igual modo, em informática, no período paradigmático, o conceito de "armazenagem" tem cada vez menos a ver com o que pensa o merceeiro, mas será definido de uma maneira bem mais precisa no interior de um conjunto conceitual determinado pela matriz disciplinar e pelas teorias da informática.

Vimos também como, em medicina, a significação da palavra "curar" depende do paradigma dessa disciplina, a ponto de que se fala que se pode curar uma doença quando, de maneira concreta – ou seja, quando não se eliminaram as variáveis econômicas e culturais –, ela não pode ser na verdade curada.

Em todos esses casos, pode-se perceber ao mesmo tempo a força e a debilidade das abordagens paradigmáticas. Elas são fortes porque, sem elas, não conseguiríamos resolver a metade das questões concretas que resolvem as nossas técnicas modernas. Elas são débeis porque, separando-se cada vez mais da existência cotidiana, elas só resolvem os problemas pensados pelos especialistas, e não aqueles que sentem as pessoas em seu cotidiano. No fundo, a força da ciência provém de que os seus paradigmas simplificam suficientemente o "real" a fim de poder estudá-lo e agir sobre ele. Porém, é também em seu período paradigmático que se começa a criticar a ciência por se separar dos problemas da sociedade, assim como as tecnologias.

O desenvolvimento das abordagens paradigmáticas

O funcionamento da ciência no período paradigmático pode ser comparado ao desenvolvimento das tecnologias materiais. Também elas começam por períodos "pré-paradigmáticos". Assim, no final do século XIX, uma série de pesquisas aqui e ali acabou criando uma nova tecnologia e um novo conceito: o automóvel. No século XX, esse conceito está bem definido. Desse modo, pode-se ver pesquisas ligadas ao que se poderia chamar de "ciência do automóvel". Semelhantes trabalhos não definem mais os problemas estudados em termos de demandas externas (transportes, conforto etc.), mas em termos técnicos, ligados ao "paradigma" do automóvel. Parte-se das pesquisas sobre os motores a explosão, os aceleradores, os carburadores e assim por diante. O objeto de pesquisa está bem definido pelo contexto tecnológico, mais do que pela demanda externa.

Neste sentido, pode-se considerar o período paradigmático como o momento em que uma disciplina científica, tendo determinado e construído o seu objeto, aprofunda a pesquisa nas direções determinadas por suas escolhas paradigmáticas – ocultando em geral a existência dessas escolhas e negligenciando a sua influência (Levy-Leblond, 1982). Para retomar a comparação com as tecnologias, pode-se examinar de que modo a pesquisa em relação ao automóvel dependeu de escolhas feitas no final do século XIX. Foram elas que determinaram todo um programa de pesquisas. De maneira similar, a biologia molecular, uma vez estabelecido o seu paradigma, levou adiante as suas pesquisas utilizando o patrimônio genético como "chave" da hereditariedade (do mesmo modo, levar-se-á adiante as pesquisas em tecnologia automotiva, como se o paradigma do automóvel constituísse a chave dos modernos meios de transporte).

Para compreender os elementos aleatórios da evolução – ou da estagnação – de uma disciplina, poder-se-ia comparar a informática com a cibernética. Um observador superficial do início dos anos 50 teria apostado que, alguns anos mais tarde, a nova disciplina que era a cibernética (estudando os sistemas capazes de corrigir a si mesmos) teria estabelecido o seu paradigma. Ora, nessa época nascia a informática, que atingiu hoje a sua maturidade disciplinar, enquanto a cibernética continua no estágio pré-paradigmático, apaixonante graças a todas as mudanças por ela provocadas, mas sensivelmente menos desenvolvida do que a informática. Pode-se supor que o progresso da ciência dos computadores deve-se ao fato de que ela logo se ligou a desenvolvimentos econômicos, militares e comerciais, apoiados por empresas multinacionais (principalmente uma?), e por uma tecnologia precisa (o computador), ao passo que a cibernética permaneceu uma espécie de clube intelectual, interdisciplinar, fervilhamento de novas ideias, mas longe daquilo que Kuhn denominou de "ciência normal".

Quanto ao exemplo da biologia molecular, ele mostra o interesse do período paradigmático. Essa ciência aprimora uma tecnologia intelectual extremamente potente. Aprofundam-se os problemas dentro de um esquema que não se quer modificar. É desse modo que Kuhn comparou a pesquisa em período paradigmático (ou seja, a "ciência normal") com a resolução de um quebra-cabeça: considera-se que as peças formam um conjunto que se tenta reconstituir. Kuhn comparará também o momento em que se pergunta se não existirão dois quebra-cabeças misturados no período da "revolução científica", durante o qual se questionam as suas hipóteses fundamentais e o próprio horizonte da pesquisa.

Por ocasião do período paradigmático, pode-se definir o próprio trabalho por referência a um âmbito disciplinar preciso: os pesquisadores se definem como fazendo física, biologia, química, matemática etc. Sentem-se menos inclinados a responder a demandas de conhecimentos vindas da vida externa à disciplina. É durante esse período que a disciplina define as suas questões, de maneira puramente interna; examinaremos adiante o vínculo entre essa atitude e os conceitos populares de "ciências puras" ou "ciências fundamentais". Pode-se notar, contudo, desde já, que os períodos paradigmáticos possuem um papel importante em relação ao poder social: quando as disciplinas se impuseram (Latour, 1984), enrijeceram os seus conceitos (Stengers, 1987), obnubilaram as suas origens sociais, e os pesquisadores passaram a usufruir de uma relativa independência diante do contexto social dentro do qual evoluem.

O lugar do paradigma: o laboratório

No desenvolvimento, razoável mas não necessário, lembremos, das tecnologias intelectuais que são as ciências, há uma invenção cultural à qual se deve dar uma importância capital: o laboratório. Foi somente no século XIX que os laboratórios – sempre um pouco suspeitos aos intelectuais, na medida em que implicam práticas manuais – ganharam direito de cidadania nas universidades (primeiro na Alemanha e, mais tarde, na França e na Inglaterra).

Não teria sido adequado falar dos laboratórios no capítulo consagrado à observação e aos testes experimentais. Não que isto não ocorra em um laboratório, é bem mais do que isso. Um laboratório *é um lugar abstrato (no sentido etimológico da palavra: retirado) e privilegiado, no qual se pode praticar certos experimentos controlados.* Estes não são controlados de qualquer maneira: *um laboratório é construído de maneira tal que as experiências que nele se realizam podem ser analisadas diretamente de acordo com conceitos previstos pelo paradigma.* Se, por exemplo, um médico utiliza um medicamento em circunstâncias complexas, o teste em laboratório poderá ser feito de modo que ele será imediatamente analisado em termos mais simples, determinado pelos paradigmas da química e da biologia.

Em um laboratório, os vírus – ou as partículas elementares – fazem parte do observável; já em meu corpo, ou no espaço à minha volta, não! Desse modo, o laboratório é necessário para que eu possa verificar as leis científicas, as teorias ou os fatos científicos. Sem laboratório, nada de vírus! Porém, com um laboratório, criamos um ambiente onde o conceito de vírus é aplicável. Assim, o conceito de "vírus" não é utilizável em qualquer situação, mas unicamente em conjunção com um "laboratório", que permite colocá-lo em evidência.

O laboratório não é, por conseguinte, apenas o lugar onde o cientista trabalha, é a *instituição* que serve para traduzir os problemas do cotidiano em linguagem disciplinar, e depois devolvê-los. Procedem-se ali as experiências controladas que poderão ser reconstituídas em outros lugares. Contudo, para que elas sejam bem-sucedidas fora, na "grande" sociedade, será preciso muitas vezes que o laboratório se desloque, isto é, que as condições de "aplicações" assemelhem-se o suficiente às do laboratório. Sem condições suficientes de higiene, por exemplo, uma vacinação do gado não é possível. Esse "deslocamento" do laboratório é a chave de muitas tecnologias: elas reproduzem, em um ambiente menos privilegiado, o equivalente de um laboratório. É nesse sentido, aliás, que se pode dizer que muitas tecnologias são aplicações daquilo que foi bem-sucedido em laboratório (Latour, 1982).

É também em parte ao laboratório que se deve a universalidade da ciência. Ela talvez não seja universal em sentido absoluto, mas unicamente em relação aos métodos de verificação, isto é, aos laboratórios. É a existência de lugares como esses, protegidos, em que o "real" é filtrado segundo as normas dos paradigmas, que permite dar às ciências o porte de um discurso universal. Já vimos que os resultados científicos são compreensíveis e comunicáveis (como toda língua)... tendo como única condição o aprendizado da ciência (ou dessa língua)! Do mesmo modo, as experiências científicas são universalmente reprodutíveis... tendo como única condição reproduzir as mesmas condições privilegiadas do laboratório.

O esgotamento dos paradigmas: em direção ao período pós-paradigmático

Durante o período paradigmático, a disciplina se mantém "viva" na medida em que ela permanece em contato com problemas formulados em termos exteriores à disciplina (como o problema da hereditariedade diante da biologia molecular). Todavia, a disciplina pode perder praticamente todo o contato com as questões "externas". Identificando, por exemplo, os problemas da hereditariedade com os problemas da biologia molecular, ou dizendo, o que dá no mesmo, que a biologia molecular resolveu o problema da hereditariedade. O mesmo processo poderia aparecer na informática, ao se identificar os problemas da informação com os do computador.

Em casos semelhantes, duas possibilidades se abrem. Ou bem a disciplina se torna cada vez mais inadequada e se vê confrontada com problemas "racalcitrantes", "anomalias"; é preciso então esperar por sua renovação por meio da rejeição dos pressupostos paradigmáticos anteriores, como ocorreu na física no início do século XX. Esse processo corresponde bem ao conceito de "revolução científica". A segunda possibilidade é que ela responda às questões que se colocam, entrando assim em um ciclo pós-paradigmático.

O grupo de Stanberg fala de uma disciplina em *período pós-paradigmático* no momento em que ela se apresenta como uma tecnologia intelectual acabada, e na qual quase não se faz mais pesquisas (a menos que um novo problema externo obrigue a repensar um elemento dessa disciplina). O exemplo da trigonometria é excelente: essa disciplina se desenvolveu a um tal ponto que, na prática, ela só é ensinada e utilizada. É uma tecnologia intelectual extremamente útil ainda, mas que não é mais objeto de pesquisas. Do mesmo modo, certas classificações dos minerais, dos vegetais ou dos animais, ou certas análises químicas parecem ter chegado a seu estado pós-paradigmático.

Traduções, reduções, explicações

Os paradigmas são instrumentos intelectuais poderosos no domínio do mundo. Vimos que eles permitem "*traduzir*" um termo da vida cotidiana em uma linguagem mais técnica, mais precisa. Assim, quando o comerciante pode traduzir o seu problema em termos de pesquisa operacional, sabe-se mais precisamente a que se referem os termos: estoque vendido, não vendido etc. Existe então uma convenção social, ligada ao paradigma, que permite saber com maior exatidão do que se fala (mesmo se, para isso, sacrificam-se alguns elementos da demanda externa).

Diz-se que se *reduz* um problema quando só o consideramos de acordo com a tradução do paradigma. Fala-se de "cientificismo" quando se está persuadido de que a sua redução dá conta de todo o problema. Fala-se enfim de explicação de um fenômeno quando se conseguiu traduzi-lo em um paradigma diferente daquele que se tinha de início. Assim, se considero o amor, posso dar uma "explicação" em termos de hormônios e, de uma perspectiva cientificista, posso pensar ter efetuado uma "redução" absolutamente adequada e pretender que essa explicação me diz tudo a respeito do amor. Caso se trate da hereditariedade (fenômeno da vida corrente em que se constatam semelhanças entre as pessoas e os seus descendentes), posso encontrar uma "explicação" no âmbito da biologia molecular; alguns irão além e pretenderão que o discurso da biologia molecular recobre todas as informações relativas ao fenômeno da hereditariedade vivido no cotidiano, e se falará de uma atitude "reducionista".

Incomensurabilidade dos paradigmas

As diferentes traduções de um fenômeno em diferentes paradigmas colocam a questão de saber até que ponto uma tradução é redutível a uma outra; é o que Kuhn (1972) chamou de questão da "*comensurabilidade*" ou da "*incomensurabilidade*" dos paradigmas. Essa questão se coloca em muitos níveis, para muitos fenômenos e muitas teorias. Vimos o caso da hereditariedade, e do amor; lembremos que, em um domínio bem diverso, colocou-se o problema da comensurabilidade das teorias da luz em um paradigma corpuscular ou em um paradigma ondulatório.

É fácil identificar as razões pelas quais Kuhn afirma a incomensurabilidade dos paradigmas. Com efeito, os conceitos teóricos como os testes experimentais se referem a um dado esquema paradigmático. Há sempre um salto interpretatório quando se afirma que determinado conceito, dentro de um paradigma, equivale a um outro conceito, em outro paradigma. François Jacob (1970) mostrou-o no exemplo da hereditariedade: o discurso do século XVI é heterogêneo, do ponto de vista qualitativo, daquele do século XIX, mesmo que se possa traduzir um no outro. Os físicos têm bastante consciência disso, pois se deram conta, com a teoria da relatividade, que o conceito de comprimento só possui sentido dentro do paradigma em que ele é colocado. Os filósofos da ciência mostraram também que o problema se coloca quando se quer afirmar que determinada experiência deve (ou pode) interpretar-se no âmbito de tal ou tal teoria (cf. *supra* sobre os contextos das experiências e das observações).

Em princípio, é difícil justificar teoricamente uma tradução. Para fazê-lo, seria preciso supor que se dispõe de um quadro de referência que compreenda os dois discursos (o que é uma maneira de pressupor o problema resolvido).

Esse problema da incomensurabilidade de dois paradigmas talvez seja um caso particular da incomensurabilidade de duas línguas. Quando digo, por exemplo, que os conceitos de "*sorcellerie*" ("feitiçaria"), "*Dieu*" ("Deus"), "*modèle*" ("modelo") se traduzem respectivamente por "*witchcraft*", "*God*", "*pattern*", qualquer um que conheça o francês e o inglês[3] sabe que a tradução sempre

---

3 Ou o português (N. T.).

trai um pouco o sentido. Em outros termos, nenhuma tradução minimamente complexa de uma língua – e com certeza, nenhuma tradução de nossas línguas do dia a dia – reproduz exatamente um outro discurso. Em termos kuhnianos, as línguas são sempre incomensuráveis; em termos mais tradicionais, o aforisma italiano: traduttore, traditore. Todavia, sabemos que toda a nossa atividade linguageira e todas as nossas construções de sentido se baseiam sobre esses saltos, não redutíveis a uma justificação teórica, que são as traduções. É tão verdadeiro para o bebê que aprende a falar quanto para nossas atividades mais elaboradas.

As traduções: necessidade de toda abordagem técnica

Toda técnica exige uma série de traduções (Roqueplo, 1978; Callon, 1978). Se for à padaria, para comprar um pão, irei me exprimir em termos "não técnicos". Descreverei desse modo uma maneira de sentir um certo número de desejos, de gostos. Em geral, o meu pedido será traduzido, seja pelo próprio padeiro, seja pelo vendedor ou vendedora, em termos técnicos: dir-se-á, por exemplo, que desejo um pão menos gorduroso, ou com menos água etc. No entanto, o que desejo não é um pão menos gorduroso ou com menos água, mas um que tenha um certo gosto de acordo com a minha experiência. Há então uma passagem, uma tradução, entre a minha linguagem cotidiana e um certo tipo de linguagem agora mais técnica. Depois, essa linguagem sem dúvida será ainda traduzida em termos mais técnicos, praticamente em termos de "paradigma da padaria", ou seja, em termos de temperatura, de fornos etc.

Esses processos de tradução são essenciais à prática científica e à utilização da ciência (como da tecnologia). Sem eles, o discurso científico seria inútil, já que inaplicável no cotidiano. Os conceitos científicos mais precisos não teriam sentido algum se não se aproximassem, em determinado momento, de um conceito mais flexível ou de uma experiência do senso comum. Assim, o conceito de temperatura, mesmo em sua definição mais técnica da termodinâmica, recebe a sua significação por meio do vínculo que possui com as sensações mais banais (sem as quais não poderíamos medir nada).

Os cientistas imaginam por vezes possuir conceitos precisos e univocamente determinados; estes não teriam significação se não fossem traduzíveis na experiência mais flexível do cotidiano. Uma definição biológica elaborada do "ser vivo", por exemplo, deve o seu sentido à noção cotidiana da vida. O vínculo de um conceito científico com o cotidiano pode variar (pode-se, por exemplo, definir o metro em relação a uma onda eletromagnética, mais do que em relação à Terra), mas permanece inevitável.

Os riscos das traduções: abuso de saber ou acidentes

Entretanto, é também por todos esses deslocamentos de sentido que se praticam nas traduções que podem ocorrer os *abusos de saber* por meio dos quais se pretende deduzir normas de conduta com base na ciência, ou obrigações técnicas (cf. Beaumont et al., 1977). O mesmo ocorre quando se pretende reduzir os problemas à sua tradução em termos técnicos. Esses abusos de saber ligados às traduções podem acarretar problemas bem práticos. É raramente, com efeito, que surgem em considerações técnicas erros que causarão a explosão de uma nave espacial, um "Chernobil" ou o naufrágio de uma balsa. Os erros fatais devem-se em geral à maneira pela qual se traduziram situações técnicas concretas nos termos paradigmáticos de uma ciência ou de uma tecnologia. Não é nunca a uma central nuclear teórica, a uma nave espacial teórica, a um navio teórico, ou por ocasião de uma operação cirúrgica teórica que acontecem os acidentes, mas a essas "máquinas" concretas que se dizia adequadamente representadas por seu "equivalente" teórico.

Desse modo, na medicina, se se adotar um paradigma de tipo biológico, percebe-se que os termos "curar" e "saber-se curado" ganham significações mais precisas quando todas as variáveis se encontram misturadas – incluindo as variáveis econômicas e culturais. O paradigma permite simplificar o problema a fim de poder abordá-lo de maneira mais precisa. Porém, ao efetuar essa tradução do problema, esquece-se por vezes a sua origem (o paciente "insatisfeito consigo mesmo", por exemplo); arrisca-se assim a produzir uma prática inútil. Esse esquecimento da complexidade do problema, reduzido à sua descrição no interior do paradigma, é então uma "redução" discutível.

Ao determinar os tipos de raciocínio aceitáveis em determinada experiência, o paradigma determina um âmbito de racionalidade. Assim, um físico, quando estuda uma central nuclear, negligencia deliberadamente a questão de saber se ela será culturalmente aceita pela população. O que não entra em seu esquema será recusado. Vimos que a força da ciência consiste justamente em enfrentar problemas "simplificados" (como dizia Popper, não existe triunfo maior do que uma redução metodológica bem-sucedida). Porém, esta é também uma de suas fraquezas, pois o trabalho científico aparece sempre ligado a uma simplificação. A ciência não estuda jamais o mundo da forma como é representado no cotidiano, mas sempre do modo como é traduzido na categoria de uma disciplina precisa e particular. Parece haver uma enorme distância entre o cotidiano – o real, dirão alguns – e a ciência. É o que analisa Lamotte (1985) em seu artigo sobre "*Le réductionnisme: méthode ou idéologie?*" ["O reducionismo: método ou ideologia?"], em que cita particularmente Popper: "Pode-se descrever a ciência como a arte da supersimplificação sistemática. Como a arte de discernir o que se pode omitir". Diz ainda: "As teorias científicas são como redes criadas por nós e destinadas a capturar o mundo... São redes racionais criadas por nós e não devem ser confundidas com uma representação completa de todos os aspectos do mundo real, nem mesmo se forem muito bem-sucedidas, nem mesmo se parecem fornecer excelentes aproximações da realidade" (Popper, 1984, p.36 e 135).

A ciência: uma linguagem técnica como as outras?

Existe hoje um vínculo entre a linguagem do cotidiano e os conceitos científicos. É por isso que Ernst Mach não fala em uma separação radical entre o trabalho do artesão e o do cientista (1925). Os artesãos, para comunicar o seu saber "economicamente", criam termos técnicos; criam para si mesmos uma representação do mundo que lhes interessa. Utilizam também noções que remetem seja à linguagem do cotidiano, seja a outras que foram elaboradas em conceitos mais precisos por outros: assim, por exemplo, os marceneiros poderão falar da "dureza" de uma madeira. E quando isto não serve para os seus projetos, os artesão não dão a mínima para o que interessa aos cientistas. A atividade de todos os cientistas assemelha-se à dos artesãos. Desse modo, o químico se interessará por reações precisas e, de maneira geral, as sutilezas dos físicos da mecânica quântica não entrarão diretamente em seu trabalho. No máximo ele *utilizará* um certo número dessas noções, mas o fará sem se embaraçar com precisões que parecerão essenciais a um especialista. E se ele pode se interessar pelo fato de que o físico considera que as partículas que formam o núcleo dos átomos que compõem as moléculas que ele estuda são formadas por *quarks*, não se pode dizer que esse conceito de *quark* seja importante para a sua prática. Igualmente, todos os artesãos utilizam conceitos bem precisos em um campo restrito, contentando-se com noções mais vagas na periferia de seu saber. O especialista pode se interessar pelas possibilidades de tradução de seu saber em outros ("reduzindo", por exemplo, a química à física), mas, do ponto de vista prático, ele não tem o que fazer com isso.

Nesse sentido, o cientista não difere de um bom jardineiro; também ele utiliza conceitos bem precisos (mesmo que não sejam formalizados) quando quer, por exemplo, medir a quantidade de grãos; porém, ele não possui mais relação com a biologia genética do que o químico com a física das partículas elementares.

Todo trabalho científico mostra-se então como um trabalho preciso, local, mas que sempre se refere a conceitos periféricos mais ou menos vagos. Esses conceitos pertencem seja à linguagem cotidiana seja à linguagem especializada de outras disciplinas. A possibilidade de passar de um nível a outro é importante na medida em que se quer ter a impressão de explicar os fenômenos. Pretende-se por vezes que o conhecimento desses conceitos periféricos é um pré-requisito para praticar uma disciplina. Porém, muitas vezes esses "pré-requisitos" não são necessários à prática; em geral são muito úteis para ampliar a visão, mas não entram no trabalho operacional do cientista (Himsworth, 1970).

De acordo com essa representação, o cientista não possui um saber fundamentalmente diferente dos outros. Todos se referem a um corte preciso que é o de seu ponto de vista e que todos conhecem bem; e todos desejam possuir uma relação com outros saberes, outras perspectivas. Os diferentes tipos de saber aparecem então como esclarecimentos localizados que se deve pôr em contato (Prigogine & Stengers, 1980). E é aí que a prática interdisciplinar assume toda a sua importância.

A interdisciplinaridade: a busca de uma superciência?

O tema da interdisciplinaridade se tornou popular. Nasceu da tomada de consciência de que a abordagem do mundo por meio de uma disciplina particular é parcial e em geral muito estreita. Por exemplo, o exame dos problemas de saúde unicamente em termos biológicos não vai de encontro aos objetivos determinados pelas demandas de saúde existentes. Diante da complexidade dos problemas, é-se levado a procurar outros enfoques: psicológicos, sociológicos, ecológicos etc. Cada vez mais se admite que, para estudar uma determinada questão do cotidiano, é preciso uma multiplicidade de enfoques. É a isto que se refere o conceito de interdisciplinaridade.

Na prática, esse conceito recobre duas atitudes bem diferentes, mesmo que elas se unam para considerar, por exemplo, que as "lentes" de uma disciplina são demasiado estreitas para estudar os problemas em toda sua complexidade. A primeira perspectiva espera que uma abordagem interdisciplinar construa uma nova representação do problema, que será bem mais adequada, falando em termos absolutos (isto é, independentemente de qualquer critério particular). Considerar-se-á, por exemplo, que, caso se associem os enfoques da biologia, da sociologia, da psicologia etc., pode-se obter uma ciência interdisciplinar da saúde, a qual será mais adequada de um ponto de vista absoluto, mais objetiva, mais universal, pois examinará uma quantidade bem maior de aspectos do problema. Pode-se supor então que essa "superciência" não terá mais o ponto de vista particular a cada um dos enfoques disciplinares, ou que, pelo menos, ela constituirá, de maneira absoluta, um progresso em relação às anteriores.

Contudo, ao tentar assim construir um enfoque interdisciplinar de um problema particular, apenas se reproduzem as fases pré-paradigmáticas de um estudo. Centrado sobre uma exigência exterior a qualquer disciplina conhecida, reúnem-se todos os conhecimentos que se possui para abordar o problema. Desse modo, o início da informática caracterizou-se justamente por uma abordagem do problema da informação utilizando diversas disciplinas, as quais, postas em conjunto, iriam fornecer um enfoque original e particularmente interessante, chamado depois de "informática". De igual modo, a geografia pode ser considerada como uma disciplina específica, tendo o seu próprio paradigma, mas sendo fundamentalmente interdisciplinar, já que se pode reconhecer nela enfoques de disciplinas variadas.

Ao mesclar – *de maneira sempre particular* – diferentes disciplinas, obtém-se um *enfoque original* de certos problemas da vida cotidiana. Todavia, semelhante abordagem interdisciplinar não cria uma espécie de "superciência", mais objetiva do que as outras: ela produz apenas um novo enfoque, uma nova disciplina; em suma, um novo paradigma. Assim, ao se tentar criar uma superabordagem, consegue-se somente criar um novo enfoque particular. Foi desse modo, aliás, que se criaram muitas disciplinas particulares ou especializadas.

A interdisciplinaridade como prática particular

A segunda perspectiva de interdisciplinaridade abandona essa ideia de uma espécie de "superciência". Deste ponto de vista, a interdisciplinaridade não se destina a criar um novo discurso que se situaria *para além* das disciplinas particulares, mas seria uma "prática" específica visando à abordagem de problemas relativos à existência cotidiana. Assim, caso se aborde de maneira interdisciplinar o problema das centrais nucleares, não é com a pretensão de ter um enfoque neutro. Limita-se a querer produzir um discurso e uma representação práticos e particulares diante desse problema concreto. Do mesmo modo, diante de uma demanda externa como a de uma população molestada por vermes do intestino, pode-se procurar uma abordagem interdisciplinar. Busca-se então confrontar as perspectivas de especialistas provenientes de diversas formações: sociologia, medicina científica, antropologia, economia etc. O objetivo não será criar uma nova disciplina científica, nem um discurso universal, mas resolver um problema concreto.

A grande diferença entre a primeira e a segunda perspectiva consiste em que a primeira, ao pretender relacionar diferentes disciplinas em um processo supostamente neutro, mascara todas as questões "políticas" próprias à interdisciplinaridade: a que disciplinas se atribuirá maior importância? Quais serão os especialistas mais consultados? De que modo a decisão concreta será tomada? E assim por diante. Pelo contrário, na segunda perspectiva, a interdisciplinaridade é vista como uma prática essencialmente "política", ou seja, como uma *negociação* entre diferentes pontos de vista, para enfim *decidir* sobre a representação considerada como adequada tendo em vista a ação. Torna-se evidente, então, que não se pode mais utilizar critérios externos e puramente "racionais" para "mesclar" as diversas disciplinas que irão interagir. É preciso aceitar confrontos de diferentes pontos de vista e tomar uma decisão que, em última instância, não decorrerá de conhecimentos, mas de um risco assumido, de uma escolha finalmente ética e política.

A interdisciplinaridade surge então como remetendo de maneira concreta à existência cotidiana, percebida como bem mais complexa do que as simplificações que podem resultar das traduções do problema pelos diversos paradigmas científicos. Observemos, no entanto, como analisaremos mais adiante, que semelhante interdisciplinaridade pode se manter em uma perspectiva inteiramente tecnocrática, na medida em que as decisões dependeriam unicamente de negociações entre especialistas, sem deixar se desenvolver um debate democrático mais amplo.

A segunda perspectiva da interdisciplinaridade aceita as consequências da análise segundo a qual, em última instância, o processo científico não pode se deduzir de uma racionalidade universal. A todo momento, mesmo que isto seja mascarado pela ideologia da cientificidade, o processo científico é o resultado de interações que se aproximam mais do modelo sociopolítico do que da representação de uma racionalidade universal. Isto vale tanto para o trabalho disciplinar quanto para a prática interdisciplinar (cf. Latour & Woolgar, 1981; Latour, 1984 e também Pandore, 1982).

A ciência: ferramenta intelectual para uma economia de pensamento?

As nossas análises do processo científico, da observação, do estabelecimento de teorias e modelos podem estruturar-se em uma certa imagem da ciência. Como dizia Ernst Mach (1925), esta pode mostrar-se como a busca de uma *maneira econômica* de representação do mundo; ela funciona como uma *economia de pensamento*, ligada a uma *comunicação*. Produzir um relatório de observações, por exemplo, é traduzir em uma linguagem tão prática (econômica, em sentido lato) quanto possível o mundo no qual se está inserido. Essa linguagem é a comunicação de um certo empreendimento dentro do projeto que se tem. Neste âmbito, e no contexto da filosofia de Ernst Mach, pode-se representar a ciência como "ferramenta intelectual". A ciência visaria portanto menos a uma representação dos objetos do que a uma comunicação entre as pessoas; esta última, aliás, tornou-se possível graças à estruturação intelectual do mundo em objetos representados.

Semelhante visão acarreta também diferenças na maneira pela qual nós representamos o método científico. Se seguirmos o modelo tradicional de Claude Bernard (1934), descreveremos esse método como um puro processo intelectual e experimental de um cientista isolado. Caso adotemos o ponto de vista de Mach, seremos levados a dizer que a maneira mesma pela qual uma equipe de cientistas se organiza para discutir as experiências faz parte do método, tanto quanto a maneira pela qual se esterilizarão os tubos de ensaio.

No primeiro caso, o método científico é visto como um procedimento abstrato; no segundo, trata-se de um processo histórico possuindo dimensões de linguagem, de gestão, de poder, de relações públicas, de economia etc. Afinal de contas, o "método" contemporâneo para descobrir a causa de uma doença não passa tanto pela busca de financiamento, pela gestão de equipes, pela boa organização de seminários de discussão, pela comunicação interdisciplinar adequada, pela maneira de redigir um artigo para que seja aceito em uma revista etc., tanto quanto pelo levantamento correto e pela interpretação teórica adequada de um protocolo experimental?

Na visão abstrata tradicional, a descrição do método científico dirá que o cientista examina a pertinência de seus resultados; na visão da ciência como economia e comunicação de pensamento, diz-se mais simplesmente: "Ele discute os seus resultados com seus colegas" (a diferença poderia levar a refletir sobre a prática dos exercícios de laboratório na formação dos cientistas: o que pensar dos exercícios de laboratório em que a discussão dos resultados não é organizada, sendo até mesmo desencorajada?).

A ciência: tecnologia intelectual?

Assim mesmo, a imagem da ciência como "ferramenta intelectual" é relativamente inadequada, na medida em que o artífice domina o instrumento, ao passo que os cientistas não dominam o discurso científico: na verdade, eles se inserem no mesmo. Desta perspectiva, a imagem da tecnologia será provavelmente mais adequada. Com efeito, uma tecnologia não é simplesmente um instrumento, é também uma organização social, eventualmente em torno de um certo número de instrumentos materiais. No caso de certas tecnologias mais sociais (como a gestão) ou matrizes lógicas da informática, pode se tratar simplesmente de representações intelectuais.

A tecnologia, contrariamente ao utensílio do qual o artífice se serve, forma um conjunto no interior do qual nos situamos e que predetermina, bem mais do que um utensílio, o que se pode esperar dela. A tecnologia é também uma organização social. A ciência pode então ser considerada como uma tecnologia intelectual ligada a projetos humanos de dominação e de gestão do mundo material. Não é, contudo, algo apenas intelectual; engloba outros elementos, socialmente organizados: as bibliotecas, os laboratórios, as revistas científicas, os sistemas de distribuição de revistas científicas e de impressos, o sistema de concessão de financiamento etc. Como qualquer outra tecnologia, só se pode compreendê-la como um conjunto organizado; é o que Mario Bunge denominou de sistema material da ciência, distinguindo do que ela é como sistema intelectual ou conceitual (Bunge, 1983). A ciência surge então como um sistema organizado em função de projetos, e composta por elementos materiais e representacionais. Pode-se distingui-la das demais tecnologias.

A produção científica

Pode-se considerar vários tipos de produção científica. Um primeiro tipo consiste principalmente em uma série de relatórios, sínteses, publicações que permitem a realização e interpretação de experiências precisas. Em outros termos, os cientistas produzem as representações do mundo que podem ser úteis tendo em vista uma dominação material deste.

No entanto, mesmo que a comercialização e a militarização cada vez maior da ciência tendam a atribuir uma maior importância a essa parte da produção científica, não podemos limitar a isso a produção de uma comunidade científica. Cabe-lhe também toda uma produção simbólica, ou seja, um discurso dotado de uma *aura* toda especial, pois é considerado como "objetivo", "científico" e mesmo "verdadeiro". Um tal discurso simbólico tem como propriedade servir para "legitimar" a prática. Assim, o discurso dos físicos legitimará decisões relativas às centrais nucleares; do mesmo modo, o discurso dos economistas legitimará práticas sociopolíticas relativas às indústrias ou aos países em desenvolvimento etc. Muitas pesquisas científicas não têm por objetivo unicamente nos fornecer uma representação do que é possível fazer, mas visam também a legitimar e motivar ações. Como não conseguem jamais indicar suficientemente os critérios dessa legitimação, são ideologias no sentido mais preciso do termo.

É por meio dessa dupla produção, a das representações utilizáveis, por um lado, e a dos discursos simbólicos legitimadores por outro, que os cientistas se inserem no circuito econômico e social. São pagos por esses dois tipos de produção. Com frequência, a produção de eficácia material vela o funcionamento ideológico da ciência – ou seja, o fato de que ela constitua o sistema de legitimação mais importante de nossas sociedades industriais.

Não se pode, contudo, reduzir a produção científica a esses dois aspectos. A ciência é também uma produção cultural. Por meio dela, os seres humanos desenvolvem uma obra poética: exprimem o que é o mundo no qual se inserem, descobrem a sua própria produção, partilham uma representação do mundo. Há também a possibilidade de prazer estético, essa atividade em que o ser humano reencontra o seu espírito no mundo por ele estruturado.

Resumo

Trabalho disciplinar:

- toda disciplina científica é determinada por um paradigma (T. S. Kuhn);
- os paradigmas (matrizes disciplinares) são cultural e historicamente construídos;
- o objeto de uma disciplina não é preexistente, mas é determinado pelo paradigma;
- os falsos objetos empíricos;
- as rupturas epistemológicas;
- um exemplo de paradigma científico: o da medicina.

Vida e morte dos paradigmas:

- a "ciência normal" (segundo Kuhn) tenta resolver os problemas no interior do paradigma, e tira dele as suas questões, e a "tradução" de suas respostas;

- em período de nascimento de uma disciplina (pré-paradigmática), nenhuma filiação universitária precisa e nenhuma base na vida cotidiana, seus interesses e suas lutas sociais;
- em período paradigmático, a disciplina leva a sua pesquisa até as últimas consequências, de acordo com sua lógica interna; pode-se falar de "ciência pura";
- a invenção cultural do laboratório: o paradigma da casa;
- em caso de inadequação entre um paradigma e a demanda, pode-se entrar em um período de "revolução científica";
- um período pós-paradigmático é um período no qual as pesquisas quase não se realizam mais, mas quando a disciplina é utilizada;
- o paradigma é a fonte tanto da força quanto do limite de um trabalho científico.

Ciência e "tradução":
- traduções, explicações, reduções;
- toda extensão técnica de um problema pede a sua "tradução" prévia na linguagem paradigmática da disciplina envolvida;
- os deslocamentos de sentido resultantes dessas traduções colocam o problema da especialidade e do abuso de saber.

A interdisciplinaridade:
Origem: consciência de que uma questão determinada pode requerer uma multiplicidade de abordagens.
Duas filosofias da interdisciplinaridade:

- reunindo diversas abordagens, espera-se uma superciência, superobjetiva, mas constrói-se apenas um novo paradigma;
- prática concreta de negociações pluridisciplinares, diante de problemas concretos do cotidiano.

Tentativa de definição da ciência:
- economia de linguagem para comunicar uma certa intervenção no mundo: instrumentos intelectuais historicamente situados;
- organização social historicamente situada, produzindo e estruturando saberes: tecnologia intelectual;
- produção a) de representações úteis ao domínio material do mundo; b) de um discurso simbólico legitimador.

Palavras-chave

Paradigma/ matriz disciplinar/ falso objeto empírico/ ruptura epistemológica/ ciência normal/ revolução científica/ período pré-paradigmático/ período paradigmático/ período pós-paradigmático/ tradução/ incomensurabilidade dos paradigmas/ laboratório/ interdisciplinaridade/ ciência fundamental/ economia de linguagem/ estrutura dissipativa/ rupturas epistemológicas/ objetivo de uma ciência/ ferramentas intelectuais/ tecnologias intelectuais.

INTERMEZZO
A CIÊNCIA E OS QUADRINHOS SEM LEGENDA

Pode-se comparar o processo científico a um jogo para os jovens que aparece no jornal: o da história em quadrinhos sem legenda. Esse jogo apresenta desenhos para os quais se deve encontrar uma "legenda".

Um jogo cheio de convenções

Esse jogo implica, assim como a ciência, uma atividade cultural determinada por um consenso ligado a certo grupo. Para compreender o jogo, é preciso ter "pré-compreendido" um certo número de elementos de nossa cultura, em especial a maneira pela qual as histórias em quadrinhos são escritas. Essa compreensão implica a *eliminação de outras possibilidades*: desse modo, quando se compreendeu o jogo e o que é um desenho impresso, eliminam-se automaticamente os elementos que não parecem "pertinentes", por exemplo, a mancha de café que pode-se juntar ao desenho.

Da mesma maneira, o "jogo científico" começa por eliminar uma série de elementos, como considerações de acordo com as quais "Deus achou que as margaridas eram bonitas", a cor da mesa da qual se estuda o equilíbrio, e assim por diante. Considera-se desse modo o mundo situando-o de imediato na subcultura científica. Em outras culturas, os elementos religiosos ou poéticos não serão necessariamente eliminados da observação, assim como Newton não eliminava os argumentos teológicos de sua "filosofia natural", que denominamos "física".

O jogo dos quadrinhos sem legenda comporta regras – algumas explícitas e outras, não – que devem ser compreendidas pelos jogadores, por exemplo a regra de que, quando existe um balão, é que alguém fala... Compararemos esse consenso social àquele que, em nossa cultura, se liga à prática científica.

As observações

O jogo dos quadrinhos começa por uma série de "observações": a partir daí determinar-se-ão, abstraindo de seu contexto global, os elementos que servirão de base à legenda. Assim, distinguirei um personagem que poderei chamar Tintin, um outro, Haddock e um terceiro, Milu etc.[1] Utilizarei para isso regras convencionais e aceitas que colocam relações de equivalência entre certas partes do desenho. Por exemplo, direi que, levando em conta certas semelhanças (que jamais definirei completamente), um tal conjunto de traços corresponde a Tintin, mesmo que ele esteja ora de pé, ora sentado, ora se arrastando. Essas "observações de base" – humanamente instauradas – serão o equivalente nas histórias em quadrinhos às proposições empíricas.

Em certos casos, aspectos da "observação" serão colocados em dúvida; será necessário então efetuar um desenvolvimento teó-

---

[1] Personagens criados por Hergé, autor belga: Tintin, o repórter, o Capitão Haddock, comandante de navios e o cachorro Milu. Note-se que esse "jogo" dos quadrinhos sem legenda é o que as crianças não alfabetizadas fazem ao interpretar os quadrinhos que não conseguem decifrar, criando a própria história (N. T.).

rico, ou narrar uma parte da história, para poder determinar o que observo. Por exemplo, se, em determinado momento, alguém tiver se disfarçado em Tintin, não poderei distinguir entre o "verdadeiro" e o "falso" Tintin a não ser que possua elementos da história. Isto pode ser comparado à utilização de hipóteses teóricas necessárias à determinação dos dados "empíricos". E, assim como no jogo não se pode separar esses elementos de base dos pedaços da história, também na ciência as "observações empíricas" jamais podem ser completamente separadas dos elementos teóricos.

No jogo da história em quadrinhos, pode-se, seguindo a história que se conta, modificar o tipo de observação que se faz. Se a história que criamos é a de um Milu inteligente, "observar-se-á" (isto é, interpretar-se-á) de modo diferente uma ou outra atitude desse personagem (ou dessa classe de equivalência que se denominou Milu).

No entanto, com a continuação da história, pode-se ser levado a reinterpretar algumas "observações objetivas".

A observação será diferente se se considera que *uma só* legenda é "a boa", e que é preciso encontrá-la (aquela, por exemplo, que terá sido determinada por um desenhista), ou se, pelo contrário, trata-se simplesmente de conferir inteligibilidade a um quadrinho que não comporta necessariamente uma história predeterminada. Em ciência, isto corresponderia a duas atitudes diferentes: em uma se considera a busca de uma "verdade eterna"; na outra, tenta-se produzir uma tecnologia intelectual adequada a certos projetos.

As leis e as teorias

Quando se elabora uma legenda, estabelecem-se vínculos entre as diferentes observações: as histórias constroem um sistema de inteligibilidade ligado aos dados de base que se selecionou. Elas podem ser comparadas às leis científicas, aos modelos, aos programas de pesquisa ou às teorias. Existem com efeito diferentes linhas possíveis na história que se irá contar, como pode haver diferentes tipos de programas de pesquisas em ciência. Além disso, há sempre um meio de contar uma infinidade de histórias com base em determinado desenho.

Não obstante, se existem expectativas específicas, poder-se-á julgar certas histórias esquisitas ou deslocadas. Mas, para rejeitá-las, será preciso apelar a algo mais do que às "observações de base". Os desenhos não são suficientes para determinar uma só e única história. Não se *deduz*, aliás, a história dos desenhos, mas se imagina uma história compatível com eles (lembremos, a própria descrição dos desenhos não é independente dos fragmentos de história que se tem em mente ao *observá-los*). Essa particularidade é análoga ao famoso teorema de Quine (1969), que implica que as leis científicas são subdeterminadas pelas observações.

Além disso, as histórias não são equivalentes; elas podem explicar as coisas de maneiras diferentes; podem atribuir uma maior importância a uma observação particular, ou deixar outras de lado. Por exemplo, em uma história, não se conferirá importância alguma ao pequeno coelho que se encontra no desenho, ao passo que em uma outra, esse pequeno coelho poderá ter uma importância enorme, pois é ele que vai ajudar Tintin a sair do túnel onde ele está preso. Do mesmo modo, os modelos científicos negligenciam certos elementos da observação que, na sequência, poderiam parecer extremamente importantes, como, por exemplo, as trajetórias dos pósitrons nas câmaras de Wilson, antes da descoberta do pósitron por Anderson (questão deixada ao leitor: o que significa a palavra "descoberta" nesse contexto?).

As "verificações" e a resistência em abandonar uma teoria

Enfim, quando se começou a contar uma história a respeito de alguns quadrinhos sem legenda, ela pode ser "verificada". Essa verificação consiste em reler os quadrinhos utilizando a legenda que se deu. Essa releitura assemelha-se aos testes experimentais e às "provas científicas": estas, com efeito, resumem-se em uma releitura de um conjunto de observações, utilizando para tanto a teoria que se construiu. Em ambos os casos, pode-se encontrar um certo número de dificuldades, seja que certos elementos do desenho se encaixam mal com a história, seja porque se deixou muita coisa de lado (mas o que significa muita coisa?). Na ciência, depara-se com o mesmo tipo de questões: uma teoria pode levantar um certo número de problemas, ou deixar inexplicados um certo número de fenômenos (porém, baseando-se em que ponto considerar-se-á que há fenômenos "demais" inexplicados por determinada teoria?).

Quando deparamos com dificuldades análogas, podemos sempre nos livrar por meio de hipóteses *ad hoc*. Se, por exemplo, decidi em minha história que determinado personagem foi morto, e ele reaparece vivo, tenho um problema de coerência em meu sistema de interpretação. Mas posso sair da situação por meio de uma hipótese *ad hoc*, dizendo, por exemplo, que ele estava morto aparentemente apenas (como Rastapopoulos em Tintin[2]). Do mesmo modo, um planeta pode ter se desviado de sua trajetória por causa de um astro perturbador. Para que a hipótese *ad hoc* possa ser mantida, será preciso observar um certo número de regras de coerência (convencionais? até que ponto convencionais?). Até onde pode-se aceitar a incoerência de certas histórias (ou de certos modelos científicos)?

Reestruturar a observação é uma outra maneira de sair das dificuldades. Por exemplo, no jogo das histórias em quadrinhos, pode-se dizer que o que via Tintin na imagem anterior era apenas uma miragem, ou uma alucinação. Ou ainda, que por trás do arbusto, havia um grande leão escondido. Da mesma maneira, um cientista poderá considerar que este produto, que apresenta dificul-

---

[2] Ver a aventura "Perdidos no mar".

dades, não é açúcar, mas sacarina. Ainda, que este facho de partículas elementares não é tão puro quanto se pensava, e que é isto que produz efeitos inesperados. Finalmente, pode-se, ainda, reestruturar de maneira parcial a história que se está contando. Volta-se atrás e observa-se que o personagem, que parecia mau e que apontava o fuzil na direção de Tintin, visava apenas ao leopardo que ameaçava o nosso herói (este procedimento não deixa de ter analogia com a maneira pela qual os cientistas podem rever um certo número de leis).

Aqui, ainda, a comparação com as legendas do desenho pode ajudar a esclarecer: as razões para se abandonar ou escolher uma história que é realmente incoerente demais; ou ainda, que não poderá ser vendida; ou que careça de imaginação, ou que desagradará a alguém importante etc. O "razoável" não obedece a uma racionalidade única.

A incomensurabilidade dos paradigmas

A analogia dos quadrinhos permite também compreender melhor a dificuldade que pode haver em comparar diferentes tipos de interpretações científicas. Se tenho duas histórias diferentes, não posso encontrar um critério preciso para compará-las, pois os critérios precisos só adquirem sentido no contexto global da história toda. Por exemplo, se tenho uma história em que Milu é inteligente e uma outra na qual ele é besta como um cachorro, é impossível para mim comparar os "méritos" das duas interpretações em pontos particulares; a única coisa que me resta é fazer uma comparação global; mas isto quer dizer que eu não posso me referir a trechos precisos, pois estes assumirão sentidos bem diferentes nos dois casos.

É possível perceber a coerência interna de uma interpretação e, por outro lado, dizer, de maneira global, como eu aprecio as histórias. Porém, a comparação entre as duas histórias não pode ser feita em relação aos detalhes: elas são incomensuráveis. Vejamos o que Kuhn disse da ciência: não se pode comparar, por meio de testes precisos, teorias que se referem a "paradigmas" diferentes. Não se pode mais encontrar razões "lógicas" que levam a preferir uma interpretação de uma história em quadrinhos em detrimento de outra.

Mudança de paradigmas

Pode ocorrer também que as incoerências se tornem de tal modo insatisfatórias (insatisfatórias sob que critérios?) que se prefere abandonar um "programa de interpretações" (como um "programa de pesquisas"). Pode-se decidir, por exemplo, que, em vez de estar perseguindo perigosos malfeitores, Tintin esteja à procura de um tesouro; ou, em vez de interpretar a história em quadrinhos como uma história de aventuras, ela pode ser considerada como uma história de ficção científica; existem nesses casos pistas de pesquisa bem diferentes. Pode-se, fazendo uso de nossa analogia e de conceitos que serão desenvolvidos adiante, comparar esse tipo de modificação com mudanças de paradigmas na perspectiva de Kuhn (1972), ou programas de pesquisa no sentido de Lakatos (como a adoção da interpretação do calor como energia, e não como fluido; Lakatos & Musgrave, 1970).

Trata-se então de uma maneira inteiramente diversa de examinar o fenômeno. Levando avante a nossa analogia, pode-se perguntar se esse tipo de mudança não poderia também ser comparado (lembrando que se trata apenas de analogias) à adoção de uma outra disciplina científica para abordar um fenômeno. Se considero o fenômeno do amor, por exemplo, posso ter um enfoque biológico, com base no qual toda a teoria far-se-á em função dos hormônios; mas posso também ter uma abordagem psicológica, em que entrarão em consideração os conceitos do inconsciente, do desejo etc.; posso ainda considerar outras dimensões do que se chama amor. Cada uma dessas interpretações se rege por critérios determinados. Elas serão "interessantes" na medida em que satisfizerem aqueles que as produzem (mas, o que significa "satisfazer", e que critérios serão então considerados?).

A ciência não é subjetiva, é uma instituição social

Existe todavia uma grande diferença entre a ciência e as histórias em quadrinhos: no jogo dos quadrinhos, as decisões de preferir uma interpretação à outra são pessoais, ao passo que, para a ciência, trata-se de fazer com que um grupo aceite uma visão, em meio a relações de forças e de coerções de todo gênero. A ciência, quando deixou de ser uma espécie de jogo interpessoal, como no tempo de Descartes e Mersenne, entrou de uma vez por todas na esfera do social.

Há somente uma verdade científica?

No jogo das histórias em quadrinhos, pode-se perguntar qual é a melhor história. E também se há uma melhor história. Haveria uma história que fosse a "verdadeira"? A regra do jogo poderia ser encontrar a legenda correspondente à que Hergé havia imaginado. Nesse caso, haveria uma história que seria a "verdadeira", ou seja, uma interpretação que seria privilegiada. Contudo, essa "verdade" depende das regras de interpretação. Mesmo tendo Hergé escrito a história, pode-se considerar que uma outra legenda também seria interessante.

Prosseguindo na analogia, pode-se observar que alguns consideram que o mundo possui uma "verdade". Seria, por exemplo, o que Deus pensa a respeito; ou, depois de um século ou dois, o que a "natureza" produz (mas o que significa esse conceito de natureza?). Observemos que aqueles que dizem que as "verdadeiras" leis da natureza são aquilo que é pensado por Deus têm uma ideia particular de Deus: a de um engenheiro que planifica tudo o que faz, utilizando a metáfora da máquina. Outros acreditam em Deus sem ver nele uma espécie de arquiteto e sem pressupor um plano muito definido para a natureza. Basta pensar em um Deus que teria um pouco mais de imaginação, e que teria um certo gosto pelo imprevisto. Permanece o fato, contudo, de que alguns, inspirando-se na visão da física galileana, esperam encontrar "uma verdade global da natureza" (cf. Prigogine & Stengers, 1980).

Outros, como Prigogine & Stengers, contentar-se-ão com o esclarecimento localizado e particular de que a ciência consiga efetuar sobre as coisas do mundo. Não pensam que a ciência seja uma busca da boa *interpretação* do mundo, mas uma maneira que temos de colocar nele um pouco de ordem. Nesse caso, a ciência seria mais uma obra "poética" (no sentido profundo do termo, isto é, uma criatividade de significações) do que uma obra de interpretação do pensamento de um outro.

Em nossa filosofia espontânea, induzidos ou não por hábitos há muito herdados da história, tendemos a considerar a ciência como a busca da verdade única, e a definir o progresso científico como tudo aquilo que nos aproxima dessa representação privilegiada. Pelo contrário, quando se trata de tecnologias materiais, consideramos que raramente possui um sentido falar da "boa"; e a noção de progresso deve referir-se a critérios sociais externos à prática científica.

Poder-se-ia considerar essas interrogações como questões "últimas", tanto no que respeita às histórias em quadrinhos quanto no que se refere à filosofia da ciência. Em relação aos quadrinhos, deve-se procurar saber qual a significação do jogo: encontrar o que estava na mente do autor ou contar histórias que nos "satisfaçam". Quanto à ciência, deve-se buscar aquilo que vem de fora, de Deus, da natureza, e o que seria de uma vez por todas determinado? Ou trata-se antes, em meio às necessidades do mundo, de uma criatividade do pensamento, do ser humano, da história?

CAPÍTULO 6

PERSPECTIVAS SÓCIO-HISTÓRICAS SOBRE A CIÊNCIA MODERNA

O termo "ciência" pode designar dois tipos de fenômenos. Primeiro, a representação que se faz do mundo, para qualquer tipo de civilização ou qualquer grupo humano. Em seu segundo sentido, visa mais precisamente ao que chamamos de ciência moderna, ou seja, essa representação do mundo adotada pela civilização ocidental, em especial a partir do século XIV. No primeiro sentido, a ciência designa o conhecimento de maneira geral, enquanto no segundo sentido designa o modo específico de conhecimento adotado pelo mundo ocidental moderno. Isto se deve ao fato de a ciência moderna estar situada na história. Mesmo que se possam encontrar antecedentes na ciência grega e em outras, pode-se considerar que ela nasceu durante a Idade Média, continuando com o florescimento da civilização burguesa.

A ascensão da ciência moderna pede um estudo mais detalhado no que se refere ao contexto histórico e à sua evolução. Evidentemente, semelhante análise é sempre uma construção *teórica* (e portanto ideológica) simplificada. A que iremos apresentar em uma só representação resume evoluções históricas que diferem através das épocas, lugares, culturas, classes sociais e sexo. Deixará de lado numerosos aspectos, a fim de pôr em relevo um enfoque particular do problema "científico". O modelo apresentado é simplificador, como não poderia deixar de ser, e evita questões como: "Em que a racionalidade burguesa difere da dos comerciantes fenícios? Daquela dos estoicos? Dos epicuristas? O que há realmente de novo nas mutações que vão do século XII ao XVII?".

O universo autárquico da Alta Idade Média

De acordo com a perspectiva proposta anteriormente, pode-se considerar que há cerca de mil anos, e até aproximadamente o século XII, as pessoas, no Ocidente, tinham uma visão do mundo fortemente ligada à sua existência nas aldeias autárquicas (Fourez, 1984). Elas nasciam, viviam e morriam no *mesmo ambiente humano*. Para elas, os objetos não eram inanimados, pois faziam parte do universo humano no qual viviam. Um carvalho, por exemplo, não era apenas "um carvalho qualquer", mas ligava-se sempre a uma história particular, à aldeia, a seus acontecimentos. Um repolho ou um par de sapatos não eram, como em nossa sociedade moderna, mercadorias impessoais, mas o repolho produzido por fulano ou os sapatos fabricados por beltrano.

Dessa perspectiva, era praticamente impossível falar de um objeto "puramente material", uma vez que a Natureza e o mundo como um todo estavam humanizados. Em um mundo assim, era quase impossível imaginar o olhar "frio" de um observador científico. Esse olhar supõe com efeito uma certa distância, como se houvesse de um lado o observador e de outro, a Natureza que se vê. Ora, no ambiente das aldeias autárquicas, o observador e a Natureza podem ser considerados, pelo menos em uma primeira aproximação, como um todo unificado.

Em semelhante universo, cada ser em seu lugar, em sua espécie e em seu gênero, o todo sendo facilmente determinado por uma lei do mundo, criada e querida por Deus (Illich, 1982). Nesse universo, as coisas são quase tão eternas quanto a aldeia na qual se vive. O tempo não tem a dimensão do progresso, mas é um tempo cíclico, que retorna a cada estação, trazendo sempre a ordem eterna das coisas. Nesse universo, a Terra, os seres humanos, os homens, as mulheres, os animais, as plantas, tudo tem o seu lugar desde sempre e para sempre. Os planetas giram em torno desse universo terrestre com a serenidade daquilo que é eterno. É um mundo que não se domina, mas onde se está inserido e que se tenta eventualmente aprisionar, particularmente com o auxílio da magia.

Em todo caso, as pessoas dessa civilização jamais se sentiam diante das "leis inexoráveis e frias da Natureza"; situavam-se sempre em um universo animado, encantado. Em um mundo assim, aliás, a moral não faz mais do que refletir essa ordem de coisas. Toda transgressão da ordem aparece como a transgressão de um tabu, a destruição de algo sagrado. Não era uma moral do cálculo ou da razão, mas uma moral de proibições. O importante, na ação humana, não era a responsabilidade, mas o que ela fazia em relação à ordem do mundo, de maneira quase independente da intenção do agente.

A descrição anterior, da visão de mundo das pessoas que viviam há mil anos, obviamente foi simplificada, tendo em vista a construção de um modelo de interpretação histórica destacando a evolução. Para sermos mais precisos, seria necessário notar, por exemplo, que, com a herança estoica ou o pensamento de Lucrécio, a nossa cultura já tinha uma certa representação de um mundo inanimado; do mesmo modo, os comerciantes gregos e fenícios já possuíam o hábito de transformar todas as coisas em mercadoria impessoal. Porém, permanece o fato de que a descrição acima corresponde, por alto, à cultura agrária da Idade Média.

O universo dos comerciantes burgueses

Para compreender a profunda transformação ocorrida em poucos séculos, pode ser útil considerar a imagem do burguês[1]

---

1 Quando falo aqui de "burguês" ou de "burguesia", utilizo o termo em seu sentido

comerciante (trata-se também nesse caso de uma reconstrução teórica visando a uma compreensão de certos fenômenos, e não de um ensaio histórico). Esse comerciante é em primeiro lugar um ser sem raízes. Vive uma boa parte de sua existência fora do universo humano no qual nasceu. Vê coisas estranhas, desconhecidas, coisas que, aliás, ele tentará contar quando retornar a sua casa. Mas, onde é a "sua casa"? O universo aparece a seus olhos como um lugar cada vez mais neutro e com uma estrutura cada vez menos humana. Não se centra mais em torno da aldeia natal, onde tudo é marcado por objetos familiares, mas trata-se de um universo onde se pode caminhar em direção ao norte, ao sul, ao leste ou ao oeste, ou seja, a direções definidas de maneira bastante abstrata. É um mundo em que todos os lugares se equivalem, um mundo de pura extensão, de onde vai poder nascer a representação do espaço físico que conhecemos (cf. o conceito de extensão em Descartes).

Enquanto o camponês não podia se imaginar fora de seu hábitat, o comerciante começa a viver sozinho. Além disso, é nessa cultura que se vê difundir uma nova noção: a de vida interior. O centro do universo não é mais a aldeia, uma exterioridade sempre animada pela interioridade, mas torna-se interioridade pura, ligada ao indivíduo. Começa a haver uma diferença enorme entre o interior, o que sempre acompanha o indivíduo e é subjetivo, e o exterior, mundo inanimado que começa a ser visto como um objeto. As coisas se veem pouco a pouco desprovidas de todo sentimento. O comerciante observa costumes estranhos aos de sua aldeia; vê coisas que, para ele, não possuem uma história: a sua observação torna-se cada vez mais fria.

Ao mesmo tempo, se desenvolve a interioridade do sujeito. A espiritualidade e a prece consistirão menos em se inserir em algo coletivo (como o coro dos monges) do que em orar individualmente e meditar. A oração, como a leitura, tornar-se-á cada vez menos

---

técnico e não, popular. Falo dessa classe social surgida na Idade Média, conseguindo obter reconhecimento, e depois substituindo a aristocracia como classe dirigente (dominante, hegemônica) no Ocidente.

corporal, passando a valorizar a interioridade pura. Não é por outro motivo que Inácio de Loyola procurará fazer com que os seus jesuítas carreguem consigo, individualmente, toda a sua personalidade, de maneira independente de todo ambiente. Não é por outro motivo, tampouco, que as casas burguesas são menos "públicas" e mais fechadas do que a dos aristocratas. Ao universo interior opõe-se a realidade exterior. O mundo moderno torna-se o da interioridade, mesmo que se trate de um "exílio interior" (Jaccard, 1975).

Enquanto nas aldeias tudo estava sempre ligado à vida das pessoas, a seus projetos, a sua vida afetiva e prática, o comerciante começa a falar de eventos sem história, e que não existem unicamente para eles, em um mundo "desencantado". Nasce um conceito, o de objetividade "pura", isto é, daquilo que resta quando se despojou o mundo de tudo o que constitui a sua particularidade, de seu vínculo com este ou aquele indivíduo, este ou aquele grupo, esta ou aquela história. É desse modo que, do ponto de vista da história, a objetividade, longe de representar um olhar absoluto sobre o mundo, aparece como uma maneira particular de construí-lo. É a cultura dos comerciantes burgueses que institui a visão de mundo em um agregado de objetos independentes dos observadores.

Não obstante, a linguagem da objetividade pura possui ainda raízes bem fundas; tem o seu lugar. Liga-se ao relato daqueles que devem poder contar o que viram a outros que não partilharam a mesma história. É nesse ponto que, segundo Latour, situa-se a diferença entre o conhecimento de um arquipélago polinésio da maneira é como vivida pelos nativos e a descrição que será feita por um observador ocidental (1983). Não se pode dizer que o explorador ocidental conhece *melhor* os arquipélagos da Polinésia do que os nativos; estes aliás são perfeitamente capazes de se orientar por ali, em geral bem melhor do que os exploradores. Contudo, a sua representação do mundo não é *transportável*; liga-se a sua vida. O seu relato não será compreendido em Paris, Londres ou Lisboa. Pelo contrário, o mundo ocidental criou métodos de descrição (tecnologias intelectuais) tais que, o que se observou nas Ilhas Marquesas pode ser "transportado" a Paris. A objetividade aparece, assim, como uma maneira de ver o mundo que permite destacar aquilo que se vê da globalidade: a civilização moderna dispõe de representações mentais mediante as quais ela vai poder inserir descrições de objetos separados. A "objetividade", então, não existiria por si mesma, mas seria a produção de uma cultura.

Essa atitude de objetividade diante de uma natureza considerada como passiva pode também ser relacionada com as maneiras de perceber a relação homem-mulher. Assim, I. Stengers (1984) mostra como, para se libertar, a ciência moderna lutou contra uma concepção animista da natureza, em que a "feiticeira" tem um lugar importante. A feiticeira simboliza uma relação com "a natureza que é também temível e dotada de poder". Ela se comunica com a Natureza "de maneira não racional, mas eficaz". Ao passo que, segundo Stengers, para a ciência moderna, a metáfora feminina, para falar da Natureza, remete a "uma mulher passiva, que se pode penetrar à vontade, que se pode conhecer ao penetrar, que não é mais temível; a análise de uma série de textos permite estabelecer um paralelo entre a descoberta coletiva da Natureza, a sua apropriação coletiva e uma espécie de violação coletiva, penetração coletiva dos homens em posição de iniciativa voluntarista em relação a algo que é por si submisso, entregue ao conhecimento, que basta ter vontade de penetrar para conhecer" (cf. também Elzinga, 1981; Easlea, 1980; Mendelsohn, 1977; Merchant, 1980).

Uma objetividade permitindo uma comunicação universal

As descrições "objetivas" que se pode fazer tanto em Oslo como em Nápoles dão efetivamente a impressão de um discurso universal. Tem-se também a impressão de que o discurso científico está completamente separado do discurso particular das aldeias e de suas características culturais locais. Esquece-se porém que, para compreender uma descrição científica, *é preciso ter uma cultura científica*. A ciência forma uma linguagem comum que fornece pontos de referência aos cientistas assim como os elementos locais forneciam pontos de referência comuns a todos os seus habitantes. Sem essa linguagem comum, é impossível compreender "a objetividade" de um mapa ou a descrição de um sistema de polias por físicos. Um universo conceitual mental, interiorizado pelo cientista, substituirá o universo partilhado das aldeias: é essa cultura dos pré-requisitos que permite a um físico de Moscou explicar a seu colega de São Francisco a "mesma" experiência.

Para tomar consciência da importância dessa cultura científica partilhada, basta tentar ler uma obra "científica" do século XVI: logo se estará persuadido de que é necessária uma cultura comum para que a universalidade do discurso científico seja operacional. E aliás, basta aprender uma ciência (ou seja, aculturar-se, familiarizar-se com essa abordagem do mundo) para poder compreender os práticos dessa disciplina em todas as partes do mundo. Mas, se se convive o tempo suficiente com os nativos de determinada cultura, acaba-se compreendendo também a sua visão de mundo.

O segredo da universalidade da linguagem não residiria no fato de que, em todo lugar, as pessoas aprendem os mesmos pré-requisitos e constroem os mesmos laboratórios? Eles se compreendem por *terem uniformizado* a sua percepção do mundo, exatamente como fazem os habitantes de uma aldeia. O segredo do método científico teria suas raízes, portanto, nessa tradição burguesa da comunicação. A cultura burguesa teria inventado representações mentais que qualquer um pode isolar, interiorizar e por vezes até comunicar, sem compreender, enquanto as outras culturas pressupõem sempre, a fim de permitir a comunicação, o partilhamento total do mesmo meio. Daí o vínculo existente entre a emergência da ciência moderna e os modernos métodos de escrita ou de leitura.

A partir do século XII, com efeito, começa-se a escrever separando as palavras. Nessa época, torna-se possível ler um texto e fazê-lo compreensível a outro, mesmo que a própria pessoa não o compreenda (o que é rigorosamente impossível nas escritas não alfabéticas – os ideogramas ou os símbolos matemáticos –, ou nas línguas que não escrevem nenhuma vogal, como o hebraico). Na mesma época, começa-se a poder ler mentalmente, sem mexer os lábios. Elabora-se assim, pouco a pouco, uma maneira de pensar que apela cada vez menos ao corpo e mediante a qual pode-se realizar um trabalho intelectual sem que se esteja corporal ou pessoalmente implicado; o resultado dessa tendência mostra-se nos computadores, capazes de trabalhar por nós sem que compreendamos o que fazem (cf. a comunicação – inédita – de Ivan Illich na 2nd National Literary Conference, em Washington DC, fevereiro de 1987).

Então a universalidade da ciência é de tal modo diferente da universalidade de toda língua? Elas são todas universais, sob a condição de que as aprendam (permanece o mistério da tradutibilidade das experiências: como se dá que possamos traduzir uma língua em outras de maneira significativa, mesmo sabendo que é impossível traduzir tudo?).

Uma cultura do domínio

Uma outra diferença importante entre a mentalidade burguesa e a mentalidade anterior liga-se ao desejo de controlar e dominar o seu meio. Na aldeia autossubsistente da Idade Média, as pessoas se inserem. A mentalidade burguesa, pelo contrário, tenta-se dominar. A noção de investimento liga-se aliás a essa tentativa de domínio: trata-se, como a formiga de La Fontaine, de prever, calcular, de jamais se deixar pegar desprevenido. A matemática será um instrumento útil nessa arte da previsão, em meio a uma sociedade mercantil. A moral, também, surgirá como um controle das paixões, um domínio de si (Fourez, 1984).

O que permitirá aos conquistadores dominar o planeta será, aliás, a arte da previsão, do cálculo, do domínio. Pouco a pouco, essa capacidade dos ocidentais em ver o mundo de maneira independente dos sentimentos humanos, mas unicamente em razão de seus projetos de domínio, revelar-se-á de extraordinária eficácia. Os navegadores serão capazes de transportar os seus conhecimentos de um lugar a outro. O seu saber, porque despojado do que é individual e local, vai aparecer como cada vez mais universal.

A partir do momento em que se retirou de uma maçã o que faz a sua particularidade, o que lhe dá um gosto especial porque foi oferecida por alguém ou porque cresceu em uma macieira particular, torna-se possível falar do conceito *universal* da maçã. Torna-se possível vendê-la, produzi-la, neste mundo cada vez mais unidimensional do comerciante (Marcuse, 1968). Para o universo da burguesia, que é também o da ciência, os objetos perdem cada vez mais o que constitui a sua particularidade para se tornarem objetos de cálculo e domínio. A moral, e a moral sexual em particular, não surgirá mais como o respeito a uma ordem mais ou menos sagrada, mas simplesmente como um cálculo, de mais em mais utilitário, a fim de dominar o mundo e organizá-lo da melhor forma (Foucault, 1976). E, paralelamente, o indivíduo torna-se o centro do mundo observado e de seu destino ético.

Eficácia e limites do domínio científico

A ciência moderna ligou-se dessa forma à ideologia burguesa e a sua vontade de dominar o mundo e controlar o meio ambiente. Nisto ela foi perfeitamente eficaz. Foi um instrumento intelectual que permitiu à burguesia, em primeiro lugar, suplantar a aristocracia e, em segundo, dominar econômica, política, colonial e militarmente o planeta.

Durante séculos sentiu-se a eficácia desse método e os seus sucessos serviram de base às ideologias do progresso. De fato, os benefícios resultantes foram enormes: foi graças à produção da sociedade burguesa, à sua ciência e à tecnologia que a vida humana conheceu múltiplas melhorias. Foram a ciência e a técnica que impediram que as pessoas ficassem completamente dependentes da energia, dos aspectos aleatórios do clima, de uma fome sempre ameaçadora e assim por diante. A civilização burguesa produziu, para praticamente todas que se juntaram a ela, bens múltiplos, não somente para os mais ricos mas, pelo menos em sua última fase, para todos nos países ocidentais. Graças a elas a maioria da população se beneficia de um bem-estar econômico que os mais ricos não poderiam sonhar há alguns séculos.

Não obstante, as recentes evoluções da sociedade, os perigos da poluição, a corrida armamentista – em especial as armas atômicas –, os problemas da energia, entre outros levaram um número cada vez maior de pessoas a se questionar a respeito dessa atitude de domínio. Quando os seres humanos se constituem como senhores solitários do mundo, em exploradores da natureza e, muitas vezes, como calculadores em relação à própria vida, é, a longo termo, possível ainda viver?

É essa atitude de domínio desejável no que se refere a todas as coisas? Em certos campos, em todo caso, ela parece ter chegado a um fracasso. É o caso em particular da ética sexual. A partir do final do século passado, Freud mostra os limites de uma ética sexual baseada no domínio e controle das paixões e da sexualidade: ela conduzia a tantos problemas de patologia psíquica que, afinal, muitos a julgaram inadequada (Freud conservou, no entanto, um projeto de "controle" tipicamente burguês: a psicanálise é um método, baseado no indivíduo, para ferir suas paixões – ou pulsões). Hoje, em especial com o movimento ecológico, muitos se perguntam se a ciência e a tecnologia acarretam sempre necessariamente a felicidade aos seres humanos (interessante nesse nível é a evolução de Leprince-Ringuet, 1978).

Em nossa sociedade, assistiu-se a uma espécie de revolta diante da atitude técnico-científica. A civilização da ciência, civilização da precisão, da escrita é recolocada em questão, como o demonstra o desejo de muitos de reencontrar um contato mais autêntico com a natureza. O limite da gestão do mundo pelo técnico-científico se torna patente quando se considera a incapacidade do progresso em resolver os problemas sociais do mundo – e em particular a sua incapacidade de suprimir as dominações humanas, principalmente aquelas criadas pela indústria e pela exploração do Terceiro Mundo (dois produtos da sociedade burguesa). Parece que a ciência não é de modo algum eficaz para resolver as grandes questões éticas e sociopolíticas da humanidade (Reeves, 1986). Mais ainda, alguns lhe atribuem um papel no estabelecimento das desigualdades mundiais (Moraze, 1979).

É por isso que, hoje, muitos, ao mesmo tempo que reconhecem a eficácia e a *performance* da ciência e da técnica, recusam-se a reduzir a elas a sua visão do mundo.

Da física, paradigma das ciências eternas, à história da ciência

A lenta deriva da civilização ocidental ("deriva" no sentido da deriva dos continentes) em direção a uma atitude cada vez mais científico-técnica estruturou-se em torno de uma disciplina particular: a física. A partir do século XVI, aqueles que serão mais tarde chamados de físicos (ou mecanicistas) começaram a criar para si uma representação do mundo na qual os objetos não possuíam mais nada de subjetivo, de animado. O mundo dos astros obedecia a leis frias, a um determinismo que logo seria chamado, como a linguagem de "universal".

Nesta perspectiva, a história não existe mais, já que um sistema começa com suas condições iniciais, qualquer que seja a maneira pela qual essas últimas ocorreram. Com a mecânica analítica, o tempo perderá a sua orientação privilegiada e será reduzido a uma nova dimensão espacial. A matemática fornecerá então à física uma linguagem em que cada ponto do espaço será percebido como equivalente a um outro. Do mesmo modo que, para o comerciante, todos os objetos se tornam mercadoria e são reduzidos a esse equivalente geral que é a moeda; assim também, para os cientistas, tudo se tornará mensurável e o mundo transformar-se-á em cifras, perdendo a sua particularidade e tornando-se a mera expressão de leis absolutamente gerais. Tal perspectiva não será exclusiva da física. Todas as disciplinas, aí incluídas as ciências humanas, tentarão copiá-la. Em biologia, por exemplo, Monod falará de um mundo desencantado, onde tudo deve ser remetido às causas iniciais, por meio do acaso ou da necessidade (Monod, 1970).

Será preciso esperar o século XX e em particular os trabalhos de Prigogine, para que se volte a introduzir a noção de história de um sistema físico, para que se considere novamente a Natureza como podendo produzir coisas originais, novas, acontecimentos que não estavam inteiramente descritos pelas leis universais nas quais se queria encerrar tudo.

Durante sua evolução, a ciência pouco a pouco apagou as suas origens. Esqueceu as questões do cotidiano que fizeram surgir a física, a medicina, a informática, para pretender que só existe uma ciência universal. Começou-se a acreditar que tudo depende de raciocínios que podem ser os mesmos em qualquer lugar e se supõe que o discurso científico obedece a uma racionalidade independente de qualquer época. O *laboratório* é essa invenção genial por meio da qual os cientistas controlam o ambiente para que as experiências se realizem segundo as condições previstas pelo paradigma: desse modo, os resultados serão sempre transponíveis... sob condição de controlar o ambiente por intermédio de um laboratório equivalente, ou possuir um ambiente totalmente equivalente àquele onde se obtiveram os resultados (Latour, 1982).

Esqueceu-se que o que dá à ciência uma aparência universal é precisamente esse desenraizamento dos comerciantes, que não descrevem de modo algum o mundo tal como é, mas apenas *um mundo tal como pode ser relatado*, narrado e controlado de um lugar a outro. E obnubilam-se dessa forma todos os desvios dos raciocínios científicos, todas as negociações da observação, todos os componentes afetivos, religiosos, econômicos, políticos da prática científica, a fim de reter somente uma imagem relativamente abstrata. "Endurecem-se" desse modo os enfoques científicos, a ponto de apagar tudo o que possuem de relatividade histórica (Stengers, 1987).

A maneira pela qual se escrevem os artigos científicos é significativa, desse ponto de vista: só se descreve o "raciocínio científico" e, de modo algum, o processo concreto seguido; quando se pretende dizer o que se fez, apresenta-se um percurso relido por intermédio dos resultados.[2]

Foi desse modo que a história da ciência frequentemente suprimiu a sua dimensão histórica. Ao escrevê-la, só raras vezes se buscou reencontrar a singularidade do passado; pelo contrário, procurou-se mostrar o desenrolar do progresso científico, percebido em geral como inexorável e tão linear quanto o universo de Laplace (ou quanto o materialismo dialético de certos marxistas; cf. Sarton, 1927-1948). A história da ciência assemelha-se portanto aos raciocínios apresentados nos artigos científicos: só se relata aquilo que, a posteriori, parece útil, racional, científico. Desse ponto de vista, o "progresso" avança sempre com uma lógica implacável, racionalizando os caminhos percorridos para se chegar onde se está.

Para o olhar crítico, a ciência surge como uma instituição humana, com todas as suas particularidades históricas. Assemelha-se a uma "estrutura dissipativa". Configurou-se dentro de uma evolução histórica fervilhante: uma certa racionalidade e um certo

---

2 O exemplo mais típico dessa reescritura, e bem estudado pelos historiadores (Holton, 1986, p.9-12), é o de Millikan, em seu famoso artigo "provando a existência" dos elétrons. Mesmo que a maneira pela qual ele "picareteou" os seus relatórios de experiência pareça pouco compatível com a ética científica normalmente admitida, trata-se apenas de um caso extremo extrapolando as práticas correntes (cf. Latour, 1984).

discurso se construíram e se estruturaram gradualmente no Ocidente burguês e deram aos métodos e saberes científicos a forma que conhecemos hoje. É historicamente que as disciplinas se separaram do modo como vemos hoje. Semelhante evolução não obedece a uma lógica predeterminada, mas depende de escolhas (em geral não intencionais). Essas escolhas científicas – como todas as escolhas tecnológicas, aliás – ocorreram ao sabor do acaso, ao longo da história, por uma série de motivos "razoáveis", mas não determinantes. Foram também condicionadas pelas estruturas de sociedade e por relações humanas, com todas as dominações e lutas sociais e econômicas por elas implicadas.

Não obstante, a história da ciência poderia ser feita de maneira inteiramente diferente. Do mesmo modo que é possível perguntar-se o que teria ocorrido na história do automóvel se tivesse sido o motor elétrico a predominar antes do final do século XIX, também é possível colocar questões sobre o que teria sido dos resultados científicos se algumas escolhas fossem diferentes. Em ambos os casos, porém, é impossível querer saber o que teria sido o futuro, caso outras escolhas tivessem sido feitas. Permanecerá para sempre desconhecido o que teria podido acontecer caso os motores elétricos tivessem sido escolhidos, assim como jamais saberemos que conhecimentos teríamos, caso a física não tivesse seguido a forma que lhe deram Galileu, Newton e seus contemporâneos. Além disso, um número cada vez maior de historiadores da ciência estudam hoje os debates do passado, evitando olhar para tudo com o olhar do que foi declarado "vencedor" (cf. Pandore, 1982; Latour, 1984; Stengers, 1987).

Entretanto, é possível descrever e examinar toda uma série de condicionamentos da história tal como ela ocorreu. Pode-se ver, por exemplo, quais foram os fatores econômicos, culturais, políticos que contribuíram para o desenvolvimento técnico do motor a explosão dos automóveis. Pode-se examinar também quais são os fatores econômicos, militares, industriais etc. que condicionaram o desenvolvimento da física. Pode-se examinar as diferenças de sociedade que podem ajudar a esclarecer a heterogeneidade da evolução do saber no Ocidente e na China (Needham, 1972). Todavia, tudo parece indicar que esses desenvolvimentos não seguem regras e leis universais, como pareciam acreditar tanto as ideologias da racionalidade científica quanto as do materialismo dialético marxista.

O casamento da ciência e da técnica

Para muitos de nossos contemporâneos, parece evidente que ciência e tecnologia estejam ligadas. Ainda mais, que é a ciência que permite o desenvolvimento da técnica.

Semelhante visão não parece de modo algum sustentar-se historicamente. Com efeito, durante muito tempo, ciência e técnica se desenvolveram em separado. Na verdade, muitas vezes foi a técnica que esteve em avanço em relação às compreensões teóricas. Havia máquinas a vapor, por exemplo, bem antes que se falasse no ciclo de Carnot.

O casamento entre ciência e técnica operou-se de duas maneiras diferentes, de acordo com a época. Assim, o início da biologia marcou-se pelos trabalhos dos médicos. O desenvolvimento da química no século XIX, na Alemanha, foi fortemente condicionado pelas indústrias de corantes. E a siderurgia, assim como as indústrias de metais não ferrosos e outras, irão, desde o século XIX, caminhar lado a lado com o progresso da química. A física e a biologia levaram mais tempo para industrializar-se, o que acabou ocorrendo, em relação à primeira, com a produção elétrica, a indústria atômica, os semicondutores etc. Atualmente, a biologia, com a engenharia genética, em uma escala bem maior do que ocorreu com as indústrias anteriores da fermentação, passa por uma profunda transformação, em sua industrialização. Quanto à informática, pode-se dizer que ela praticamente nasceu industrializada.

Independentemente desses desenvolvimentos históricos, o fato é que, hoje, ciência e tecnologia parecem estar completamente ligadas. A um ponto em que se torna difícil determinar que desenvolvimentos devem ser considerados como "técnicos" e quais, "científicos". Como se vê no caso dos semicondutores, um "progresso" técnico acarreta um "progresso científico" e vice-versa, de maneira quase contínua (MacDonald, 1975). O casamento entre técnica e ciência, portanto, parece consumado. Em que medida isto modificará, concretamente e de maneira progressiva, o método científico, ou seja, os métodos para produzir resultados? Já se pode observar essas mutações ao se examinar o vínculo das universidades com as indústrias. O futuro dirá, sem dúvida. Em todo caso, esse casamento mostra, a quem duvidar possa, que não existe uma só ciência: a prática científica modifica-se sem cessar. Finalmente, a "palavra" ciência recobre mais uma prática que julgamos útil condensar em uma só noção do que um objeto que seríamos forçados a reconhecer. É por isso que, para conhecer o fenômeno que constitui a ciência, se impõem abordagens sociológicas e históricas.

A sociologia da ciência moderna

Historicamente, a ciência é um fenômeno de sociedade. Foi também o que constataram sociólogos que começaram a estudá-la como tal.

As primeiras pesquisas no campo das ciências humanas relativas à ciência não concerniam de modo algum ao próprio processo de produção dos resultados científicos (Bloor, 1982). Não se considerava que a ciência como tal pudesse ser estudada pela sociologia, mas admitia-se que, *em torno da ciência*, toda uma série de fenômenos podia ser considerada, seja pela *sociologia*, seja pela *psicologia*. Assim, o psicólogo da ciência podia interessar-se pelas razões e motivações que levavam um cientista a fazer ciência. Os sociólogos da ciência podiam considerar os vínculos existentes entre os cientistas e outras instituições sociais. Estudava-se, por exemplo, a maneira pela qual o mecenato dos príncipes fornecera subsídios às pesquisas. Do mesmo modo, as relações entre as orientações de pesquisa e os interesses militares ou industriais podiam ser avaliadas em termos de valor. Contudo, não se estudava a prática científica como tal, mas o meio em que se produzia.

Uma segunda corrente, representada pelo sociólogo Merton (1973), interessou-se mais diretamente pela prática científica. Não se tratava mais de ver apenas o vínculo entre os cientistas e outras instituições, mas de estudar também a própria *sociologia da comunidade científica*. Sem analisar os conteúdos científicos ou os resultados das pesquisas (sempre consideradas como da ordem do racional e, portanto, impossíveis de serem estudadas sociologicamente), os sociólogos queriam compreender os usos e costumes dos investigadores, as suas maneiras de se organizar, a sua carreira, a sua maneira de competir, as suas ambições etc. Fez-se assim uma sociologia da comunidade científica. Efetivamente, as carreiras desses pesquisadores, os tipos de recompensas que lhes eram propostas, as maneiras pelas quais obteriam retribuição, a burocracia das organizações e das publicações científicas, os congressos, os modos de redigir as comunicações, as relações sociais em um laboratório, os métodos de avaliação de projetos, tudo isso podia propiciar pesquisas sociológicas. Entretanto, continua não se considerando os conteúdos científicos.

A terceira corrente caracteriza-se pelos trabalhos de Thomas Kuhn e sua noção de *matriz disciplinar ou paradigma* (1972). Desta vez, aceita-se que a pesquisa científica é influenciada pelo seu ponto de partida, suas "lentes", seus preconceitos, seus projetos subjacentes etc. Aqui, a sociologia – ou história da ciência – começa a considerar *como os elementos sociais podem estruturar o conhecimento científico*.

Quando se trata de estudar sociologicamente a medicina científica, por exemplo, vimos que a própria organização dessa disciplina acha-se ligada a um paradigma que privilegia a intervenção, o diagnóstico, o microscópico, o biológico etc., mais do que os elementos ligados ao meio, à higiene, aos valores e assim por diante. Do mesmo modo, o paradigma da matemática não deixa de estar relacionado à prática dos comerciantes, que devem estabelecer compatibilidades, ou a dos navegadores, que devem calcular a sua posição, ou a dos engenheiros ou, enfim, administradores interessados pelos organogramas das empresas.

Com a noção de paradigma, os sociólogos começam a perceber que *os próprios conteúdos da ciência se estruturaram em torno de projetos, preconceitos e até mesmo dominações sociais* que podem ser estudados. Estudos em que a sociologia e a história estão em contato constante, pode-se chegar a considerar, por exemplo, uma homologia entre as hierarquias feudais e as hierarquias dos planetas no sistema astronômico da Idade Média; entre o sistema heliocêntrico de Copérnico e o sistema político no qual o rei é o centro do poder (a expressão "rei sol" não é inteiramente casual).

Com a noção de paradigma de Kuhn, o aspecto institucional dos conteúdos era posto em evidência. No entanto, em um primeiro período, os sociólogos se interessaram pela influência dos fenômenos sociais sobre o paradigma e sobre a prática científica, ao mesmo tempo em que conservavam, como pano de fundo, como uma ideia reguladora, a ideia de um *núcleo duro da ciência*. Consideravam que, no centro do trabalho científico, havia elementos que representavam uma *objetividade absoluta*, mesmo que na *periferia* se pudesse perceber os condicionamentos das disciplinas e sua relatividade histórica. A história e a sociologia da ciência eram capazes de falar de tudo o que girasse em torno desse núcleo, mas a própria *racionalidade científica* permanecia ao abrigo das pesquisas psicológicas ou sociológicas: ela só dependia da razão pura.

Filósofos, historiadores e sociólogos da ciência acabaram denunciando essa idealização da história e da sociologia da ciência, e mostraram que, no que se denomina de racionalidade científica, entram elementos psicológicos e sociológicos. Nós o vimos ao examinar como a "descrição objetiva das coisas" está sempre ligada a elementos contingentes. Filósofos da ciência como Feyerabend (1965), ou sociólogos da ciência como Bloor (1976), ou prêmios

Nobel como Prigogine (1979; cf. também Lakatos & Musgrave, 1970) consideram agora que a ciência é um produto da história humana, e está ligada a essa história. O *próprio conteúdo da ciência surge como uma criação humana, por e para seres humanos*: começa-se a estudar a ciência como uma atividade humana qualquer, sem a priori sobre o seu valor e, portanto, com pressupostos agnósticos quanto à natureza da ciência e quanto à verdade de seus resultados. Estudos sócio-históricos examinam a prática científica sem estabelecer uma diferença entre os cientistas que teriam "razão" e os que, historicamente, estiveram errados.

A partir de 1965, também, começou-se a fazer análises detalhadas das práticas de laboratório. Uma das primeiras foi a de Georges Thill, sobre um laboratório de partículas elementares (1972; assinalemos também Latour & Woolgar, 1981). Por meio de análises minuciosas, esses estudos mostram, como já indicamos, como aquilo que parece ser o núcleo duro da ciência é produzido por meio de negociações humanas observáveis. É desse modo que, hoje, a tendência dominante é acreditar que o "núcleo duro da ciência" consistia apenas em um artefato das categorias utilizadas. Essas pesquisas, tendendo a mostrar de que modo os resultados e conceitos científicos são eles mesmos objeto de certos condicionamentos sociais, foram denominadas de "programa forte da sociologia da ciência"(Bloor, 1982).

Segundo esses sociólogos da ciência, a eterna objetividade das observações científicas, muitas vezes com pretensões a uma objetividade absoluta, só aparenta ser eterna devido à familiaridade com um certo número de pressupostos e de categorias. Assim, só posso observar o riacho da montanha sob condição de possuir as categorias de queda-d'água, de riacho, de montanha etc. A objetividade dita "eterna" dependeria portanto de categorias intelectuais ou tecnologias intelectuais utilizadas. Como mostrou David Bloor (1982), a própria "lógica" dependeria da sociedade da qual faz parte: não se trata mais da lógica eterna, mas antes de uma espécie de resumo das regras que utilizamos para colocar em ordem o nosso meio circundante, regras que parecem, aliás, extremamente eficazes.

Essa perspectiva, no entanto, não faz com que se considere a ciência como um puro jogo de pensamentos. Ela possui uma objetividade relativa, ou seja, ela possui uma maneira eficaz ao extremo de ordenar a nossa percepção, em nosso mundo, e comunicar o tipo de ordem que podemos utilizar conjuntamente. Dizer que ela é historicamente condicionada não é negar a sua autonomia. Assim, uma vez definida uma problemática matemática, ela desenvolver-se-á no tempo, sem que seja preciso procurar de que modo os teoremas seriam condicionados do ponto de vista social e histórico. A imagem das estruturas dissipativas mais uma vez ajuda a esclarecer: um furacão nasce em um lugar preciso por causas indetermináveis, em meio a um condicionamento físico preciso. Porém, uma vez existindo, a estrutura do furacão se desenvolve segundo a sua própria "lógica".

Dizer que a ciência é historicamente condicionada não é tampouco negar o seu valor e eficácia. A comparação com a tecnologia material pode demonstrá-lo: dizer que o desenvolvimento tecnológico é historicamente condicionado não significa que a tecnologia não seja eficaz em relação aos objetivos perseguidos. O que pensadores como Bloor negam é a pretensão de separar o que seria "pura e objetivamente científico" do que é historicamente condicionado (assim como, se considero a tecnologia do automóvel, não posso separar o que é historicamente condicionado do que seria "eficaz").

É interessante considerar as resistências ao estudo sócio-histórico da ciência e comparar essas pesquisas com o estudo sociológico de outros fenômenos, em particular daqueles que se acreditou por muito tempo que não podiam ser estudados pelas ciências humanas: por, exemplo, os fenômenos religiosos. Em ambos os casos, houve uma resistência ao estudo sociológico, como se essa abordagem corresse o risco de ofuscar o caráter sagrado tanto da ciência quanto da religião.

De qualquer modo, é geralmente admitido, hoje, que tanto a religião quanto a ciência podem ser estudadas pelo sociólogo, sem necessariamente perder o seu valor e autenticidade, nem serem reduzidas ao que delas diz a sociologia. Entretanto, tanto alguns cientistas quanto alguns religiosos parecem temer não apenas o relativismo, mas também o "relativo". Contudo, o cristianismo poderia ser esclarecedor a esse respeito, pela consideração das doutrinas cristãs relativas à encarnação: segundo estas, uma realidade pode ser submetida às condições históricas e sociais ao mesmo tempo em que veicula uma mensagem de transcendência a qual, no entanto, não será jamais separada de suas condições históricas!

Haveria um vínculo entre a atitude de certos cientistas que querem a qualquer custo que a racionalidade possa ser encerrada em um núcleo duro designável, e a atitude estigmatizada na Bíblia pelo termo de idolatria, que pretende que o absoluto possa ser localizado em uma realidade finita? Muitos parecem ter dificuldade em acreditar que o essencial poderia não residir em uma racionalidade ou objetividade absolutas, mas no relativo da história humana. É sobre essa dificuldade que falava, sem dúvida, Saint-Exupéry quando apresentou o Pequeno Príncipe descobrindo a existência de milhares de rosas todas semelhantes à "sua": precisou de algum tempo para aceitar que o importante não residia em uma propriedade intrínseca especial que teria a sua rosa, mas na relação histórica e concreta com "sua" rosa.

O estatuto da história da ciência

Os desenvolvimentos contemporâneos da sociologia da ciência caminharam lado a lado com uma reflexão sobre a história desta. Até há pouco tempo, a maioria considerava que a história da ciência reproduzia a lenta progressão da racionalidade científica (Sarton, 1927-1948). Com bastante prudência, aliás, ela distinguia a história do saber científico dos elementos extrínsecos que podiam levar à compreensão dos elementos contingentes das descobertas científicas, mas nunca o núcleo duro da racionalidade científica.

Com frequência, a história da ciência desempenha um papel ideológico: narrar as grandes realizações dos cientistas, a fim de que a ciência seja apreciada por seu "justo" valor em nossa sociedade. Essa busca das raízes históricas da comunidade científica tem uma significação importante, na medida em que todo ser humano deseja experimentar a solidez e a profundidade de suas raízes. A história da ciência, vista desse modo, assemelha-se a essas histórias das nações destinadas a promover o espírito patriótico ou cívico. Isto não deixa de apresentar interesse, sem dúvida, mas, caso não se acrescente uma perspectiva crítica, semelhante enfoque arrisca-se a ser mistificador.

Existem várias maneiras de escrever a história da ciência. Assim, o livro de Ernst Mach, A *mecânica* (1925), se pretendia menos um hino para a grandeza da ciência do que um retorno à maneira pela qual os conceitos da física foram construídos. Essa pesquisa histórica pode, por exemplo, mostrar com que dogmatismo certos pontos da física podiam ser ensinados a partir do momento em que se aceitavam sem espírito crítico pontos de vista discutíveis. Mach mostrou, desse modo, como se havia "esquecido" todas as hipóteses que serviam de base à física newtoniana. Jogando com as palavras, poder-se-ia dizer que, ao mostrar o caráter relativo dos conceitos de espaço e de tempo (relativos no sentido epistemológico do termo), Mach preparou a teoria da relatividade (segundo o sentido da palavra em física).

A história da ciência pode estar, assim, a serviço da pesquisa científica, ao mostrar a relatividade dos conceitos utilizados, pondo em relevo a sua história e recordando quando e de que modo as trajetórias das construções conceituais na ciência chegaram a pontos de bifurcação. Ela pode, dessa forma, evidenciar as linhas de pesquisas que deixaram de ser exploradas e que poderiam, portanto, se revelar fecundas. Dessa maneira, pode-se educar a imaginação dos pesquisadores.

Nessa mesma linha de pensamento, a pesquisa no campo da história da ciência se dedicou ultimamente a estudar a história da ciência dos "vencidos" (Wallis, 1979). É desse modo que a história da ciência tem se dedicado às controvérsias científicas relativas a Galileu, Pasteur, à Escola de Edimburgo etc. Cada vez mais historiadores da ciência (assim como historiadores de outras especialidades) têm como projeto evidenciar a contingência dos desenvolvimentos históricos, querendo, desse modo, dar a perceber a impossibilidade de reduzir a história a uma lógica eterna. A pesquisa histórica tende a mostrar que a ciência é realmente um empreendimento humano, contingente, feito por humanos e para humanos.

Por fim, a história da ciência pode ser relacionada ainda a múltiplos aspectos: vínculo entre a ciência e a tecnologia, condicionamento da comunidade científica, interação entre a ciência e outras instituições sociais etc.

Resumo

A *ciência moderna, instituição histórica*:

- modo específico de conhecimento desenvolvido no Ocidente e ligado à burguesia;
- ruptura com o meio "sacralizado" da Idade Média;
- nascimento de um paradigma do "comerciante burguês": interioridade, objetividade, cálculo, compreensão, domínio; a ciência e a linguagem sexuada;
- eficácia; ideologia de um saber universal e de um progresso constante; como compreender a universalidade dos discursos científicos;
- críticas recentes devidas à poluição, à corrida armamentista, à negação dos desejos humanos etc.;
- a física, paradigma histórico da ciência.

A *sociologia da ciência*:

- quatro etapas do desenvolvimento de seu objeto: em torno da ciência, a comunidade científica, a estruturação histórica dos paradigmas, os próprios conteúdos (programa forte da sociologia da ciência);
- o caráter relativo da objetividade da ciência não diminui em nada a sua eficácia;
- o estatuto da história da ciência.

CAPÍTULO 7
CIÊNCIA E IDEOLOGIA

Discursos ideológicos e eficácia crítica da ciência

Denominam-se discursos ideológicos os discursos que se dão a conhecer como uma representação adequada do mundo, mas que possuem mais *um caráter de legitimação* do que um caráter unicamente descritivo (sobre os discursos ideológicos, ver Fourez, 1979; também Mannheim, 1974; Gramsci, 1959; Habermas, 1973; Bloor, 1973; Douglas, 1970). Considerar-se-á então que uma proposição é ideológica se ela veicula uma representação do mundo que tem por resultado *motivar as pessoas, legitimar certas práticas e mascarar uma parte dos pontos de vista e critérios utilizados*. Dito de outro modo, quando tiver como efeito mais o reforço da coesão de um grupo do que uma descrição do mundo.

Assim, as proposições "as mulheres são seres frágeis", "o homem é mais inteligente do que o macaco", ou "os países desenvolvidos exploram o Terceiro Mundo" são proposições ideológicas na medida em que o que é visado principalmente por elas é uma certa legitimação. Ao dizer que o homem é mais inteligente do que o macaco, está se referindo de maneira geral a um conceito de inteligência mal definido. Do mesmo modo, quando se diz que os países desenvolvidos exploram o Terceiro Mundo, o conceito de exploração é também vago. E não precisamos falar da representação do mundo veiculada quando se fala das mulheres como seres frágeis.

Os efeitos dos discursos ideológicos podem, por vezes, ocultar a semelhança de práticas que possuem importantes pontos em comum. Assim, caso se peça uma descrição de uma prática mediante a qual as pessoas deixam alguém dispor de uma parte íntima delas mesmas, de sua criatividade profunda, e isto por dinheiro, muitos são levados a pensar na prostituição. E de fato essa prática corresponde muito bem à descrição proposta. Muitos poucos, porém, se dão conta de que o contrato de trabalho também corresponde ao mesmo esquema: pelo dinheiro, as pessoas aceitam vender a sua criatividade e deixar à outra pessoa a decisão do que fazer com ela. A maneira pela qual se mascaram essas semelhanças é típica de um efeito ideológico. O mesmo ocorre ao se falar da prática de um governo que envia milhares de pessoas a milhares de quilômetros, em um clima pouco familiar e onde muitos perderão a vida. A maioria dos ocidentais pensaria no campos da Sibéria; mas o envio de jovens americanos ao Vietnã, durante os anos 60, corresponde à mesma descrição. O que faz com que essas práticas pareçam diferentes é um efeito ideológico por meio do qual as oposições entre as duas situações são privilegiadas e as semelhanças diluídas.

Crítica da ideologia pela ciência

Fala-se de uma *crítica da ideologia* quando se coloca em evidência os pontos de vista, as origens e os critérios subjacentes aos discursos ideológicos. Se observo, por exemplo, que a proposição sobre a fragilidade das mulheres está ligada à representação dominante que faz a seu respeito uma sociedade patriarcal, desvendei um funcionamento ideológico, criticando-o. Nos capítulos anteriores, fizemos a crítica ideológica de uma concepção absoluta da objetividade científica e vimos como ela se ligava à diluição dos projetos humanos e dos interesses veiculados pelos paradigmas científicos.

O *discurso científico* pode servir para criticar as ideologias (Kemp, 1977; Fourez, 1979b; Rasmont, 1987). Pode-se assim, por meio de uma ruptura epistemológica, definir de maneira operacional o que se entende por "inteligente". Pode-se estabelecer, por exemplo, uma bateria de testes da qual dir-se-á que mede a inteligência. Torna-se possível então medir se, nesse âmbito específico, o homem é mais inteligente do que o macaco. Existe, porém, uma distância entre o conceito global de inteligência que funcionava de maneira ideológica para legitimar uma certa relação entre o homem e o macaco e o conceito de inteligência definido de maneira precisa e pontual graças a uma bateria de testes. O segundo é apenas uma *tradução* parcial do primeiro. Só se refere a testes locais e não pode jamais fornecer uma proposição mais geral.

O mesmo ocorre com o conceito de exploração. Se, por exemplo, define-se uma exploração de um país por um outro como uma situação na qual se transfere uma quantidade maior de dólares do país explorado ao país explorador do que o contrário, pode-se construir um teste experimental para verificar se existe de fato exploração. Contudo, essa definição "científica" (após a ruptura epistemológica) não recobre a proposição geral anteriormente dada. Assim mesmo, o seu interesse consiste em que, à questão precisa de saber se há uma maior quantidade de dólares indo da América do Sul para a do Norte do que o contrário, posso responder com certa precisão, ao passo que a proposição geral: "a América do Norte explora a América do Sul?" não pode ser testada.

De modo semelhante, diante da proposição ideológica "a raça amarela é superior à raça branca", podemos encontrar definições mais precisas, ligadas a testes, que fornecerão conteúdos passíveis de verificação pontual a essa tese ideológica global. O caráter ideológico do conceito geral de "raça amarela" pode então ser desvendado quando se percebe que não existe definição correspondente no âmbito específico da biologia (Rasmont, 1987). Do mesmo modo, se alguém afirma que as finanças do Estado estão em perigo por causa do excesso de desemprego, pode-se elaborar testes para ver até que ponto semelhante proposição se sustenta. Pode-se comparar, por exemplo, as perdas para as finanças públicas devidas ao desemprego àquelas devidas à fraude fiscal. Testes como esse podem ter efeitos críticos importantes. É possível ainda, diante do discurso sobre a previdência social ou sobre o risco das centrais nucleares, elaborar testes baseados em resultados científicos. Assim, pode-se demonstrar que, se uma central corresponde a determinado modelo teórico, ela não pode atingir as massas críticas, consideradas pela teoria como necessárias para que ocorra uma explosão atômica.

A redução de uma proposição global a uma proposição particular precisamente definida tem vantagens evidentes mas também limites. O principal inconveniente provém de que a segunda suprime o *sentimento* presente no primeiro. E essa supressão acarreta frequentemente um efeito de "recuperação". Se, por exemplo, um estudante diz que os horários dos exames são malfeitos, temos uma proposição global exprimindo um sentimento *vivido*. A fim de precisar essa proposição dentro de um âmbito conceitual mais elaborado, será preciso introduzir critérios para definir o que se entende por "horários malfeitos". Depois desse trabalho, é provável que os estudantes se sintam "recuperados" porque eles têm a impressão de que o trabalho de conceitualização, com as reduções inevitáveis que ele comporta, eliminou o sentimento de profundo aborrecimento (*ras-le-bol*) que tinham, depois de todas essas precisões.

Herbert Marcuse, em seu livro O *homem unidimensional* (1968), mostrou de que modo a nossa sociedade moderna recupera as pessoas, conduzindo os seus protestos globais ao discurso preciso porém unidimensional, da racionalidade dos conceitos definidos de acordo com paradigmas. Em tempos de crise econômica, por exemplo, os grevistas têm a impressão de que a tradução de seu protesto em termos econômicos é apenas uma maneira de fazê-los se calarem, recusando escutar o seu sentimento de que a situação torna-se intolerável. O discurso racional, desse modo, pode suprimir muitos protestos, pelo menos até o momento em que o sentimento explode, mas então com violência.

A ciência é, portanto, um dos métodos mais poderosos para criticar as proposições ideológicas: se estas não podem jamais ser provadas ou falseadas em sua globalidade, pode-se, dentro de uma perspectiva voluntarista popperiana, decidir efetuar determinados testes que podem colocar em evidência os limites de certos discursos ideológicos.

Considerações científico-técnicas podem ser mais ou menos convincentes na crítica ideológica. Elas o são com frequência menos do que acontecimentos do cotidiano. Assim, se um discurso – necessariamente ideológico – sobre a segurança de um navio afirmava que ele não podia naufragar com um tempo calmo, bastará um naufrágio como o do *Herald of Free Enterprise* para que ele seja considerado inadequado. Porém, colocar-se-ão em dúvida os discursos que afirmam, com base em um modelo técnico-científico, a segurança ou insegurança de uma dada situação: sabe-se bem como os pontos de vista entram nas argumentações e, principalmente, aqueles que conduzem à modelização, a fim de dar crédito rapidamente a esses argumentos. Quando os interesses em jogo são importantes – como no caso das centrais nucleares depois de Chernobyl – vê-se o tempo todo oporem-se discursos ideológicos baseados no cotidiano e aqueles que utilizam modelos técnico--científicos. Precisaremos voltar a esse ponto ao examinarmos o fenômeno dos especialistas.

No decorrer dos últimos séculos, a ciência se revelou instrumento extremamente poderoso para criticar as ideologias: graças a seus testes pontuais, puseram em questão os abusos de saber, presentes em muitos discursos éticos, religiosos, políticos etc. É desse modo que ela obteve o reconhecimento de sua capacidade de luta contra muitos "obscurantismos". Não obstante, ela mesma parte de uma evolução sócio-histórica, é incapaz de apresentar uma verdade global e universal em substituição aos discursos ideológicos. Nisto, decepcionaram aqueles que viam nela a fonte de uma luz absoluta.

No âmbito desta obra, atribuímos uma particular importância aos críticos das ideologias que atuam mediante a utilização de testes pontuais e precisos, especialmente os científicos. Assinalemos no entanto que há uma outra maneira pela qual a crítica das ideologias se pratica: por meio de grandes ideias ou sentimentos filosóficos, éticos ou religiosos (Kemp, 1977). Assim, diante da ideologia racista do nazismo, a ideia de fraternidade, tal como veiculada pela maioria das éticas ocidentais e pelo cristianismo, é uma pedra fundamental, que pode levar as pessoas a refletirem e a se distanciarem de semelhante ideologia.

Incapacidade da ciência em esclarecer inteiramente as questões éticas

A distância entre o discurso global e as proposições pontualmente testáveis aparece claramente no que se refere a certos problemas éticos. O escritor Vercors, por exemplo, escreveu um romance (1952) no qual mostra a dificuldade de reconhecer a diferença entre seres humanos e androides avançados. O problema ético-político dessa distinção está em saber até que ponto os "direitos do homem" devem ser, ou não, aplicados a esses androides (de maneira mais simples, o romance perguntava-se se se podia explorá-los como mão de obra barata ou servil). Vercors mostra de que modo diversas disciplinas científicas podem vir depor sobre a maneira com que veem, de acordo com suas lentes, mas não tendo nenhuma resposta clara e sem ambiguidade.

Uma questão do mesmo tipo se coloca diante da ética do aborto. Quando se coloca a questão: "a partir de que momento um embrião deve ser tratado como um indivíduo humano?", trata-se manifestamente de uma questão ideológica global ligada a legitimações. Pode-se dar toda uma série de definições científicas do que seria um "indivíduo humano", mas sempre existirá uma enorme distância entre a definição científica de vida humana e a questão da legitimação levantada por essa questão ideológica. Se defino o indivíduo humano como um embrião dotado de um patrimônio genético completo, isto corresponde à questão do valor da vida humana a que ideologicamente se visa? E se o definíssemos como um ser capaz de viver de maneira autônoma, qual seria a diferença? E se tomássemos de empréstimo os critérios da individualidade humana às relações descritas pelos psicólogos? Vê-se por aí que as definições fornecidas pela ciência são incapazes de resolver a questão global colocada (Kemp, 1987; Malherbe, 1985 e 1987; Rasmont, 1987).

A definição científica de vida humana será sempre o resultado de uma escolha, de uma decisão epistemológica e dificilmente poder-se-ia encontrar aí os fundamentos de uma justificação absoluta de qualquer coisa. Entretanto, certas experiências científicas podem mostrar a coerência, ou incoerência, sobre alguns pontos de um discurso ideológico. Não é fácil conciliar, por exemplo, o discurso segundo o qual a individualidade humana é completamente adquirida ao observar que um embrião pode se dividir em gêmeos idênticos depois de alguns dias. Desse modo, o discurso científico pode a qualquer momento colocar em questão as nossas visões mais globais da existência.

A noção de "tradução" pode aqui, de novo, mostrar-se prática. Existe, com efeito, entre a concepção global e ideológica da individualidade e não importa qual experiência biológica, uma *tradução* de uma para a outra. Na medida em que se pretende que haverá identidade entre os dois conceitos, efetua-se uma "redução".

Essas reduções são abusos de saber e de véus ideológicos. Com efeito, cada vez que, em ciência, se apresentam proposições universais como "a hereditariedade é provocada pelo ADN", ou ainda "a matéria se compõe de átomos", encontramo-nos diante de um discurso que identifica uma experiência do cotidiano a um conceito definido no plano de uma teoria científica. Semelhante identificação tende a reduzir uma representação geral a um conceito particular. Essa identificação, apesar de frequente nas argumentações éticas não críticas, funciona como uma ideologia, ao mascarar a diferença entre a experiência do cotidiano e a sua tradução em um contexto científico. Esse tipo de redução aparece claramente quando se diz, por exemplo: "O amor é uma questão de hormônios" etc.

Dois graus de véus ideológicos

Na medida em que se quer ter uma orientação, importa distinguir os discursos ideológicos globais de sua tradução em termos científicos. Não obstante, as traduções "científicas" de um enfoque ideológico permanecem ideológicas na medida em que o ponto de vista (ou seja, a matriz disciplinar ou o paradigma) utilizado se originou em um contexto bem determinado. Se, por exemplo, visando construir uma teoria científica do desenvolvimento, eu a defino em termos de crescimento econômico, veiculo uma ideologia inteiramente diferente se a defino em termos de realização individual, ou ainda em termos de autonomia das massas mais pobres. Em cada um dos casos, o conceito é ideológico. Em cada um dos casos também, pode resultar um estudo sistemático, científico no sentido usual da palavra. A escolha de uma definição abriu um âmbito restrito de estudos dentro do qual pode-se saber sobre o que se discute e de que maneira se quer falar a respeito. Essa escolha – isto é, enfim, essa ruptura epistemológica e a adoção de um paradigma – não é neutra, mas ideológica. Em certos casos, quando por exemplo da definição do desenvolvimento em termos puramente econômicos, o caráter ideológico é fácil de discernir; em outros, como quando se trata de calcular a trajetória de um foguete, é mais difícil de perceber e, sem dúvida, está em jogo uma função ideológica menos relevante.

De qualquer modo, não se escapa ao discurso ideológico. O que quer que se faça, veiculam-se representações do mundo que legitimam, motivam e ocultam sempre os seus critérios e origens sociais. É útil porém distinguir dois tipos de véus ideológicos: um, que se poderia qualificar de normal, de inevitável e, portanto, aceitável, e outro, que mereceria ser sempre desmascarado.

Na medida em que se está consciente de que um termo – como, por exemplo, o conceito científico de "desenvolvimento" – é historicamente construído e, portanto, ideológico, sabe-se os limites do discurso e não se pode considerar-se muito enganado. Falarei então de um *discurso ideológico de primeiro grau*, designando assim *as representações da construção das quais se pode ainda facilmente encontrar os vestígios*. Esta é a situação dos discursos científicos se se tomou o cuidado de construir bem os seus conceitos de base e se está consciente das decisões que implica toda prática científica.

Pelo contrário, quando os traços históricos dessa construção quase desapareceram e se pretende, prática ou teoricamente, implícita ou explicitamente, que a noção utilizada – por exemplo, a de "desenvolvimento" – seja objetiva e eterna, falarei de *uma ideologia de segundo grau*, ou seja, uma ideologia na qual *a maior parte dos vestígios da construção foram suprimidos*. Semelhante discurso ideológico é profundamente manipulador ao apresentar como naturais opções que são particulares.

Na mesma medida em que os discursos ideológicos do primeiro grau (isto é, sejam as exortações morais em que se sabe quem fala, sejam os discursos científicos nos quais se conserva a consciência de que foram construídos e de que são parciais em ambos os sentidos da palavra) são em geral considerados normais em nossa sociedade, assim também os de segundo grau (ou seja, aqueles que apresentam como evidente o que é discutível, restringindo desse modo a liberdade das pessoas) são vistos como pouco aceitáveis do ponto de vista ético.

Desse modo, quando alguém diz: "A Igreja Católica é contra o aborto", ou "Pode-se morrer de *overdose*", os elementos ideológicos presentes nessas proposições não parecem muito manipulatórios.

Porém, caso se diga: "É preciso fazer sacrifícios para se sair da crise", ou que "O roubo é um mal", essas proposições, talvez inocentes à primeira vista, ocultam os critérios que podem validá-las, de maneira que as qualificarei como proposições ideológicas do segundo grau. Elas são ideológicas no sentido pejorativo do termo.

Esta distinção entre os dois tipos de discursos ideológicos, no entanto, por útil que seja, não é "objetiva", no sentido de que não se refere a critérios bem partilhados convencionalmente; ela remete sempre às decisões daqueles que a empregam: de fato, dizer que um discurso ideológico é de segundo grau significa decidir que, para mim, ele *mascara demais* para que eu o aceite sem comentário crítico. Esta distinção recobre juízos de valor, com as decisões por eles expressas, mesmo que se possa apoiar esses juízos de valor com argumentos convincentes.

A ciência como ideologia

Quando a ciência se apresenta como eterna, quando pretende poder dar respostas "objetivas e neutras" aos problemas que nós nos colocamos, considero-a como ideológica de segundo grau. Pelo contrário, quando se apresenta como uma tecnologia intelectual relativa e historicamente determinada, é ideológica de primeiro grau, ou seja, não oculta o seu caráter histórico.

Pode-se comparar novamente aqui a tecnologia intelectual representada pela ciência com as tecnologias materiais. Se afirmo que o carro é *a* resposta aos problemas de transporte, produzo um efeito ideológico de legitimação e de ocultamento, na medida em que escondo o fato de o conceito de carro ser historicamente produzido. Se, pelo contrário, digo que o carro pode ser *uma* resposta a um problema de transporte, só considerarei a minha declaração como ideológica de primeiro grau, no sentido de que, mesmo que o conceito que eu utilizo legitime algumas de minhas respostas, não ocultei inteiramente o caráter relativo de minha afirmação.

Nesta seção consideramos que os conceitos científicos básicos ligavam-se geralmente a representações ideológicas. Acentuamos a grande distância separando o que visa à representação ideológica global e o conceito científico particular que a traduz. Porém, como a ciência só é útil quando de uma maneira ou de outra atinge o cotidiano e portanto mascara essa distância, o discurso científico é sempre ideológico, pelo menos em primeiro grau. O interesse do conceito particular, como vimos, é que ele permite testes e, por conseguinte, críticas pontuais a proposições ideológicas. O risco é que, em determinado momento, ocorre *a* tradução da questão geral, ocultando o seu caráter particular. Nesse momento, o discurso científico deixa de funcionar como um discurso crítico para operar como um discurso ideológico "de segundo grau".

O caráter não consciente e implícito das ideologias e a ética diante das ideologias

É em geral de uma maneira inconsciente que as pessoas veiculam ideologias. Alguém pode não querer, por exemplo, identificar a vida humana a sua definição de acordo com o paradigma da biologia (ou da psicologia, ou de qualquer outra disciplina); na prática, porém, pode efetuar essa redução, apresentando um conceito particular como se ele abrangesse a totalidade. Pode ocorrer também que se veiculem de maneira inconsciente representações com forte conteúdo ideológico; alguém poderia veicular, por exemplo, uma imagem enviesada do que são as mulheres, quando, conscientemente, ele (ou ela) acredita ter uma imagem inteiramente diferente a respeito.

As representações ideológicas por nós veiculadas existem independentemente de nossas intenções. É necessária uma análise precisa a fim de poder discernir o que são os conteúdos ideológicos de nossos discursos. Somente depois dessa análise torna-se possível decidir se queremos, ou não, propagar as ideologias veiculadas por nossos discursos.

Essas considerações sobre o caráter consciente ou inconsciente das ideologias nos levam a definir o conceito de *propaganda*. Falaremos de propaganda quando discursos ideológicos forem veiculados por grupos que, no entanto, estiverem conscientes daquilo que é ocultado por esses discursos, que são desejados com vista a projetos políticos ou econômicos. Na maior parte do tempo, contudo, os discursos ideológicos não constituem propaganda, pois aqueles que os difundem são relativamente pouco conscientes daquilo que é mascarado; ou, quando querem convencer os outros, querem ter a honestidade de não manipulá-los escondendo sistematicamente os seus critérios.

Notamos, enfim, que seria um objetivo impossível e desprovido de sentido não querer veicular ideologia alguma, pelo menos de primeiro grau. Uma vez que possuímos uma representação do mundo – e nós sempre temos uma –, ela é influenciada por nossos critérios e por nosso meio social. Ela não é neutra. Seria tão vão não querer difundir ideologias como não querer possuir bactérias em nosso corpo. Entretanto, em todo caso, pode fazer sentido não querer difundir qualquer uma. Existem ideologias que, dadas nossas posições éticas ou sociopolíticas, queremos recusar, e outras que estamos prontos a assumir.

A existência das ideologias coloca uma questão que não aprofundaremos aqui, mas que é preciso levantar. Até que ponto consideramos eticamente aceitável que pessoas ou grupos veiculem ideologias sem se dar conta disso? É aliás a questão que, no início deste livro, foi apresentada como legitimando uma abordagem crítica dos processos científicos. Jamais evitaremos de ser por vezes enganados pelas ideologias por nós veiculadas. A questão ética remete sem dúvida aos meios que utilizamos para ter clareza a respeito. Os antigos moralistas falavam da "ignorância crassa" (Arreghi, 1961, p.7) quando um indivíduo (ou um grupo) permanecia inconsciente de certas questões, quando ele deveria ter encontrado meios de ter mais clareza a respeito. Como diriam os americanos, *"He should have known better!"*. Uma reflexão acerca desse ponto é útil tanto para uma ética da ciência (na medida em que os cientistas possuem responsabilidades sociais) quanto para uma ética do ensino da ciência (em que se transmite também toda uma visão – necessariamente ideológica – do mundo (Fourez, 1985).

A ciência varia de acordo com o grupo social?

Depois de ter mostrado de que modo as representações científicas estão ligadas a uma visão ideológica do mundo, podemos nos perguntar se poderia haver ciências diferentes de acordo com o grupo social. É possível, por exemplo, que a representação científica da burguesia seja diferente daquela da classe operária ou daquela dos países em desenvolvimento?

Vimos que a ciência é um saber ligado a grupos sociais determinados. A ciência moderna, em particular, liga-se à representação do mundo própria à burguesia, que se sente exterior ao mundo, ao mesmo tempo em que tenta explorá-lo e dominá-lo. Dito de uma maneira negativa, o procedimento científico não é característico do sistema aristocrático feudal. A ciência moderna surge como uma produção cultural particular de uma civilização particular.

Além disso, quando se consideram os saberes particulares pode-se deduzir a maneira pela qual a origem social dos paradigmas influi sobre a evolução das disciplinas. Vimos isto em particular no caso da medicina, mais centrada no aspecto curativo do que sobre o preventivo, sobre a ação terapêutica do que sobre a higiene, e isto porque a medicina científica se estruturou em torno das demandas de saúde das classes privilegiadas. No sentido acima, portanto, pode-se dizer que a ciência é burguesa.

Pode-se considerar também que outros saberes poderiam ser construídos sem estar ligados ao mesmo projeto de domínio e exploração da Natureza, ou que defenderiam outros interesses sociais. Há diversos tipos de saber, ligados a diferentes tipos de situações sociais. Assim, o conhecimento do camponês que se destina a "enrolar" o seu senhor (no sentido feudal) é uma "ciência" ligada a sua condição social.

Não obstante, conceitos como os de "ciências burguesas" ou "ciências proletárias" são ambíguos, pois levam a crer que é possível possuir conhecimentos independentes de toda coerção, ou que a ciência pode ser manipulada do mesmo modo que a propaganda. Viu-se na antiga União Soviética surgir, com Lyssenko, uma ciência biológica supostamente proletária, completamente separada da eficácia prática da biologia na agricultura. Esta ciência proletária, contudo, revelou-se como pura ideologia e praticamente como um engodo.

Mesmo se, na análise, percebemos que o saber científico se estrutura em torno de um certo número de projetos, todos mais ou menos tendenciosos, a experiência mostra também que não se pode estruturar o mundo de maneira aleatória, sob o risco de os projetos fracassarem. A ciência não surge, portanto, como uma experiência puramente gratuita, mas como a experiência de construções vinculadas a um certo número de coerções. Mesmo que, em momento algum, se possa definir em última instância essas coerções, é sempre em relação à experiência da coerção, da obrigatoriedade, que a ciência se constrói. Nada seria mais distante da experiência da prática científica do que acreditar que, mudando de meio social, poder-se-ia evitar toda forma de coerção.

Resumo

- As ideologias: discurso mais legitimador do que descritivo.
- Crítica dos discursos ideológicos pelo discurso científico (rupturas epistemológicas).

- Limite e interesse dos discursos científicos diante dos discursos globalizantes.
- Confrontação dos discursos globalizantes e dos discursos científicos diante das questões éticas.
- Discursos ideológicos de primeiro grau: vestígios da construção histórica dos paradigmas utilizados.
- Discursos ideológicos de segundo grau: importante efeito de ocultamento.
- A ciência é sempre ideológica em primeiro grau; torna-se com frequência de segundo grau.
- Dois tipos de efeitos ideológicos: efeitos ideológicos inconscientes, efeitos ideológicos assumidos.
- A propaganda como efeito ideológico duplamente manipulatório.
- Uma ética diante das ideologias.
- Ciências diferentes de acordo com os grupos sociais?
- Necessidade de levar em conta as coerções.

Palavras-chave

Discursos ideológicos/ ideologia de primeiro grau/ ideologia de segundo grau/ discurso global e discurso pontualmente precisado/ testabilidade de uma proposição ideológica/ véu ideológico/ crítica da ideologia/ ideologia inconsciente e ideologia assumida/ propagandas/ testes pontuais/ modelização/ crítica da ideologia pela ciência.

CAPÍTULO 8
CIÊNCIAS FUNDAMENTAIS E CIÊNCIAS APLICADAS

As noções e seus múltiplos usos

Podemos agora refletir de modo crítico sobre três noções comumente utilizadas quando se fala de ciência. Trata-se de *ciências puras, ciências aplicadas e tecnologias*. Começaremos fornecendo uma definição empírica (ou seja, uma descrição referindo-se ao uso culturalmente mais aceito das noções e não a uma teoria mais elaborada).

Chama-se de *ciências puras*, ou também ciências *fundamentais*, a uma prática científica que não se preocupa muito com as possíveis aplicações em um contexto societário, concentrando-se na aquisição de novos conhecimentos. Desse modo, um físico que estuda partículas elementares será considerado como fazendo ciência pura ou fundamental. Porém, se ele se preocupa em ver como as suas pesquisas podem ser utilizadas pela tecnologia do *laser*, dir-se-á que se trata de ciência *aplicada*, isto é, de um trabalho científico com destinação social direta. Os engenheiros ou os médicos serão considerados, quase que por definição, como cientistas aplicados (aliás, na Bélgica, o conceito de ciências aplicadas foi introduzido para designar os estudos do engenheiro, que antes se designava mais habitualmente pelo termo "politécnico"). Falaremos enfim de *tecnologia* quando se tratar de aplicações concretas e operacionais em um dado contexto social. Dir-se-á tecnologia do computador ou tecnologia das ferrovias; falar-se-á ainda de pesquisas de ponta quando se tratar de pesquisas destinadas a produzir novas tecnologias.

De acordo com as necessidades, criam-se e desaparecem conceitos intermediários, tais como os de "ciências fundamentais orientadas" (para certas aplicações) ou "ciências comercializáveis". Existem inúmeros modos de se caracterizar as ciências como objetos sociais; elas se resumem em geral a legitimar uma certa prática. Assim, alguns matemáticos insistirão sobre o fato de que eles produzem conhecimentos fundamentais, ligados às ciências puras, e que é importante que se mantenham semelhantes pesquisas. Outros insistirão sobre o fato de que os seus conhecimentos podem ser aplicados concretamente, na pesquisa operacional, por exemplo. Em certos casos, o jogo das legitimações surge de maneira divertida. Algumas práticas biológicas, por exemplo, são denominadas "tecnologias biológicas" quando se aplicam a plantas, e "ciências aplicadas" quando se aplicam aos humanos (é por isso que não distinguirei entre "ciências aplicadas" e "tecnologias").

As maneiras de caracterizar as práticas científicas podem variar de um ponto de vista a outro. É assim que, nos últimos anos, a administração Reagan utilizou um novo conceito de "ciências fundamentais", fundado sobre critérios econômicos: serão consideradas como pesquisas fundamentais as pesquisas de tal modo distanciadas das aplicações concretas comercializáveis que não se encontrará nenhum industrial para financiá-las (Barfield, 1982). Aliás, a administração Reagan chamará de pesquisas aplicadas aquelas que podem interessar às indústrias, por considerarem que a curto ou a médio prazo poderão tirar delas algum benefício. A ideia subjacente a essa classificação é que o Estado deve subsidiar as pesquisas não rentáveis, mas não deve intervir se as empresas puderem se beneficiar com essas pesquisas. Notemos que essa definição "econômica" da diferença entre as ciências fundamentais e aplicadas talvez seja aquela mais operacional na prática!

O círculo das legitimações recíprocas

Todos esses conceitos parecem formar entre eles um círculo dentro do qual é difícil se localizar. Muitas coisas se tornam mais claras, porém, se considerarmos o círculo (vicioso ou interessado?) que liga as ciências aplicadas e as ciências fundamentais como um empreendimento de *legitimação* pública. Assim, quando se pergunta a um cientista "fundamental" o que ele faz e por que o faz, ele responde em geral que os seus conhecimentos possuem um valor por si mesmos. Acrescenta porém, muitas vezes, que também possuem valor por permitirem a construção de ciências aplicadas e que, em última instância, as ciências fundamentais se abrem para uma multiplicidade de aplicações (cf. Holton, 1986). Acaba citando, por exemplo, pesquisas extremamente "fundamentais" sobre a mecânica quântica que desembocam sobre aplicações na tecnologias ligadas ao *laser*.

Em nossa moderna sociedade, a maioria das legitimações das ciências fundamentais se faz dizendo que elas resultam, posteriormente, em ciências aplicadas. Aliás, quando os cientistas "aplicados" são postos em questão sobre aquilo que eles trazem para a sociedade, eles se legitimam apoiando o seu trabalho sobre as ciências fundamentais. Desse modo, muitos engenheiros afirmam dever a sua precisão aos métodos científicos utilizados nas ciências fundamentais. Contudo, nos dois casos, o par "ciências fundamentais" e "ciências aplicadas" funciona em um jogo de legitimação recíproca. Enfim, as ciências fundamentais se dizem válidas e eficazes em função das aplicações por elas proporcionadas. Já as ciências aplicadas se pretendem "ciências duras" e legitimam por aí o seu poder social, apelando ao prestígio das ciências fundamentais.

Em ambos os casos, esse tipo de legitimação acarreta uma certa autonomização da pesquisa. Para as ciências fundamentais, isto é bastante claro, pois, finalmente, dizer que se faz ciência fundamental é o mesmo que dizer que se merece ser subsidiado por uma pesquisa que poucos compreenderão, a não ser os especialistas dessa disciplina. Falando de ciências fundamentais, exime-se da necessidade de provar, por meio de resultados concretos para a sociedade, o valor social de seu trabalho científico. O apelo à ideologia da cientificidade, aliás, permite aos "cientistas aplicados" subtrair-se à competência do grande público um certo número de suas ações. Assim, os físicos nucleares tenderão a apoiar-se na cientificidade de seu trabalho a fim de propor soluções práticas aos problemas da sociedade relacionados à energia. A ideologia da cientificidade permite-lhes legitimar as suas decisões sem precisar submeter-se ao jogo das negociações sociopolíticas.

Um fundamento epistemológico para a distinção

Ultrapassando agora o campo vago das definições empíricas, iremos propor uma *teoria* com base na qual será possível redefinir a distinção até agora efetuada de acordo com as concepções correntes. Esta teoria fornecerá um fundamento epistemológico para a distinção e recorrerá à noção de paradigma.

Esclareçamos, em primeiro lugar, o que se segue por meio de uma comparação com as tecnologias materiais. Consideremos a do carro com motor a explosão. Ela surgiu no final do século XIX, e pode-se considerar que, desde então, desenvolveu-se toda uma indústria de meios de transporte baseando-se nesse "paradigma". As pesquisas relacionadas ao automóvel podem se dividir em dois grupos, que corresponderão à distinção entre "pesquisa aplicada" na disciplina da "automobilística" e a de "pesquisa fundamental", na mesma disciplina.

O primeiro tipo de pesquisa corresponderia a uma demanda *"externa"*, ou seja, a uma demanda independente dos técnicos. Os clientes, por exemplo, podem exigir modificações a fim de que o carro consuma menos, ou seja mais seguro; os acionistas da fábrica podem exigir modificações para que os benefícios da venda sejam mais elevados. Falamos neste caso de uma "pesquisa aplicada", na medida em que corresponda a essas demandas "externas".

Além disso, é possível que os técnicos, em geral pressionados por demandas externas, prossigam em pesquisas mais centradas sobre a maneira pela qual eles próprios definem o carro. Poderiam examinar, por exemplo, sem pensar nesse momento em uma aplicação precisa, o funcionamento dos carburadores. Pode-se falar então de uma pesquisa fundamental no domínio da "automobilística". O que a caracteriza é que o seu objeto não é determinado por uma demanda externa à disciplina, mas por uma demanda "interna": a partir do momento em que os técnicos consideram que um carro comporta um carburador, pode-se efetuar pesquisas "fundamentais" sobre esse tema. Pode-se considerar desse modo que a pesquisa fundamental se inicia pelo "esquecimento", ou pela "colocação entre parênteses" das preocupações provenientes da existência cotidiana, a fim de se centrar sobre questões que possuem sentido dentro da própria disciplina. Neste âmbito, o problema "fundamental" só faz sentido dentro do círculo restrito daqueles que conhecem a "automobilística", os "profanos", de qualquer modo, não compreendendo nada (a menos que sejam postos a par por alguma vulgarização).

De maneira semelhante, definiremos as ciências "puras" ou "fundamentais" como aquelas que estudam problemas *definidos no próprio paradigma da disciplina*. Assim, um problema "fundamental" da física das partículas elementares será definido em termos das teorias da física das partículas elementares. A definição do problema estará ligada ao paradigma dessa disciplina e os critérios de validade dos resultados referir-se-ão sempre aos conceitos ligados ao paradigma e à comunidade científica reunida em torno dele.

Pelo contrário, quando se trata de um problema relativo às ciências "aplicadas", o grupo social que julgará sobre a "validade" dos resultados será *um grupo diferente daquele dos pesquisadores*.

Uma pessoa que não seja um físico pode constatar que certos resultados são utilizados por outros cientistas, ou outros técnicos visando a produzir um certo número de tecnologias.

De igual modo, na ciência médica fundamental estudar-se-ão, por exemplo, os mecanismos pelos quais age determinada doença (já definida de acordo com uma concepção científica), enquanto os médicos, ao procurar curar os doentes, fazem ciência aplicada.

Para dizê-lo de outro modo, as questões que se colocam no campo das ciências fundamentais são questões ligadas às *ciências paradigmáticas* (ou, para retomar a expressão de Kuhn, *ciência normal*). Pode-se acreditar assim que, até certo ponto, essas pesquisas fundamentais produzem um saber "puro" de qualquer interação com a sociedade. Semelhante visão é evidentemente parcial, uma vez que as pesquisas fundamentais, tais como a do motor a explosão, correspondem no final das contas a uma certa demanda social e a certos interesses.

Nesta perspectiva, compreende-se de que forma o laboratório é o lugar privilegiado da ciência fundamental, já que justamente é um local estruturado para filtrar o "mundo exterior" de maneira a que intervenham na prática científica apenas os elementos que se pode analisar no âmbito de um paradigma. O que faz com que um laboratório seja um laboratório é a eliminação de pressões que não se adequam ao paradigma: pressões econômicas, culturais, psicológicas, fisiológicas etc., assim como tudo o que é relacionado a outras disciplinas (por exemplo, em um laboratório de química controlar-se-á a temperatura, os produtos utilizados, a pressão etc.). Tem-se assim razão quando se diz, no sentido habitual da palavra, que o laboratório é o lugar da ciência "pura"...

Uma perspectiva histórica para as ciências puras

Um pouco de história da noção de "ciência pura" pode nos ajudar a completar a representação que dela fazemos. Parece que esse conceito foi criado pelo químico Liebig quando, no início do século XIX, ele se deu conta de que era importante formar *doutores em ciências puras* (Stengers, 1981), ou seja, cientistas que não se preocupariam com todas as questões de "filosofia natural", como os sábios do século XVIII; esses novos "cientistas" concentrar-se-iam em questões "de ciências", deixando de lado todas as questões mais essenciais, tais como a da natureza da matéria. Esses doutores em ciências puras pretendiam-se simplesmente técnicos dos conhecimentos científicos da época. Abandonavam a pesquisa da filosofia natural, que procurava compreender de modo mais profundo possível a própria natureza do universo. O conceito de "ciência pura" era portanto, no início, um conceito restritivo: referia-se a pessoas que se centravam em uma só questão. O conceito de "ciência pura" liga-se ao desenvolvimento das pesquisas de acordo com paradigmas bem delimitados.

Poder-se-ia comparar o cientista "puro" a um mecânico que se concentrasse sobre a ciência pura do motor a explosão; seria um mecânico que não se ocuparia dos outros problemas do carro. Ou a um médico que se especializasse em "puros" problemas de estômago. Em outros termos, a noção de "ciência pura" refere-se a pesquisas especializadas, no âmbito de uma divisão do conhecimento (ele mesmo ligado a conceitos paradigmáticos). São pesquisas nas quais se esquecem "metodologicamente" as relações com os problemas concretos que se encontram na origem do problema estudado.

A árvore da ciência e as ramificações científicas

A noção de ciência pura e aplicada deve-se, em parte, a uma imagem surgida no Ocidente no século III d.C.: a da árvore da ciência de Porfírio. Segundo esta concepção, os conhecimentos assemelhar-se-iam a uma árvore, no sentido de que certos conhecimentos mais fundamentais formariam o tronco, o qual se separaria em grossos galhos que, por sua vez, se ramificariam abundantemente. Haveria, por exemplo, o tronco da filosofia natural, separado em ramos como a física, a biologia, a matemática, a medicina etc., até chegar aos ramos das ciências aplicadas.

De acordo com essa imagem, para poder praticar as ciências dos ramos, seria preciso normalmente conhecer as ciências fundamentais. Esse tipo de pretensão não é correto. Sabe-se, com efeito, que é possível utilizar um martelo sem saber absolutamente como funciona a vibração das texturas cristalinas metálicas da cabeça do martelo. Nada é mais falso do que esse mito segundo o qual é preciso compreender todo o mecanismo de alguma coisa antes de poder utilizá-la. Pelo contrário, a prática científica assemelha-se bem mais a compreensões locais: pode-se muito bem realizar pesquisas experimentais sobre a aspirina sem compreender em absoluto o que surgirá mais tarde como uma teoria do funcionamento da aspirina.

A imagem da árvore da ciência parece corresponder a uma espécie de divisão do trabalho nas sociedades ocidentais (e em muitas outras, aliás). Supõe-se que certos conhecimentos, mais fundamentais, sejam mais nobres do que outros. E aqueles que praticam estes últimos devem submeter-se aos que praticam o primeiro tipo. Um modelo como esse aparece de maneira bem clara na prática da medicina: vê-se as pessoas que tratam dos doentes sempre submetidas àqueles que se supõe saber do que se trata. Sente-se aí a distinção entre o trabalho intelectual, o trabalho de "domínio" e o trabalho manual, subordinado.

Seria útil, provavelmente, ter em mente outras imagens do conhecimento além daquela da árvore da ciência. Himsworth (1970) propôs uma, chamada de esfera dos conhecimentos. De acordo com essa imagem, certos conhecimentos, representados sobre a superfície da esfera, seriam os conhecimentos diretamente ligados à vida cotidiana, como, por exemplo, à maneira de se alimentar. Outros conhecimentos, mais gerais, serão aqueles que permitirão relacionar esses conhecimentos específicos do cotidiano a outros conhecimentos também cotidianos.

Desse modo, as teorias das vitaminas permitirão ligar a alimentação à busca de certos elementos. Pode-se, assim, possuir conhecimentos cada vez mais elaborados e cada vez mais gerais, que permitem relacionar os conhecimentos específicos de diversas maneiras. Contudo, esses laços permanecem em parte convencionais e ligados a certos projetos que foram privilegiados (cf. as reflexões sobre a interdisciplinaridade). Um interesse suplementar da imagem é indicar que esses "conhecimentos mais fundamentais" são ferramentas ou tecnologias intelectuais práticas para examinar problemas ligados à existência cotidiana. O que lhes é próprio é que talvez os modelos intelectuais sejam aplicáveis a uma multiplicidade diversa de situações concretas.

Todo conhecimento científico é poder, mas em lugares diversos

Os diversos conhecimentos classificados como ciências puras, ciências aplicadas e tecnologias relacionam-se todos a determinados projetos. De certo modo, são todos pertencentes ao campo da ciência aplicada. Aliás, na prática moderna da ciência, só se considera um conhecimento como interessante na medida em que alcança resultados concretos, geralmente experimentais, no que diz respeito à organização de nosso mundo e à sua representação. Neste sentido, todo o conhecimento científico liga-se a aplicações: experiências, em última instância. Para parafrasear Wittgenstein, compreender uma teoria é *poder* utilizá-la. No empreendimento científico contemporâneo, *o projeto, por vezes denominado de newtoniano, de adquirir um conjunto de conhecimentos não pode ser separado do projeto, por vezes qualificado de baconiano, de adquirir um domínio sobre o mundo* (Hottois, 1987; Holton, 1986).

A distinção entre ciência e tecnologia deve-se com toda a probabilidade à diferença dos lugares sociais nos quais os saberes científicos e os saberes tecnológicos são aplicados. Os saberes científicos se aplicam em um lugar restrito, os laboratórios, e se ligam a uma instituição particular: a comunidade científica. Pelo contrário, os saberes tecnológicos ou as ciências aplicadas são utilizados na realidade social tomada globalmente, no mundo exterior. Os dois tipos de saber destinam-se sempre a ser aplicados, portanto, mas em lugares diferentes. Cada um dos saberes produz certos poderes: os poderes experimentais e os poderes tecnológicos. E esses poderes podem também traduzir-se em outros, os poderes hierárquicos na sociedade: qualquer um que seja capaz de realizar um certo número de coisas pode, após um certo tempo, exercer um poder sobre os outros. Existe então uma espécie de vínculo, de encadeamento entre os conhecimentos, que são enfim um tipo de "poder fazer"[1] e os poderes sociais.

Resumo

As noções e os seus múltiplos usos

As noções "ciência pura", "ciência aplicada", "tecnologia" são utilizadas para designar diversos objetivos sociais nas práticas científicas.

O círculo das legitimações recíprocas

As ciências fundamentais possuem uma tendência a se justificarem por meio das ciências aplicadas e reciprocamente.

Um fundamento epistemológico para a distinção

As ciências puras (fundamentais) estudam problemas definidos pelo paradigma. As ciências aplicadas estudam problemas em que a validade dos resultados será aplicada por um grupo exterior aos pesquisadores.

O laboratório como lugar das pesquisas fundamentais

---

1 "Poder fazer": no original, "pouvoir faire". Equivale ao inglês "know how" (N. T.).

Uma perspectiva histórica para as ciências puras
O conceito foi criado no início do século XIX para falar de pesquisas em um domínio grandemente especializado.

A árvore da ciência e as ramificações científicas

Imagem do século III contribuindo para legitimar uma hierarquia dos pesquisadores e das práticas sociais.

Todo conhecimento científico é poder

Enfim, todas as ciências são aplicadas: experiências concretas. Os lugares de aplicação diferem: o laboratório, para as ciências fundamentais, o mundo exterior, para as tecnologias ou para as ciências aplicadas. Daí a distinção e os vínculos entre os poderes experimentais, os poderes tecnológicos e os poderes hierárquicos.

Palavras-chave

Ciências puras/ ciências fundamentais/ ciências aplicadas/ ciências orientadas/ tecnologias/ pesquisa-desenvolvimento/ laboratório.

CAPÍTULO 9
CIÊNCIA, PODER POLÍTICO E ÉTICO

Ciência e poder

Na medida em que a ciência é sempre um "poder fazer", um certo domínio da Natureza, ela se liga, por tabela, ao poder que o ser humano possui um sobre o outro. A ciência e a tecnologia tiveram uma parte bem significativa na organização da sociedade contemporânea, a ponto de esta não poder prescindir das primeiras: energia, meios de transporte, comunicações, eletrodomésticos etc. O conhecimento é sempre uma representação daquilo que é possível fazer e, por conseguinte, representação daquilo que poderia ser objeto de uma decisão na sociedade.

A questão do vínculo entre os conhecimentos e as decisões se impõe, portanto. Que existe um vínculo, isto é indicado pelo bom-senso: se se sabe que é possível construir uma ponte de uma margem à outra de um rio, pode-se questionar se ela é ou não desejável. Porém, pode o conhecimento indicar se se deve ou não construir essa ponte?

Desde sempre supôs-se uma relação entre o conhecimento e o poder político: sempre se afirmou que um rei ou que um chefe devia ser "sábio" (ver Druet, 1977). O que isto significa? Até que ponto o saber é determinante quando se deve tomar uma decisão, seja ela de ordem política ou ética?

Em outros termos, trata-se de saber se uma política ou uma ética pode ser determinada cientificamente. Que espécie de relações podem se vislumbrar entre a ciência e as decisões sociais?

Com efeito, o termo *política científica* designa, na linguagem comum, dois tipos bem diferentes de política. Por um lado, fala-se por vezes de "política científica" para designar as atitudes e decisões políticas que se adotam visando a favorecer o desenvolvimento da ciência. O exemplo mais típico é a política de outorgar subsídios à pesquisa científica. Neste sentido, fala-se da adoção de uma *política a favor da ciência*. Os cientistas tendem a considerar desse modo a política científica: como uma política que favorece o desenvolvimento da ciência. Além disso, fala-se também de uma "política científica" quando se quer tomar decisões políticas apoiadas, determinadas ou legitimadas pela pesquisa científica. Desse modo, um partido político fala de uma política científica quando pretende que a sua política utilize a ciência. Trata-se nesse caso de uma *política pela ciência* (cf. Salomon, 1970 e 1982).

Modelos tecnocrático, decisionista e pragmático-político

O filósofo da ciência Habermas considera que se pode classificar a maneira de ver as interações entre a ciência e a sociedade em três grupos distintos: as interações *tecnocráticas, decisionistas* e *pragmático-políticas* (Habermas, 1973). Essas três maneiras de ver jamais existem em estado puro: trata-se de modelos conceituais que permitem uma representação do que ocorre.

A fim de compreender esses modelos, consideremos dois exemplos: por um lado, a interação entre um médico e o seu paciente e, de outro, a interação entre um mecânico e o dono de um carro. De acordo com o modelo tecnocrático, supõe-se que o médico ou o mecânico sabem o que é melhor para os seus clientes. Graças a seus conhecimentos, são capazes de decidir o que se deve fazer. Neste sentido, o mecânico, seguro de sua ciência, dirá a seu cliente: "Não se preocupe, vou resolver todos os seus problemas". O médico agirá do mesmo modo. Para o modelo tecnocrático, as decisões cabem aos especialistas.

De acordo com o modelo *decisionista*, a situação é um pouco mais complexa. Neste caso, o mecânico perguntará a seu cliente o que ele tem em vista, quais são os seus objetivos. Uma vez conhecidas as finalidades e valores do cliente, o especialista, graças a seus conhecimentos, encontrará os meios mais adequados para atingir esses objetivos. Se, por exemplo, o cliente deseja um meio de transporte tão econômico quanto possível, o mecânico trabalhará segundo essa diretiva. Se, pelo contrário, o cliente quer um meio de transporte eficaz e seguro, é nessa direção que trabalhará o mecânico. O médico agirá do mesmo modo com seu paciente. Ele questionará este último a respeito de suas expectativas em relação a sua saúde. Depois, decidirá utilizar os meios adequados a esse fim. Este modelo, portanto, *faz uma distinção entre tomadores de decisão e técnicos*. Uns determinam os *fins*, outros, os *meios*. Esse modelo diminui a dependência em relação ao técnico, uma vez que são as próprias pessoas que decidem sobre os seus objetivos. Um paciente pode dizer a seu médico, por exemplo, que deseja terminar a sua vida, de preferência, entre os seus a vê-la prolongada no ambiente hospitalar. O médico deverá encontrar os melhores meios tendo em vista essa finalidade.

Uma sociedade desicionista considerará que cabe às instituições políticas determinar os objetivos visados por esta sociedade. Cabe aos técnicos, após, encontrar os meios adequados. O sociólogo e filósofo Max Weber relacionou essa maneira de ver com uma teoria da racionalidade (Weber, 1971): de acordo com o que se denominou de racionalidade no sentido weberiano, um plano de ação é racional quando os meios correspondem aos fins escolhidos. Segundo essa teoria, os objetivos não podem ser determinados racionalmente; a sua escolha cabe aos tomadores de decisão, guiados por seus valores. O lugar da racionalidade seria então a determinação dos meios, a dos fins será da esfera da pura liberdade.

No terceiro modelo de interação, o que é privilegiada é a perpétua discussão e negociação existente entre o técnico e os clientes. Na prática, é frequente que o mecânico peça o número de telefone de seu cliente a fim de poder colocar-lhe questões e informá-lo sobre a situação técnica do carro, das implicações decorrentes do objetivo proposto; ele o questiona também de maneira a poder decidir em conjunto sobre os meios e mesmo sobre os objetivos. Contrariamente à abordagem decisionista, não se considera mais aqui que a distinção entre os meios e os objetivos seja sempre adequada (é claro, por exemplo, que o preço de um meio pode levar a rever os objetivos). Esse enfoque supõe uma discussão, um debate permanente, uma negociação interminável entre o técnico e o não técnico.

Esse modelo *pragmático-político* assemelha-se ao modelo decisionista, exceto pelo fato de que a relação entre os especialistas e os não especialistas é permanente. Contudo, resta sempre uma decisão delicada: a partir de que momento considera-se (e *quem* considera?) que os técnicos compreendem de maneira suficiente a vontade de seus clientes para poder trabalhar sem consultá-los? O modelo pragmático-político insiste sobre o fato de que os meios escolhidos podem levar à modificação dos objetivos, mas não fornece nenhuma receita simples a fim de poder haver a decisão: ele remete às negociações (motivo pelo qual não o denominamos somente pragmático, mas também político!).

Uma das profissões que mais pratica essa interação entre o cliente e o técnico é a arquitetura. Um "bom arquiteto" estabelece um contato permanente com o seu cliente, buscando não tomar as decisões em seu lugar. Ao pô-lo a par das implicações técnicas ligadas a sua escolha, o arquiteto pode levar o seu cliente a modificar alguns de seus objetivos.

Certos exemplos (o médico, o mecânico, o arquiteto) parecem indicar que os modelos tecnocrático, decisionista e pragmático-político concernem a decisões a serem tomadas pelos indivíduos. Com efeito, nesses casos é mais fácil de ver como eles procedem, e é por isto que esses exemplos tirados das interações interpessoais foram escolhidos. Porém, os mesmos modelos se aplicam às decisões coletivas. Diante de uma epidemia de AIDS, o que fazer? Recorrer aos especialistas em epidemiologia (ou a uma equipe interdisciplinar de especialistas)? Adotar decisões políticas, pedindo então aos especialistas que as coloquem em prática? Ou instituir-se-á um diálogo e uma negociação permanentes entre os tomadores de decisão e os especialistas?

Em nossa sociedade, o modelo tecnocrático é bastante difundido: há uma tendência a se recorrer aos "especialistas". Pressupõe-se que o "comum dos mortais" não compreende nada, e recorre-se então aos que "sabem". Ocorre até que se pretenda que as suas decisões sejam neutras, puramente ditadas pela racionalidade científica.

Em resumo, portanto, de acordo com o modelo *tecnocrático*, seriam os conhecimentos científicos (e portanto os "especialistas") que determinariam as políticas a serem seguidas (objetivos e meios). O modelo decisionista, pelo contrário, distingue entre os fins e os meios; segundo esse modelo, os fins ou objetivos devem ser determinados por decisões livres, de maneira independente da ciência, enquanto os meios seriam determinados pelos especialistas. O modelo pragmático-político, enfim, pressupõe uma negociação e uma discussão na qual os conhecimentos e negociações sociopolíticas entram em consideração.

Assinalemos por fim que se denominam *tecnocracias* os sistemas políticos em que se recorrem, para as decisões sociopolíticas, a especialistas (*experts*) cientistas. Em geral, considera-se que é possível chegar a decisões sociopolíticas graças aos conhecimentos científicos, que se supõem neutros, podendo assim evitar as discussões e negociações sociopolíticas.

Nas seções que seguem, consideraremos as vantagens e os limites desses modelos diante da diversidade de situações nas quais pode-se querer aplicá-las.

O abuso de saber da tecnocracia

O enfoque tecnocrático, ao pretender poder determinar a política (ou a ética) a ser seguida, graças ao conhecimento científico, comete um "abuso de saber", pois, afinal, o conhecimento científico não é neutro. Foi construído de acordo com um projeto organizador e este último pode determinar a sua natureza.

Assim, quando os engenheiros pretendem ditar qual a política energética a ser adotada em determinado país, utilizam um conhecimento técnico que leva em conta fatores externos ao paradigma com o qual trabalham. Quando se afirma que é "boa" determinada maneira de construir a central elétrica, não se explicita o conjunto de critérios que determinam essa "boa" escolha. Seria mais exato dizer que é uma maneira que, segundo os critérios do paradigma dos engenheiros, é adequada para construir essa central.

Do mesmo modo, se engenheiros dizem em que lugar se deve construir uma ponte sobre um rio, deve-se reconhecer que eles não têm uma formação que lhes capacite dizer que tipo de comunicação as populações devem ter entre elas. Pode-se julgar útil determinar a localização de uma ponte por fatores diversos daqueles visados pelos engenheiros, por exemplo, a ocorrência da neblina, ou ainda a compatibilidade de duas aldeias inimigas habitando lados diferentes do rio.

Em nossos dias, no entanto, a forma de tecnocracia que se baseasse em um só técnico ou em uma só categoria profissional de técnicos para determinar uma política praticamente desapareceu (ainda que ela se manifeste em particular no campo da economia).

Porém adota-se com frequência uma tecnocracia interdisciplinar. Esta supõe que, uma vez reunido um número suficiente de especialistas de diferentes disciplinas, pode-se determinar, de maneira puramente racional, e sem negociação humana, a melhor política. Nesta perspectiva, para construir uma ponte, recorrer-se-á a outros especialistas além dos engenheiros, como sociólogos, meteorólogos, economistas etc., trabalhando em uma equipe interdisciplinar.

Uma tal abordagem, contudo, negligencia o que dissemos a respeito da interdisciplinaridade: essa equipe interdisciplinar irá privilegiar uma certa visão e tenderá a fundar um quase paradigma que a fará assemelhar-se a um só técnico (como o mecânico, ou o médico, ou o arquiteto, que pretendem saber tudo o que se deve fazer, graças a seus conhecimentos). Se a interdisciplinaridade pode corrigir certos defeitos da tecnocracia, ela não modifica a sua estrutura: recorrer a especialistas acreditando encontrar uma resposta "neutra" a problemas da sociedade é esquecer que esses especialistas apresentam um ponto de vista que é sempre particular.

Convém, aliás, perguntar-se quem escolheu os especialistas e por que razão. Além do mais, a maneira pela qual os especialistas pôr-se-ão em acordo tem mais a ver com a lógica de uma negociação sociopolítica do que com um âmbito bem definido de racionalidade. Ainda nesse caso, as decisões não são tomadas em função de um saber que determine tudo de maneira neutra, mas em função de outros critérios bem mais pragmáticos.

A aparente neutralidade dos tecnocratas provém do fato de que as decisões importantes foram tomadas quando se adotou determinado paradigma disciplinar ou determinado método interdisciplinar. Ao adotá-los, aceita-se de maneira cega os seus pressupostos. Desse modo, o médico só pode ser tecnocrata se escolher utilizar os valores e todos os pressupostos da medicina científica. Essa maneira de trabalhar pode ser comparada à prática dos professores que pensam corrigir as redações de maneira absolutamente neutra e objetiva por terem determinado de antemão que cada erro de ortografia seria penalizado com um ponto. Um método como esse só aparentemente é neutro, já que todo o seu aspecto convencional foi rejeitado na decisão inicial. Pode-se dizer o mesmo a respeito da tecnocracia que, afinal, baseia-se no convencional ligado às escolhas paradigmáticas.

O estatuto de especialista apresenta uma ambiguidade fundamental, mesmo que, como tal, ele seja necessário. De fato, é prática geral pedir ao especialista que decida em função de seu saber científico. Ora, esse saber depende de um paradigma, e somente é aplicável, no sentido estrito, de acordo com as condições definidas por esse paradigma e pelo laboratório ao qual está ligado. Contudo, o parecer especializado que se pede dele destina-se à vida cotidiana: não se coloca ao especialista uma questão de ordem científica, mas de ordem social ou econômica. Em consequência, a especialidade não se liga apenas às disciplinas científicas, mas à maneira pela qual o especialista *traduz* o problema da vida comum em seu paradigma disciplinar. E essa tradução não depende de sua disciplina, mas do "razoável", ou do senso comum. De um modo paradoxal, poder-se-ia dizer que um especialista é alguém a quem se pede que tome uma decisão, em nome de sua disciplina, sobre algo que não diz respeito exatamente a sua disciplina!

Em suma, pode-se afirmar que não é inexato acreditar que é unicamente em nome de sua disciplina que o especialista fala. O seu parecer dependerá da maneira pela qual ele houver traduzido para a sua disciplina as questões que lhe foram colocadas. Se lhe perguntam, por exemplo, se determinado sistema de segurança de uma central nuclear é "seguro", ele não poderá responder, no sentido estrito, em nome da física. Não mais do que um médico, que não pode, unicamente em nome do saber médico, dizer a seu cliente como ele deve viver. Como vimos anteriormente, ele utilizará um modelo teórico que considerará equivalente à situação prática que se apresenta. E sabemos que é nesse momento que se apresentam em geral os imprevistos: o prático não era equivalente ao teórico! É por isso, aliás, que se pode dizer que a gestão levada a cabo pelos especialistas geralmente leva a acidentes...

Distinguir entre os meios e os fins, os valores e as técnicas?

O interesse do modelo decisionista é o de deixar o poder aos não especialistas, ao mesmo tempo em que reconhece que efetivamente há, a partir do momento em que as ciências se tornaram mais complexas, duas classes de cidadãos. Há aqueles que sabem mais do que outros sobre certos assuntos precisos. Contrariamente às sociedades nas quais a diferenciação dos papéis era pouco avançada (nas sociedades pouco técnicas como as coletivistas ou mesmo as aldeias da Alta Idade Média), a distinção entre os que sabem mais e os que sabem menos a respeito de um assunto reflete, em nossa sociedade, algo "real". O que significa que a importância que assumiram a ciência e a técnica em nossa sociedade levou a relações sociais específicas. E se se trata de determinar o tipo de sistema energético em um país, os pareceres não serão equivalentes entre si. Por último, a maneira pela qual o saber será partilhado permitirá, ou não, certos debates democráticos.

Enquanto o modelo tecnocrático entregava todo o poder aos especialistas, o modelo decisionista aceita que as pessoas tomem decisões tendo em vista a sua vida, dando pareceres com base em valores que são importantes para elas. Desse ponto de vista, é um modelo mais democrático.

Baseia-se na distinção entre "os valores" e os meios a fim de pô-los em prática. Por exemplo, esse modelo respeitará os valores daqueles que querem conviver, mas deixará aos técnicos escolhas em matéria de habitação, de energia, de alimentação etc. Segundo esse modelo, porém, as escolhas serão determinadas em função dos valores expressos pelos primeiros.

O modelo decisionista apresenta um certo interesse, pois as pessoas querem ter a sua palavra a dizer em relação aos valores por elas professados. No entanto, tal modelo negligencia o fato de que os meios influem na perseguição dos fins. Se, por exemplo, escolhemos uma central nuclear como meio para conseguir energia, seremos obrigados a adotar também um sistema de segurança de tal modo que ninguém possa provocar uma catástrofe ecológica sabotando-a. O meio utilizado não é então apenas um meio, mas já implica toda uma organização da sociedade. Ao escolher um sistema de produção de energia centralizada, seremos forçados a criar uma polícia forte para defendê-lo. A debilidade do modelo decisionista é pressupor que, uma vez determinadas as finalidades, a escolha dos meios é indiferente.

De fato, a escolha dos meios técnicos determina toda uma organização social, e não é indiferente em relação aos valores e aos fins. É essa impossibilidade final de distinguir de maneira adequada os meios e os fins que leva a uma representação da interação entre o saber e as decisões éticas ou políticas como negociações pragmáticas. Trata-se de negociações sociopolíticas se se trata de determinar decisões relativas à sociedade; trata-se de debates éticos se se trata de discutir para determinar o que se considera como comportamentos sociais adequados.

Um exemplo: estabelecer programas de ensino

Os modelos tecnocráticos e decisionistas podem aplicar-se também à construção de programas escolares. Quem, por exemplo, poderá determinar que matemática se deve ensinar aos alunos do secundário? É um problema político no sentido estrito, pois trata-se de determinar algo que terá "força de lei".

Algumas pessoas propõem uma abordagem tecnocrática: os matemáticos teriam que decidir. Semelhante modelo pressuporia que os matemáticos são capazes de determinar o que é importante ensinar aos alunos do secundário. Contudo, tem-se dificuldade de enxergar o que, em sua formação, habilite-os a tomar uma decisão que não tem nada de matemático ou científico: "o que, nesta sociedade, deve ser ensinado a estes jovens em matéria de matemática?". Essa questão não tem nada de matemático, pois refere-se a interesses e utilidades sociais. A resposta tecnocrática segundo a qual somente os matemáticos seriam capazes de determinar os programas da matemática para o secundário parece então pouco razoável.

Outros propõem uma proposta tecnocrática interdisciplinar, confiando a uma equipe de diversos especialistas a tarefa de determinar *racionalmente* o que se deve fazer. Porém, tudo o que foi dito acima acerca da interdisciplinaridade mostra que, se essa equipe toma uma decisão, não será jamais por razões "científicas". A decisão dependerá enfim da *negociação* prática entre os especialistas. Há boas chances de que a prática interdisciplinar diminua a parcialidade que necessariamente teria uma decisão tomada por especialistas de uma só disciplina, mas assim mesmo a decisão caberia a especialistas.

Segundo um modelo decisionista, considera-se que os programas de matemática devem ser preparados por meio de negociações sociopolíticas que determinariam o tipo de matemática considerado útil. Seriam não especialistas que decidiriam os objetivos dos cursos de matemática. Depois, pedir-se-ia a matemáticos, e eventualmente a pedagogos, que determinassem de que modo esses objetivos poderiam ser realizados. As instâncias políticas decidiriam sobre os objetivos da educação em matemática, ao passo que os matemáticos e pedagogos procurariam determinar o conteúdo concreto do programa. Supõe-se portanto que os tomadores de decisão possam utilizar o conhecimento científico e técnico como ferramenta para alcançar fins, os quais são absolutamente independentes desse conhecimento.

O modelo pragmático consiste em estabelecer estruturas de negociações entre diferentes espécies de interlocutores, alguns técnicos, outros não, de maneira a determinar, de maneira pragmática, mas por meio de negociações sociopolíticas, as decisões que se deseja tomar. É claro que, em semelhantes negociações, deve--se conferir um lugar importante aos cientistas e especialistas de todos os tipos, mas os simples "consumidores" e outras pessoas implicadas teriam sem dúvida uma opinião importante a dar também.

A tecnologia como política de sociedade

Os parágrafos precedentes podem ter dado a impressão a alguns leitores de que o modelo tecnocrático era ruim, enquanto o pragmático-político seria o bom. Uma tal conclusão colocaria graves problemas. Com efeito, há situações em que o modelo tecnocrático é bastante razoável. Se subo em um avião, prefiro que as decisões sejam deixadas ao tecnocrata que é o piloto. E o mesmo ocorre em relação ao cirurgião, se estou em uma mesa de operação. Apesar disso, existem outras situações em que um apelo à tecnocracia pareceria estranho; não se vê, por exemplo, por que caberia a especialistas determinar o itinerário de um grupo que passeia.

O exemplo do avião e de seu piloto indica que, quanto mais se depara com tecnologias complexas (sejam elas intelectuais ou materiais), mais as linhas "razoáveis" de ação são determinadas pelas próprias tecnologias e, por conseguinte, deverão ser definidas por especialistas. Desse modo, parece que as tecnologias não são neutras. Não são meros instrumentos materiais, mas também organizações sociais. Para retomar o exemplo dos meios de transporte, é evidente que, conforme se viaja a pé, de carro, de trem, avião etc., deve-se aceitar outras maneiras de viver em conjunto.

Uma tecnologia, portanto, não é somente um conjunto de elementos materiais, mas também um sistema social. Certos aparelhos, aliás, podem se tornar absolutamente inúteis nos países em desenvolvimento que não possuem as infraestruturas sociais e culturais que eles implicam.

As escolhas tecnológicas determinam o tipo de vida social de um grupo: uma sociedade pode se tornar mais ou menos tecnocrática de acordo com o tipo de tecnologia que ela constrói para si. Assim, como vimos, um sistema de produção de energia centralizado leva a um certo tipo de sociedade; diga-se de passagem que um tipo pouco centralizado permitiria outros tipos de organização social.

A escolha das tecnologias não é portanto somente uma escolha de meios neutros, mas uma escolha de sociedade. Não é estranho então que, quando se consideram as tecnologias, raramente se examine a organização social à qual conduzem?

A não neutralidade das tecnologias materiais, como os meios de transporte ou a informática, é quase evidente. Porém, as tecnologias intelectuais que são as ciências também determinam organizações sociais. Uma sociedade que adotou a física como tecnologia intelectual será obrigada a estruturar-se de maneira a que as pessoas aprendam essa abordagem do mundo e abandonem outras. E, de acordo com a maneira pela qual as pessoas compreenderem as ciências, elas deverão em maior ou menor medida recorrer aos especialistas. É aí que se revela o papel social daquilo que se chama de "vulgarização científica".

Existe um debate em nossa sociedade a respeito da possibilidade de um condicionamento da existência individual e social pelas tecnologias. Alguns, baseando-se em uma representação que permite separar a tecnologia como tal de suas aplicações concretas, minimizam esse condicionamento, ressaltando que as tecnologias estariam à disposição de homens e mulheres, tendo estes que decidir, de acordo com sua ética, sobre a maneira pela qual as utilizar. Outros, pelo contrário, insistirão sobre a maneira pela qual as tecnologias acarretariam mais do que um condicionamento: elas determinariam a própria vida. De acordo com os primeiros, haveria mil maneiras de utilizar as centrais nucleares ou a informática, enquanto os segundos pretendem que essas tecnologias telecomandem as estruturas das sociedades que as adotam. Para os primeiros, a tecnologia pode ser separada das estruturas sociais nas quais se insere, enquanto, para os segundos, ela já veicula estruturas de sociedade.

É geralmente admitido que uma interação entre as técnicas e a ética das sociedades que as utilizam pode fazer com que as tecnologias mudem concretamente de um lugar para outro. Falar de um determinismo total seria sem dúvida abusivo. De maneira concreta, porém, as pessoas percebem que têm de se adaptar, de bom ou mau grado, às tecnologias, e que estas acabam por ditar a maneira pela qual elas devem trabalhar e viver. Assim, quando se informatiza uma empresa, a operação não é apresentada como uma simples possibilidade para os trabalhadores: mostra-se-lhes que eles têm de se adaptar às exigências das técnicas modernas. Do mesmo modo, se um país adota a eletricidade nuclear, faz-se observar que é preciso adaptar em consequência a sua polícia e o seu sistema de segurança e de proteção, a fim de evitar as sabotagens. Diante disto, o discurso que pretende separar as tecnologias de suas aplicações parece vazio, pois o discurso concreto mostra que é preciso adaptar o seu modo de vida condicionado à tecnologia.

O mesmo ocorre em relação ao conhecimento. A adaptação de nossos modos de conhecimento à estrutura da ciência moderna não é percebida como uma possibilidade deixada à livre escolha; ela é pelo contrário apresentada como uma necessidade concreta, caso se queira manter o seu lugar na sociedade. Felicitar-se pelos benefícios vindos desse espírito científico seria enganar-se, e não perceber que o que é pedido é uma adaptação a um modo particular de conhecer *imposto* pelo sistema do saber científico e o abandono de outras maneiras de saber. Da mesma forma que para as tecnologias materiais, isto não significa que a ciência determine totalmente a liberdade de conhecer, a ponto de eliminá-la, mas ela está sem dúvida ligada a uma coerção. Isto é verdade nos países ocidentais em que esses saberes científicos nasceram e onde são conaturais à cultura local; é ainda mais exato nos países em desenvolvimento, onde a coerção vinda do exterior é mais manifesta.

A vulgarização científica, efeito de vitrine ou poder?

Caso se considere a articulação entre a política e a ciência segundo o modelo pragmático, o debate (os diálogos e negociações entre os técnicos e os não técnicos) é fundamental. É nessa perspectiva que a vulgarização científica assume grande importância.

Há duas maneiras de compreender a vulgarização científica. De acordo com uma, a vulgarização consiste em uma operação de relações públicas da comunidade científica, que faz questão de mostrar ao "bom povo" as maravilhas que os cientistas são capazes de produzir. Um bom número de transmissões televisivas ou artigos de vulgarização possuem esse objetivo. A finalidade dessa vulgarização não é transmitir um verdadeiro conhecimento, já que ao final da transmissão a única coisa que se sabe com certeza é que não se compreende grande coisa. Esse tipo de vulgarização confere um certo "verniz de saber", mas, na medida mesmo em que não confere um conhecimento que permita agir, dá um conhecimento factício; é um saber que não é, propriamente falando, nenhum, já que não é poder.

Na segunda perspectiva, pelo contrário, a vulgarização visa a conferir às pessoas um certo poder. Esse tipo de vulgarização fornece às pessoas um certo conhecimento, de maneira que elas possam dele se servir. Assim, há como difundir uma informação relativa às centrais nucleares a fim de permitir à população local escolher com melhores fundamentos se ela quer ou não uma central nucelar. Ou, por outra, há meios de dar aos pacientes conhecimentos médicos suficientes para que eles possam determinar se aceitam ou não determinado tratamento. Pode-se também produzir um curso sobre a eletricidade que permita compreender o funcionamento de um fusível. Esse tipo de vulgarização científica confere um verdadeiro conhecimento, no sentido de que a representação do mundo por ele fornecida permite agir. Ajuda também os não especialistas a não se sentirem inteiramente à mercê dos especialistas.

Em uma sociedade fortemente baseada na ciência e na tecnologia, a vulgarização científica tem implicações sociopolíticas bem importantes. Se o conjunto da população não compreende nada de ciência, ou se permanece muda de admiração diante das maravilhas que podem realizar os cientistas, ela será pouco capaz de participar dos debates relativos às decisões que lhes dizem respeito. Se, pelo contrário, a vulgarização científica der às pessoas conhecimentos suficientemente práticos para que elas possam ponderar sobre as decisões com melhor conhecimento de causa, ou pelo menos saber em que "especialista" elas podem confiar, essa vulgarização é uma transmissão de poder.

A vulgarização científica é constituída principalmente por traduções de representações. Com frequência, aquilo de que as pessoas necessitam para participar de maneira significativa nos debates ou nas decisões que lhes dizem respeito não é tanto de conhecimentos técnicos especializados. É inútil compreender a química para compreender as vantagens e inconvenientes das aspirinas. É inútil conhecer a resistência dos materiais para saber utilizar um martelo. Não obstante, conhecer certas propriedades dos alimentos pode permitir que eles sejam adquiridos de maneira mais satisfatória. Ou ainda, saber as vulnerabilidades à sabotagem das centrais nucleares pode permitir a uma população que decida com melhor conhecimento de causa. Para ser um indivíduo autônomo e um cidadão participativo em uma sociedade altamente tecnicizada deve-se ser científica e tecnologicamente "alfabetizado" (cf. Waks, em Fourez, 1986). Sem certas representações que permitem apreender o que está em jogo no discurso dos especialistas, as pessoas arriscam-se a se verem tão indefesas quanto os analfabetos em uma sociedade onde reina a escrita.

A possibilidade de vulgarizar os conhecimentos científicos depende também da estrutura destes. Para alguns, é fácil obter informações simples que constituam um saber operacional útil. Outros, pelo contrário, são estruturados de maneira tão complexa que é quase impossível compreendê-los se não se tem nenhum conhecimento prévio.

Se considerarmos os paradigmas das grandes disciplinas tradicionais, constatamos que alguns se encontram em contato mais direto do que outros com a vida cotidiana. Desse modo, a física com a eletricidade, a óptica, a física estática, a dinâmica estuda fenômenos que se pode encontrar e ter de lidar na vida comum.

O mesmo ocorre com a biologia. Essas duas disciplinas utilizam um certo número de conceitos básicos que são frequentes na existência cotidiana. Em contrapartida, a química possui poucos conceitos básicos que sejam operacionais na vida cotidiana. Qualquer um utiliza por vezes em sua vida uma alavanca, conserta um fusível, difunde calor, cura uma gripe, oxigena-se etc.; bem poucos porém efetuam oxidorreduções. Mesmo que o nosso mundo seja moldado pela química industrial, a química é bem menos utilizada na vida cotidiana do que a física, a biologia ou a matemática. Poderia ser que essa característica da química explicasse por que os químicos parecem, às vezes, mais do que outros, desinteressar-se das interações entre os seus conhecimentos e os problemas da sociedade?

Sem embargo, qualquer que seja o paradigma, escolher entre uma vulgarização "efeito de vitrine" ou "transmissão de poder social", não se trata de uma escolha científica, mas de uma opção sociopolítica, eventualmente guiada por uma ética. Uma escolha engendrará uma sociedade tecnocrática com pouca liberdade, a outra permitirá aos cidadãos tomar decisões em relação à sua vida individual e a sua existência coletiva. O movimento *Science, Technology & Society*,[1] (STS) particularmente ativo no norte da Europa e nos países anglo-saxões, tenta precisamente promover uma articulação fecunda desses três componentes.

Resumo

O conhecimento engendra o poder o poder, a possibilidade de decisão (recurso à política e/ou à ética).
Duplo sentido de "política científica": a) política *para* as ciências (ponto de vista dos cientistas e subsídio); b) política *pelas* ciências (ponto de vista dos políticos e tecnocracia).

---
1 Em inglês no original. (N. T.).

Modelos tecnocrático, decisionista e pragmático-político de Habermas:

1 tecnocrático: as ciências e técnicas (os especialistas) determinam as políticas;
2 decisionista: os consumidores determinam os fins, os técnicos, os meios;
3 pragmático-político: interações e negociações entre "especialistas" e "não especialistas".

O abuso de saber dos especialistas

Aqueles que pretendem *determinar* as políticas (ou as éticas) graças às ciências e tecnologias cometem "abuso de saber", ao ocultar as decisões paradigmáticas.
Mesmo interdisciplinar, a tecnocracia tenderá a funcionar como um só paradigma. Além disso, as negociações sociopolíticas não serão estranhas ao acordo concluído entre os especialistas.

Distinguir entre os fins e os meios, os valores e as técnicas?

Interesse do modelo decisionista (possibilidade de se recorrer a competências sem lhes conferir todo o poder); sua debilidade: negligenciar a influência dos meios sobre os fins e sobre a organização social.

Exemplo: programas de ensino

Que matemática ensinar no secundário? A decisão cabe aos matemáticos (enfoque tecnocrático)? A uma equipe interdisciplinar de especialistas (*idem*)? As negociações sociopolíticas seguidas de um recurso a matemáticos e pedagogos para a aplicação (enfoque decisionista)? Negociação entre os diferentes tipos de interlocutores (modelo pragmático)?

A tecnologia como política de sociedade

Certas situações postulam o modelo tecnocrático, outras não...
Quanto mais complexas são as tecnologias, mais elas ficam nas mãos de especialistas. As escolhas de tecnologias são portanto escolhas de sociedade. Daí o papel social da vulgarização científica.

A vulgarização científica, efeito de vitrine ou poder?
Importância da vulgarização nas negociações entre técnicos e não técnicos. A vulgarização-vitrine dá apenas uma ilusão de conhecimento, sem poder. A vulgarização "científica" fornece o meio de utilizar e de controlar certos efeitos da técnica. Ela é constituída principalmente por "traduções" e por representações que se abrem para a existência e permitem participar nos debates sociopolíticos.

Palavras-chave

Modelo tecnocrático/ modelo decisionista/ modelo pragmático-político/ política científica (2 sentidos)/ vulgarização científica/ efeito de vitrine/ STS/ tecnocracia interdisciplinar/ tecnologias como organização social/ tomador de decisões/ especialista/ técnico/ especialidade.

CAPÍTULO 10

IDEALISMO E HISTÓRIA HUMANA

Os enfoques idealista e histórico

Ao falarmos de ciência ou de ética, distinguiremos duas atitudes. Uma, chamada idealista,[1] caracteriza-se pela aceitação de normas universais e eternas que determinam de que modo é e deve ser o real. A outra, denominada histórica, vê nas configurações assumidas pela ciência e pela ética o resultado de uma evolução, que não obedece necessariamente a leis eternas.

Para os idealistas, a amizade, a justiça, o rigor, a saúde, a família, a ciência, a razão, o desenvolvimento, o amor, a sexualidade etc. são ideias eternas das quais se aproximarão, na medida do possível, as realidades concretas que lhes correspondem em nossa história. Assim, os idealistas tenderão a falar da "verdadeira" amizade, ou da "verdadeira" família, subentendendo com isto uma norma à

---

[1] Neste contexto, o termo será utilizado de maneira técnica; não corresponde à acepção usual do cotidiano, em que se fala de um idealista quando se considera alguém que é particularmente generoso.

qual é preciso sempre referir-se caso se fale de amizade ou de família. Para os "históricos", pelo contrário, essas noções são representações que os humanos se deram historicamente, são resultado da história humana e destinados a descrevê-la e permitir a sua continuação.

Distinguiremos desse modo três termos, que utilizaremos com uma precisão técnica: os de "noção", de "ideia" e de "conceito". Essa distinção não é universal entre os filósofos, mas parece-me útil para a exposição que se segue.

Noção, ideia, conceito

Para definir a distinção (evidentemente convencional) entre os termos de "noção", "ideia" e "conceito", darei primeiro três exemplos do funcionamento desses termos. Assim, dir-se-á que se tem uma certa *noção* do que são o trabalho de canalização, a família e a física. Alguns dirão também que, para ver se realmente se ama, é preciso comparar o seu comportamento com a *ideia* do amor. E, enfim, em todas as ciências, tanto na psicologia como na física, utilizam-se *conceitos* em sentidos precisos e definidos (como os de *inconsciente* e de *elétron*).

Utilizarei portanto o termo de *noção* em uma acepção bastante próxima do sentido comum, como qualquer um diz: "Tenho noção de matemática". Entende-se por isto que o sujeito possui um certo conhecimento, que ele sabe do que "se" fala, mesmo que o seu saber não ultrapasse a compreensão comum.

Se alguém diz que compreende a noção de "família", ou de "sapataria", entende-se por isto, em geral, que ele possui uma representação mais ou menos vaga da coisa, sem querer ir mais longe. Nesta obra, falarei de noção quando não quiser precisar se aquilo de que falo é interpretado por meio de "ideias" ou de "conceitos". Assim, pode-se dizer que todos possuem uma noção do que é uma mulher ou um homem. Isto não implica ainda nenhuma teoria ou ideologia sobre o que seria a "feminilidade" ou a "masculinidade".

Utilizarei o termo *ideia* quando se tratar de apresentar uma noção considerada como existindo para todo o sempre. Se, por exemplo, falo de "ideia" de sexualidade humana, entenderei que aqueles que se servem do termo consideram que a sexualidade humana é definida de maneira universal ou eterna. Do mesmo modo, alguém poderia falar, nesse sentido, da ideia do amor. Mas, de maneira geral, ninguém procurará fazer da noção de "sapataria" uma "ideia".

O que caracteriza a utilização de "ideias" (no sentido técnico aqui apresentado, pois na linguagem comum pode-se dizer: "Tenho uma certa ideia" no mesmo sentido em que se fala aqui "Tenho uma certa noção") é o seu funcionamento como norma. Assim, quando se diz que "isto não é uma verdadeira amizade", a maioria das pessoas referem-se a uma ideia de amizade, pois consideram que a amizade se encontra definida de uma vez por todas.

Em nossa cultura ocidental, a noção de ideia ligou-se a um mito bem conhecido apresentado por Platão: o mito da caverna. Platão compara o nosso mundo à visão que teriam dele prisioneiros acorrentados em uma caverna. Eles só podem ver a parede em frente a eles. Sobre essa parede aparecem, como numa projeção de um teatro de sombras chinês, as sombras das pessoas e objetos que passam entre as suas costas e o fogo. Os prisioneiros, vendo essas sombras e apenas elas, tomam-nas por objetos reais. Do mesmo modo, nós só veríamos as sombras das ideias eternas.

Para Platão, o que existiria eternamente seriam as "ideias" (as do quadrado, da justiça, da humanidade etc.), e elas estariam encarnadas nos quadrados, justiças e nos humanos que nós vemos. Por meio deles podemos adivinhar o que são as ideias eternas, mas constituem apenas um reflexo das mesmas. As ideias eternas indicam o que deveriam ser um quadrado "ideal", uma justiça "ideal", um humano "ideal".

Enfim, falarei de *conceito* quando se tratar de precisar uma noção em um determinado paradigma (sempre convencional). Assim, quando, em um dado âmbito teórico ou axiomático, defino o que é um quadrado, construo um conceito. Assim também, os sociólogos formarão o "conceito" de família; para tanto, aceitarão a abordagem sociológica e, nesse contexto, poderão obter uma definição relativamente precisa. Ou, ainda, em uma sociedade onde se calçam sapatos, pode-se construir o conceito de "sapataria"; isto seria feito mediante uma *convenção*, na qual se decidirá se este conceito recobre ou não a fabricação de galochas. De igual modo, pode-se construir um conceito de "amor". Para isto, será necessário definir, em um âmbito preciso, o que se entende por essa noção.

Que diferença há entre falar de conceitos ou de ideias? Quando se fala de ideias, supõe-se que, de uma vez por todas, está definido eternamente o que se compreende por essas noções. Se considero a noção de vida, pretender que é uma ideia é o mesmo que afirmar que essa noção existe em uma espécie de "céu das ideias"; pelo contrário, pretender que é um conceito consiste em remeter ao processo histórico pelo qual, em uma dada cultura, se criou um termo para distinguir o que, desde então, se chamará de "vivo" e de "não vivo". É por isso que, parafraseando Touraine, pode-se dizer que falar de ideias é referir-se a uma *sociologia dos deuses*, ou seja, a instâncias legitimadoras eternas, que dirão o que são as coisas (Touraine, 1975). Pelo contrário, falar de conceitos é tornar-se consciente de que eles podem ser modificados, uma vez que foram construídos.

Se, por exemplo, me refiro à ideia de "mulher", pressuponho uma representação que me diz o que é uma mulher; essa representação tende a se tornar normativa e passa a indicar às mulheres de que modo elas devem agir. Se digo que a noção de "mulher" é um conceito, faço com que se reflita sobre o fato de que a representação que temos da mulher liga-se à maneira precisa pela qual uma cultura forjou esse conceito. Desse modo, pode-se falar do conceito burguês da mulher, daquele existente na cultura dos Bantos, e assim por diante. Não existe mais uma "ideia" eterna que deveria ser o denominador comum; pelo contrário, a noção de mulher surge como uma maneira particular de falar de uma distinção presente em uma determinada cultura.

Do ponto de vista científico, se utilizo a noção de "célula" ou de "elétron", como uma ideia, isto significa que considero que esse termo se refere a uma realidade definida de maneira absoluta, independentemente dos humanos que falam. Já se me refiro a eles como um conceito, isto significa que aceito que essa representação só possui sentido no contexto em que ela se revela útil. Do mesmo modo, o termo "Terra" é uma noção que estará ligada ao paradigma da geologia; porém, essa disciplina redefinirá para si um conceito de "Terra" (o mesmo vale para todos os "objetos" que são considerados por alguns como "definindo" uma disciplina).

Tomemos um outro exemplo com base na noção de "coma". Ela é relativamente clara: de acordo com o Larousse, refere-se a uma espécie de "sono profundo, depressão física próxima da morte em consequência de uma doença ou ferimento grave". Não obstante, essa noção continua sendo vaga; é por esse motivo, para criar uma linguagem mais operacional, que os médicos a redefinirão em um conceito que fará referência a várias teorias. Muitos, no entanto, ao interrogarem um médico perguntando-lhe "Na verdade, o que é o coma?", supõem que o "coma" existe como tal, quando, na medicina, trata-se de um conceito teórico destinado a exprimir-se de maneira clara nos diagnósticos e em buscas de terapias. Alguém que visse na noção de "coma" um conceito colocaria ao médico a seguinte questão: "Em medicina, o que se entende exatamente pelo conceito de 'coma'?".

Sucede o mesmo com a palavra "saúde". A noção é clara em nossa cultura. Definir o seu conceito exige toda uma elaboração teórica. Muitos acreditam que o conceito de "boa saúde" possui uma definição (uma ideia) eterna e única, quando, na verdade, de acordo com o contexto teórico ou paradigmático no qual ele é utilizado, pode remeter a significações bem diversas.

É no campo da estatística, todavia, que o significado da distinção entre uma noção e um conceito assume o maior relevo.

Se, por exemplo, quer-se produzir estatísticas sobre o número de desempregados em uma cidade, parte-se de uma noção. Porém, desde que se quer começar a ser mais preciso, é-se obrigado a definir, graças a uma elaboração teórica, ela mesma determinada pelo projeto que se possui, um conceito de "desempregado". Neste caso, vê-se bem como o "projeto" influenciará o esquema teórico que permitirá definir o conceito. Era assim que, no século XIX, os conceitos definidores das estatísticas de exportação de um país eram determinados pela necessidade de avaliar o recebimento dos direitos alfandegários. Hoje as coisas são diferentes. Daí provém, aliás, a dificuldade de se utilizar a estatística fora dos projetos para os quais foi elaborada: os "objetos" de que falam não são fixos, já que dependem da definição dos conceitos.

Quando não se está atento para a maneira pela qual as noções são vagas, arrisca-se a se deparar com problemas provenientes da má definição de conceitos. Desse modo, quando se diz que a situação de relações técnico-econômicas de "estreita especialização" entre o homem e a mulher "não tem paralelo algum no mundo animal" (cf. Leroi-Gourhan, 1970), é claro que ao que se visa com essa proposição só se sustenta se os conceitos de "estreita especialização", de "paralelo" são bem definidos. Fora desse contexto, é óbvio que se pode conceber paralelos entre as especializações humanas e animais.

Na perspectiva "idealista", procura-se sempre alcançar a ideia, tal como existente em si mesma; a ciência não escapa disto. Na verdade, de um ponto de vista histórico, considera-se que a ciência constrói para si conceitos úteis tendo em vista determinados projetos, sem procurar se aproximar da noção que, de maneira absoluta, se aproximaria da "realidade em si, tal como expressa nas ideias".

Não acreditar nas ideias eternas não significa que não se necessite precisar aquilo de que se fala, ou seja, construir conceitos. Se falo de pássaros, precisarei de uma definição válida em um âmbito determinado (fala-se então de definição "pontual"); porém, será por meio de uma definição prática que escolheremos, de acordo com nossos projetos, efetuar ou não uma distinção entre os "pássaros" e os "morcegos". A distinção será orientada por aquilo que nos parece importante em nosso universo. Para o idealista, é "em si" que a distinção deve ou não se efetuar.

Crítica do idealismo

Não me parece possível demonstrar que não existem ideias eternas. Afinal, poderia haver ideias do que seriam desde sempre e para sempre a família, a justiça, o amor, o homem, a mulher etc. (semelhantes ideias poderiam basear-se em Deus, na Natureza etc. "deuses" no sentido de Touraine).

Não obstante, é difícil crer na existência de tais ideias, na medida em que se vê o mundo e as instituições evoluírem historicamente e, por outro lado, onde tudo parece indicar que as noções de família, justiça, amor, homem e mulher são mais condicionadas pela representação que uma cultura e época determinadas se fazem delas do que por uma ideia eterna. A representação que fazemos do ser humano masculino é um exemplo, por estar fortemente condicionada por nossa cultura atual. Quando se pensa nos homens, mulheres, famílias, é difícil acreditar que as representações que lhes são concernentes, tão diferentes de acordo com a cultura de que se fala, são todas expressões de uma ideia eterna. Além disso, o modo pelo qual tendemos, no Ocidente, a hierarquizar essas representações, pretendendo que elas evoluam na direção das nossas, que seriam a ponta de lança do progresso, parece, hoje em dia, cada vez mais ingênuo. A família nuclear ocidental (papai, mamãe, crianças) seria, por acaso, a mais próxima da ideia de família? Há aí um etnocentrismo que é difícil de aceitar.

Assumirei aqui a hipótese de que todas as nossas representações são conceitos historicamente construídos em um dado contexto, e portanto relativos a esse contexto e não absolutos.

Tudo se diluiria então no relativo?

Semelhante afirmação do condicionamento histórico de nossos conceitos (observemos que falei de um condicionamento e não, de uma determinação à maneira determinista!) acarreta em alguns um receio de fundo afetivo. Se as nossas representações são relativas, não haveria nada absoluto? O amor, a justiça, a amizade, e assim por diante, seriam sempre noções relativas? Não passa tudo a se diluir no relativo? Para responder a essas questões, é preciso ver que afirmar o caráter relativo de algo não significa de modo algum que se a considere como sem importância. Dois exemplos podem mostrá-lo.

A experiência amorosa mostra que o "relativo" pode ser muito importante. Com efeito, o fato de que alguém possa encontrar centenas, ou mesmo milhares, de parceiros compatíveis com ele não suprime a importância do amor. Amar alguém é viver uma experiência essencialmente relativa (poder-se-ia amar muitas outras pessoas), mas é justamente o fato de que se ama essa pessoa específica é que é importante. O discurso que pretendesse consolar alguém por um rompimento amoroso afirmando que essa pessoa poderia encontrar centenas de outras mulheres (ou homens) soaria falso. É um caso típico em que uma experiência relativa reveste-se de uma importância crucial. Isto mostra que a consciência da relatividade "não dilui todo o relativo". É o que exprimia Saint-Exupéry quando fazia dizer o Pequeno Príncipe que o importante em sua rosa não é que ela fosse absolutamente única, mas o tempo que ele havia passado em função dela.

Um outro exemplo da importância do relativo é o do cristianismo. Ele se baseia sobre a fé de que é na relatividade e no contexto histórico de uma época e de uma pessoa, Jesus, que o Absoluto se manifesta. Contrariamente a outras crenças religiosas, o cristianismo não se baseia sobre um Deus abstrato, mas sobre um Deus que se manifesta na relatividade da história. O cristianismo parece desde então compatível com um encontro com o Absoluto, que só se efetuaria em experiências sempre relativas a um contexto histórico (ainda que alguns cristãos professem um cristianismo idealista, considerando que a "essência do cristianismo" pode ser pensada fora de toda relatividade histórica).

A escolha entre uma abordagem histórica e uma idealista não é uma simples escolha abstrata, sem consequências concretas. Se se acredita, por exemplo, que existe uma ideia eterna de família, procura-se defender essa ideia contra tudo e contra todos. É frequente, aliás, que "idealistas" defendam representações historicamente contingentes acreditando defender ideias eternas.

Pode-se perguntar, além disso, se o idealismo não vai de encontro a uma tendência nossa a "engarrafar o real", assegurando-nos de que ele não sairá do lugar! Muitas pessoas têm dificuldade em investir em algo relativo. É desse modo que alguns parecem ter necessidade de acreditar que a pessoa que eles amam era, desde sempre, a única que eles podiam amar, e que ela lhes era destinada. A supressão do caráter relativo de nossas experiências garantir-nos-ia, ao que parece, uma espécie de segurança. Algumas pessoas necessitam saber se o que elas fazem está de acordo com uma moral eterna, e suportam com dificuldade o próprio processo histórico, em que nem tudo está seguro de antemão. Pode-se perguntar se, para alguns, a necessidade de dizer que a ciência possui um método universalmente válido e absolutamente correto não corresponde a essa mesma tendência a encontrar o absoluto em qualquer lugar. Alguns dirão: "se se começa a dizer que a ciência é relativa, onde iremos parar, no relativismo"? É a eles que Prigogine & Stengers (1979) censuravam não poder distinguir entre a relatividade da ciência e um relativismo desencantado.

De um ponto de vista psicanalítico, podemos nos perguntar se o desejo de um universal absoluto em nossas noções não se une ao desejo de supressão de toda tensão e, finalmente, a um desejo de morte. Aliás, de um ponto de vista religioso, podemos nos perguntar se o desejo de poder tocar em um absoluto não incorporado em um contexto não se aproxima daquilo que foi historicamente chamado de "idolatria": o desejo de ver o absoluto em uma imagem relativa, recusando a existência de uma distância radical entre as imagens e o absoluto.

Pode-se enfim relacionar o debate entre o idealismo e a abordagem histórica com as "metamorfoses do Espírito", de Nietzsche, por um lado, e a justificação pela fé ou as obras de São Paulo, por outro. O idealismo fornece com efeito as instâncias legitimadoras eternas das quais tem necessidade o espírito-rebanho (*"esprit-chameau"*) de Nietzsche (1883-1953) para encontrar aquilo que ele precisa fazer. A abordagem histórica, pelo contrário, tende a reconhecer que, na história, escolhe-se sem ter por trás uma legitimação última, como faz a criança, segundo Nietzsche. Já aqueles que creem em uma justificação por meio das obras tendem a buscar uma moral absoluta e idealista, enquanto aqueles que acreditam em uma justificação pela confiança ou pela fé aceitam mais facilmente encontrar-se em meio à incerteza de uma história que está sendo feita (cf. Fourez, 1986).

Uma teoria da construção dos conceitos do ponto de vista histórico

A fim de compreender de que modo as noções e os conceitos são construídos e de que modo funcionam, iremos adotar dois enfoques. Pelo primeiro, indicarei como funciona cada conceito, em um dado momento, como signo que remete a toda uma série de relatos que lhe conferem a sua significação. Pelo segundo, de que modo os conceitos são construídos e evoluem como consequência de mudanças da sociedade. No início desta seção, o que será dito pode se aplicar tanto aos conceitos como às noções; no final, contudo, o funcionamento e a utilidade da distinção entre noção e conceito serão postos em relevo.

Os conceitos e os relatos

Partamos da existência, em determinada cultura, de um certo número de relatos. Assim, correspondendo à noção de amor, existem histórias comumente narradas. Desde aquela da prostituta que procura encontrar um sentido para a vida até a biografia dos místicos. Esses relatos, evidentemente, são condicionados pela sociedade em que se situam. Permitem que os homens contem também as suas histórias (vê-se isto ocorrer com os romances: são interessantes porque, por meio das histórias que contam, permitem a cada um reencontrar a sua própria) (Fourez, 1979b; também Kemp, 1987).

Para ver como funciona o vínculo entre os relatos e um conceito, consideremos um adolescente que começa a viver um primeiro amor. Antes dessa experiência, os relatos de amor não possuem significação para ele. São vazios de conteúdos concretos, assim como o conceito de amor (é a época em que os adolescentes geralmente zombam dos irmãos mais velhos e de seus encontros amorosos). Ocorre então que ele começa a viver uma experiência sem lhe aplicar a noção de amor. Diz ter vontade de encontrar determinada garota, julga-a inteligente, bonita, encontra-se "por acaso" perto dela, no ônibus, na sala de aula etc. Vivem uma certa relação, mas não a percebem por meio das categorias típicas das histórias de amor.

Depois, um belo dia, algo pode vir à tona, e o jovem dizer: "Estou apaixonado". Esse momento não assinala uma mudança material daquilo que ele vive, mas a maneira de lê-lo – e portanto de vivê-lo – se modifica: ele lê agora a sua história como uma história de amor. Por um lado, ele lê o que ele vive por meio das histórias de amor que ele ouviu antes; e, por outro lado, essas histórias começam a assumir, para ele, novas significações, pois ligam-se agora à sua própria experiência. Graças às outras histórias, o adolescente se torna capaz de exprimir a si mesmo e aos outros aquilo que ele vive. Graças a sua experiência, as histórias ganham um corpo e uma consistência que não apresentavam antes. A noção de amor começa adquirir sentido para ele.

Se, agora, efetua-se uma certa seleção (sempre convencional) entre os relatos, determinando quais serão aceitos como histórias de amor e quais não o serão, pode-se começar a falar de um conceito: em um âmbito preciso, sabe-se a que se está referindo quando se fala de amor. Pode-se dizer mesmo que o conceito de amor tira todo o seu significado do conjunto de relatos que lhe corresponde. Definir um conceito é indicar quais são os relatos que lhe corresponderão (é isto o que fazem os bons dicionários quando explicam a significação de uma palavra: indicam em que tipo de frase ela pode ser empregada!). Os relatos ligados ao conceito fornecem às pessoas as "palavras para expressar", as palavras para falar sobre a sua própria experiência.

Vistos dessa maneira, os conceitos são bastante úteis, ainda que se reconheça o seu caráter fundamentalmente convencional. De uma cultura a outra, a existência será cortada segundo outras regras, fornecendo outros conceitos e outras maneiras de ler a sua vida. E, na medida em que se carecem de relatos para falar daquilo que se vive, faltam "palavras para dizer", o que faz com que não se possa comunicar a sua experiência seja aos outros, seja, principalmente, a si próprio. A ausência, em certas culturas, de noções presentes em outras explica ao mesmo tempo a utilidade das noções e o seu caráter convencional. Assim, sabe-se que certas tribos de índios carecem da noção de "começo"; nessas culturas, é possível falar de simultaneidade, mas não de início. Pode-se conceber as dificuldades que podem ter determinados índios para entrar nos sistemas de planificação habituais aos homens brancos (cf. Hall, 1959).

Pode-se apreciar também a eficácia proveniente da construção de certos conceitos considerando o tipo de vida ético que se cria na medida em que não se dispõe de histórias-tipo para situações que se julga normal viver. Há uns 40 anos, por exemplo, não havia, em nossa civilização, relatos para falar sobre a amizade entre um homem e uma mulher; ou a relação era assimilada a um casal –

casado ou não –, ou ela era considerada como essencialmente funcional. Por falta de relatos, era difícil às pessoas viver aquilo que hoje chamaríamos uma amizade homem-mulher; ela era imediatamente associada aos relatos existentes. Mesmo hoje, pode-se perceber a ausência de palavra para falar de uma pessoa com a qual não se vive uma relação de casal, mas que pode ser muito importante. O jornal *Le Monde* publicou, há algum tempo, um longo artigo consagrado à dificuldade de falar desses casais que não constituem um no sentido próprio da palavra. De fato, ele mostrou simplesmente o problema que se coloca quando não existe ainda um *conceito*: o dia em que se souber com maior ou menor precisão que tipo de relatos se quer – dados os nossos projetos – selecionar, para falar a respeito, nascerão um novo conceito e um novo nome. E, ao mesmo tempo, um novo discurso ético formar-se-á. Para dizê-lo de outro modo, uma nova maneira de ver as coisas introduzirá um novo conceito.

O que é dito aqui a respeito dos conceitos da vida comum ou das ciências humanas é aplicável também aos conceitos das ciências naturais. Falar de átomo, ou de elétron, ou de célula, ou de hereditariedade etc. é selecionar ao mesmo tempo uma série de relatos que determinam a sua noção; precisar mais que relatos podem ser reunidos em determinado contexto e em relação a projetos determinados significa definir um conceito.

É desse modo também que se determinam conceitos tais como "fazer física", "fazer matemática" etc. Trata-se de histórias que narram maneiras de agir. São essas comunidades científicas, particularmente, que decidirão sobre os limites aceitáveis para essas histórias e introduzirão uma normatividade que corresponderá aos conceitos.

Na exposição desta teoria sobre os conceitos definidos por relatos, introduzi a chave da distinção feita anteriormente entre noções e conceitos. O que os distingue no contexto aqui definido é que falei de "noção" quando a convenção que a define permanece vaga e implicitamente ligada à vida cotidiana; pelo contrário, quando essa convenção é precisada em uma situação e em um contexto determinados, falei de "conceito". Poder-se-ia dizer então que o que produz o conceito é a normatividade da convenção particular da linguagem. Percebe-se isto nos conceitos científicos em que a normatividade é bem clara... a ponto de chegar a justificar até o fracasso nos exames...

Essa teoria da produção das noções e conceitos por meio de relatos permite compreender o que se passa em um dado momento (de maneira sincrônica). Permanece aberta porém a questão de saber por que certos relatos surgem em uma determinada época, e principalmente por que se reúnem em um conjunto que acabará por determinar uma noção e/ou um conceito: é o que se chama de ponto de vista diacrônico.

A produção social dos conceitos na história

Quando se trata de explicar o nascimento histórico de novos relatos, de novas noções, de novos conceitos, de novas éticas, duas teorias se confrontam. Uma – também chamada idealista, mas com uma ligeira nuança em relação à definição anterior do termo – considera que as ideias conduzem o mundo. Desta perspectiva, novas noções podem surgir, seja pelo fato de que a lógica do mundo implica que chegam nesse momento, seja por que pensadores as tenham imaginado. Entretanto, dir-se-á que essas ideias são o resultado de um processo independente das condições materiais, econômicas, políticas, culturais etc.; em suma, como declarava Mao Tsé-Tung, que elas "caem do céu".

A segunda perspectiva considera que as noções aparecem geralmente no momento em que um problema de sociedade as torna úteis. Assim, a noção de poluição não existirá em uma tribo que vive em um ambiente puro, mas surgirá desde que surjam problemas de "poluição".

Do mesmo modo, a ética do trabalho (ou seja, uma valorização do trabalho por si mesmo, independentemente do que ele produz) não emergirá em uma sociedade na qual quem não trabalha ficaria imediatamente sem alimento. Ela surgiu principalmente na sociedade burguesa, quando se estabeleceu uma distância entre o trabalho e as satisfações dele decorrentes. Para colocar de maneira mais clara, a ética do trabalho não deixa de estar ligada ao fato de que era necessário encorajar para o trabalho aqueles que tinham mais a impressão de trabalhar para o seu patrão do que para si mesmos.

Tampouco se falará de casal e se valorizará tais relações a não ser nas sociedades onde isto constitua um problema. Pode-se relacionar muitos discursos contemporâneos a respeito dos casais, das relações conjugais, sobre a satisfação afetiva e sobre a espiritualidade do casamento com a crise vivida pelos casais, em uma sociedade onde a grande família tem menos importância do que no passado.

Para dizê-lo ainda de outro modo, e de maneira humorística, só se fala dos ausentes, ou daqueles que constituem um problema. Quando surge uma noção, ela em geral se liga a uma "falta" que se quer preencher.

O debate entre as perspectivas histórica e idealista tem sido importante desde o século XIX, pelo fato de que Marx surgiu como o campeão da perspectiva histórica.

Um certo marxismo (do qual se pode duvidar que seja exatamente o de Marx) pretendeu que as noções e conceitos eram apenas o resultado de um determinismo histórico cuja chave seriam as leis da economia. Dentro desta perspectiva extrema, todos os pensamentos e ideologias seriam apenas uma espécie de superestrutura das estruturas econômicas. Dada uma situação econômica, seria possível "deduzir" de maneira determinista as noções próprias a essa sociedade.

Essa visão extrema é sem dúvida o resultado da importante descoberta feita por Marx (e outros de sua época): as maneiras de pensar são condicionadas pelas situações materiais e econômicas. Antes, muitos acreditavam que a evolução das concepções se fazia de maneira paralela mas independente da evolução material. A intuição de Marx as via unidas. Daí nasceu a teoria das ideologias, que tenta, entre outras coisas, enxergar os vínculos entre a produção de certas noções, de certas normas, e mesmo da ciência, e o desenvolvimento econômico.

Essa intuição – esse paradigma, seria o caso de dizer – permitiu compreender muitas coisas; não é de se espantar, portanto, que muitos tenham sido tentados – como ocorre cada vez que um paradigma científico se revela eficaz – a tudo reduzir a essa visão. Ainda mais porque, em última instância, o econômico determina tudo: a ideologia que não permitisse a uma sociedade produzir o que é necessário à sua sobrevivência logo desapareceria, já que todos morreriam!

Hoje, praticamente todos os sociólogos consideram que as ideologias são *condicionadas* pelas situações econômicas e políticas, mas sem necessariamente pretender que elas sejam *determinadas* por estas últimas. Admite-se, de maneira geral, que as ideologias podem, por sua vez, condicionar o econômico e o político. Haveria assim relações "dialéticas" (de causalidade recíproca) entre o ideológico, o político e o econômico. A maneira pela qual esses níveis interagem é complexa (Althusser, 1966 e 1974). Chamar-se-ão de *instância econômica, instância política e instância ideológica a maneira pela qual esses polos da atividade humana se organizam em nossa sociedade.*

O exemplo da escravatura e do movimento ético que levou à sua abolição pode explicar essas relações. A escravatura, no sul dos EUA, achava-se manifestamente ligada ao modo de produção das fazendas agrícolas (*plantations*). No norte, que se industrializava, esse tipo de relação social era menos interessante. Por outro lado, a industrialização fez inclinar a balança do poder político do sul para o norte. De modo paralelo, certos movimentos – pensemos nos *quakers* – rejeitavam a escravidão por razões religiosas (mas talvez o fizessem mais facilmente ainda, já que a região que habitavam – o norte dos Estados Unidos – já fosse mais dirigida para a produção industrial do que para a agricultura!). Em tudo isto, o econômico, o político e o ideológico interagiram para a produção de uma nova ética recusando a escravidão. Cada instância desempenhou nela um papel.

Admite-se contudo, de maneira geral, que certas sociedades podem ser estruturadas em torno de uma "instância dominante", ou seja, de uma dimensão mais importante do que as outras. Assim, muitos consideram que, em nossas sociedades, o econômico é a instância dominante: é nesse nível que se desenvolvem os papéis sociais essenciais. No tempo de Luís XIV e nos tempos feudais, a instância dominante era sem dúvida de natureza política. Na Palestina do tempo de Jesus, ou no Tibete dos Dalai Lamas, era antes a instância ideológica, veiculada pelo religioso.

Uma vez aceito um vínculo entre essas diferentes instâncias, torna-se cada vez mais difícil acreditar no idealismo. Admite-se em geral um certo condicionamento das ideologias por outras instâncias. Porém, os mecanismos precisos pelos quais se dá esse condicionamento não são tão claros.

Para falar a respeito utilizam-se "grades de leitura", ou seja, maneiras de conceber os vínculos entre as ideologias (ou as éticas) e a história. De modo geral, na base de cada uma dessas grades de leitura encontra-se uma consciência aguda de uma contradição social. Assim, a grade "econômica" parte da tomada de consciência da exploração; a grade "feminista" estrutura-se em torno do sexismo, isto é, em torno das relações homem-mulher inigualitárias; já a grade "ecológica" liga-se à dificuldade, para a nossa geração, em controlar os sistemas tecnológicos por nós produzidos.

A grade econômica

O enfoque econômico da construção de noções e da ética é sem dúvida o mais difundido. Provavelmente, isto se deve ao fato de que a instância econômica é dominante em nossa sociedade industrial capitalista (seja ela capitalista liberal, como no Ocidente, ou capitalista de Estado, como nos países comunistas). Baseia-se nos três conceitos mencionados acima: o econômico, o político e o ideológico (para ver de que modo a grade econômica pode se aplicar à ciência, ver em especial Coriat, 1976).

Chamam-se de "econômicas" as atividades sociais ligadas à *produção* do que é considerado necessário à sociedade. Chamam-se de "políticas" aquelas ligadas à distribuição do poder. Enfim, chamam-se de ideológicos os discursos que legitimam as esferas do econômico ou do político.

Esses três conceitos podem ser explicados pelo exemplo da microssociedade constituída por alguns amigos que partem juntos em viagem. O econômico será representado por tudo que é necessário para realizar a viagem: carro, provisões, alojamento etc. O político surgirá quando se tiver que tomar decisões: parar para comer, abastecer de combustível, escolher o trajeto e assim por diante. O ideológico situar-se-á em todos os discursos que se pronunciar para legitimar o modo como ocorrem as coisas, dizendo por exemplo que determinado sujeito merece mais atenção porque conhece mecânica, que outro pode decidir sobre o caminho porque o carro lhe pertence etc.

De acordo com o esquema marxista (que é sem dúvida muito esclarecedor, desde que não seja levado ao extremo, tudo reduzindo a ele), a organização econômica leva a "relações de produção". No exemplo citado, poder-se-ia falar das relações com os motoristas do carro, com aqueles que sabem ler os mapas etc. Em nossa sociedade, as relações de produção estão particularmente ligadas à propriedade e, ultimamente, à competência. Essas relações de produção induzem as relações ao poder, relações políticas. No exemplo, os que sabem dirigir ou o proprietário do carro podem ter um peso maior nas decisões. Enfim, surgem discursos ideológicos que legitimam tudo isso. Dir-se-á por exemplo que é "normal" que os motoristas (ou o proprietário do carro) tenham mais poder e assim por diante. Com esses discursos ideológicos aparece uma ética que representa as ações desejadas ou desejáveis nessa sociedade.

Um esquema marxista reducionista pretenderia que, em nossa sociedade, todas as repartições de poder e todos os discursos ideológicos são absolutamente determinados pelo econômico. Contudo, sem aceitar esse tipo de reducionismo, pode-se encontrar nesse esquema "econômico – político – ideológico" uma chave interessante para compreender o nascimento histórico da ideologia e da ética. Sobretudo se se acrescenta ao "econômico" a dimensão tecnológica. As tecnologias da contracepção, por exemplo, modificaram as relações de poder entre as mulheres e os homens; seguiram-se a elas modificações nos discursos éticos. Pode-se analisar do mesmo modo o surgimento da ética do trabalho na sociedade burguesa, a dos direitos do homem etc.

A grade econômica é particularmente apta – e sabe-se que era um dos projetos de Marx ao aprimorá-la – a analisar a evolução da sociedade, na medida em que esta se torna inteligível quando se leva em conta os conflitos sociais, em particular aqueles ligados à exploração econômica. É desse modo que uma das maneiras de analisar a evolução da tecnologia intelectual constituída pela ciência consiste em relacioná-la a esses conflitos e em particular à "luta de classes" em sua expressão mais completa. Essa perspectiva lança uma luz sobre o desenvolvimento das ciências e das técnicas: é sob a pressão das necessidades econômicas que elas evoluíram.

É difícil não sentir a força dessa grade analítica. Daí a considerar que tudo é "determinado" pelas modificações "materiais" há um grande passo, que só os marxistas de tipo "dogmático" ultrapassam. Porém, os idealistas que pretendessem que a ética não é influenciada por semelhantes evoluções históricas seriam um pouco ingênuos.

Os limites do marxismo estreito provêm, sem dúvida, de um conceito de determinismo herdado das ciências do século XIX. Do mesmo modo que Laplace queria que tudo fosse determinado pela situação das partículas, assim alguns marxistas gostariam que tudo fosse determinado pelo estado da economia. Hoje talvez, menos ligados a representações deterministas (pensemos nas estruturas dissipativas no campo das ciências naturais), estejamos mais aptos a pensar pressões de condicionamento não deterministas, deixando lugar a interações sistêmicas mais complexas e a uma multiplicidade de trajetórias históricas possíveis.

A grade feminista

De algumas décadas para cá, surgiu uma nova grade de análise, com a progressiva tomada de consciência do fato de que vivemos em uma sociedade patriarcal onde os homens e as mulheres têm papéis e poderes distintos. O "sexismo" desempenha nessa análise um papel análogo ao de exploração econômica na grade econômica. Caracteriza-se, em nossa sociedade pelo menos, pela situação na qual os homens assumem as tarefas exteriores, ao passo que as mulheres permanecem confinadas aos papéis internos subalternos de logística (manutenção da casa).

Segue-se uma distribuição do poder em que predomina o masculino. Estruturam-se em consequência modos de pensamento, ligados à evolução concreta dos homens e das mulheres. Em nossa sociedade patriarcal, os homens tendem mais a raciocinar de maneira dedutiva, partindo de princípios gerais, quaisquer que sejam as consequências – como fazem em geral pessoas em situação de domínio. As mulheres, como fazem os grupos dominados, são mais atentas ao vivido, ao sofrimento, às contradições da existência. Duas éticas decorrerão daí, uma montada sobre princípios, outra mais atenta ao particular e mais disposta a abandonar as deduções lógicas se os resultados parecem aberrantes (Gilligan, 1986).

Essa predominância do modelo masculino permite compreender algumas situações de nossa cultura. As questões da violência e da corrida armamentista recebem, por exemplo, graças à grade de análise feminista, uma luz que não recebiam pela grade econômica. O enfoque feminista permite apreender melhor a não racionalidade de nossa sociedade racional! Talvez seja o caso de se refletir mais sobre o vínculo entre o patriarcado e a produção de uma sociedade gerida pela lógica da ciência e da tecnologia! Podemos nos perguntar também até que ponto a lógica da matemática e da ciência poderia ser a produção de uma cultura patriarcal.

A grade ecológica

Eu tenderia a interpretar as linhas de força da ecologia dizendo que esse movimento responde à ruptura dos meios de controle da tecnologia e a seu gigantismo (quer se trate de tecnologia intelectual ou material) (cf. Fourez, 1983).

Para compreender essa grade, consideremos o fenômeno da inversão da relação dos humanos com os seus meios de produção. Por alto, pode-se dizer que, há dois séculos, as ferramentas eram perfeitamente dominadas pelos artesãos; do mesmo modo, os "sábios" da época dominavam os seus saberes.

No século XIX, nas manufaturas, os operários achavam-se submetidos ao sistema das máquinas; porém, no mesmo momento, os patrões das fábricas tinham ainda, em relação a suas empresas, uma relação similar à do artesão com sua ferramenta; dirigiam as suas fábricas e tinham consciência de fazê-lo (essa situação já era fato há mais tempo na marinha: a tripulação era controlada pela tecnologia – no caso, o navio –, mas o capitão utilizava o navio como um artesão o seu instrumento!). De modo paralelo, quando se trata de tecnologias intelectuais, os chefes dos laboratórios os dirigiam, mas os cientistas perdiam cada vez mais o controle de suas pesquisas.

Hoje, os administradores das grandes empresas têm cada vez menos a impressão de dominar aquilo que administram: declaram aliás que estão submetidos aos sistemas tecnológico e econômico, dando estes a impressão de que progridem por si mesmos, guiados unicamente por uma lógica sistêmica interna. O sistema de tecnologia intelectual constituído pela ciência segue um processo similar: a ciência progride por sua própria lógica, cada vez menos ligada aos projetos daqueles que a praticam.

É desse modo que se operou uma inversão na relação entre os seres humanos e os meios por eles criados. Esses meios, tornados gigantescos, não são mais controlados do que os passes de mágica do aprendiz de feiticeiro. Essa situação de não controle é tanto mais paradoxal que a cultura burguesa que a produziu se baseia em uma ideologia do controle e da previsão.

Pode-se considerar que o movimento ecológico se funda sobre uma análise que vê nessa inversão a principal contradição da sociedade. Liga-se sem dúvida ao impasse da sociedade burguesa quando ela quer controlar toda a existência por meio de seu saber e de suas técnicas (Marcuse, 1968). O impasse ficou bem patente no plano individual e foi Freud quem tirou as consequências desse fato, renunciando à vontade de controlar inteiramente as pulsões (Fourez, 1984). Entretanto, no plano da tecnologia, a questão ainda se coloca: podem-se criar tecnologias que controlariam as tecnologias? O movimento de *"technology assessment"*[2] parece por vezes supor isto possível, mas não é uma ilusão acreditar que uma outra tecnologia poderia resolver o problema engendrado pelas tecnologias? (Pasadeos, em Roqueplo, 1974, p.335-68; Fourez, 1974). Não se seria finalmente levado a modificar a relação entre os seres humanos e as tecnologias por eles construídas? O movimento ecológico parece caminhar nessa direção.

As grades complementares

As grades econômica, feminista e ecológica podem ser consideradas como olhares que se completam e parcialmente se recobrem. Pode-se analisar por meio da grade econômica a relação homem-mulher, assim como o surgimento de tecnologias gigantescas. A grade feminista, porém, permite interpretar as relações de exploração econômica como uma violência ligada ao poder masculino do patriarcado; e a relação com as tecnologias pode ser interpretada da mesma maneira. Enfim, a grade ecológica mostra a lógica própria da economia, pensada como sistema autônomo, de maneira independente da exploração a ela associada; pode tam-

---

2 Em inglês no original: aproximadamente, "taxação da tecnologia" (N. T.).

bém pensar a relação homem-mulher como o encontro de duas maneiras de se situar diante do meio ambiente e da Natureza.

Não se trata, portanto, de pretender que uma grade seja "a boa". Cada uma traz um certo esclarecimento sob um ponto de vista particular. Outras perspectivas poderiam também ter um papel a desempenhar. Contudo, com as três grades mencionadas podemos "cobrir" amplamente a nossa sociedade.

Resumo

Enfoques idealista ou histórico: Crença em normas universais e eternas concernentes ao real, ou visão de uma construção evolutiva da ciência e da ética.

Definições de: noção, ideia, conceito:

noção: acepção bem próxima do senso comum;
ideia: apresentação de uma noção como existindo eternamente;
conceito: maneira de definir ou construir uma noção dentro de um paradigma ou contexto preciso.

Crítica do idealismo: crítica prática, não "demonstrável".

Tudo se dissolveria no relativo? Temor de fundo afetivo diante da afirmação do condicionamento histórico de nossos conceitos. Entretanto, "relativo" não significa "sem importância" (cf. amor, religião). A escolha do enfoque idealista acarreta um certo sectarismo, comparável à idolatria. A escolha do enfoque histórico invoca uma *confiança* no relativo de uma história que se faz humanamente.

Uma teoria do enfoque histórico da construção de conceitos:

a) *Conceitos e relatos*: são relatos comuns em uma dada sociedade que fazem descobrir os conteúdos concretos de nossos conceitos. Estes variam de acordo com as culturas e são mal definidos enquanto o conceito não seja "nomeado". O conceito produz a normatividade da convenção da linguagem.

b) *Produção social dos conceitos na história:*

- teoria idealista: a emergência de novos conceitos é implicada pela lógica do mundo e pela intervenção "independente" dos pensadores;
- teoria histórico-social: os novos conceitos nascem de um novo problema de sociedade (cf. Marx e o assim chamado *determinismo* histórico ligado à economia). Distinção entre "determinismo" e "condicionamento". Interações recíprocas entre o ideológico, o político e o econômico. As diferentes instâncias dominantes de acordo com as sociedades.

A utilização de grades de leitura:

Grade econômica. Sem dúvida, a mais difundida porque o econômico é o dominante em nossa sociedade. De acordo com o esquema marxista, a organização econômica induz a relações de produção (ligadas à propriedade e à competência), as quais conduzem a relações de poder (o político) e a discursos legitimantes (o ideológico). Nota sobre os limites de um reducionismo estreito.

Grade feminista. O sexismo desempenha um papel análogo à exploração econômica na grade econômica. Analogia entre as mulheres e os grupos dominados. Esclarecimentos nos domínios da violência, da guerra, da racionalidade.

Grade ecologista. Produz uma análise que vê na inversão da relação dos seres humanos com os seus meios de produção a principal contradição de nossa sociedade. Cf. a evolução da relação artesão/ferramenta, patrão/máquina, administradores/exigências técnicas.

Complementaridade das análises. As três grades especificadas se completam, recobrem-se parcialmente e dão conta de grande parte de nossa sociedade.

Palavras-chave

Idealismo/ enfoque histórico/ noção/ ideia/ conceito/ relato/ grade econômica/ grade feminista/ grade ecológica/ sexismo/ metamorfoses do espírito de Nietzsche/ justificação pelas obras/ justificação pela confiança/ reducionismo marxista/ instância econômica/ instância política/ instância ideológica/ relações de produção/ relações políticas/ legitimação ideológica/ sociedade patriarcal/ inversão da relação aos meios de produção/ exploração.

CAPÍTULO 11
CIÊNCIA, VERDADE, IDEALISMO

As perspectivas idealista e histórica da produção de noções e conceitos repercutirão nas representações a respeito da ciência. Neste capítulo, sintetizaremos uma série de conclusões das análises precedentes.

Visão idealista da ciência

Para alguns, a ciência descobriria as leis eternas que organizam o mundo: as "leis imutáveis da Natureza". Os conceitos científicos são, para essas pessoas, conceitos efetivamente "descobertos", na medida em que eles apenas atingem aquilo que desde sempre estava presente na Natureza. Dentro desta perspectiva, os conceitos científicos não são construções visando a organizar a nossa visão do mundo, mas reencontram uma espécie de "realidade em si". Essa visão se conforma àquilo que Prigogine & Stengers chamaram de antigo paradigma da física, aquele para o qual a ciência descobriria uma verdade global da Natureza (Prigogine & Stengers, 1980).

Visão histórica da ciência

A essa visão idealista da ciência, podem-se opor as análises críticas do idealismo apresentadas no capítulo anterior e a própria prática científica. Elas fazem que se torne difícil acreditar no modelo da ciência como verdade global e eterna. Pode-se então apresentar um modelo histórico que veja a ciência como feita pelos e para os seres humanos. A ciência e cada disciplina científica passam a ser consideradas como uma construção histórica, condicionada por uma época e por projetos específicos. Elas surgem precisamente como as tecnologias intelectuais das quais se armou a burguesia quando começou a olhar o mundo de outro modo, aquele do estrangeiro que calcula, como vimos acima.

Segundo esse modelo, a atual divisão em disciplinas científicas é vista como razoável, mas não necessária, cada uma das disciplinas correspondendo a seu próprio desenvolvimento histórico, o qual é aliás condicionado pelo contexto e pelas pressões sociais que o acompanham. Quanto aos conceitos científicos, que provêm muitas vezes de noções vagas ligadas à cultura (pensemos na noção de átomo, que se tornou o conceito do átomo), trata-se de construções que tendem a colocar uma ordem na visão organizacional que construímos do mundo (Stengers, 1987). E ainda aí, essa visão não é necessária, ainda que, evidentemente, os conceitos e teorias não sejam equivalentes: quando são relacionados com projetos determinados, alguns são mais eficazes do que outros (sem chegar a considerar conceitos elaborados como o de elétron, pode-se ver que a noção de "começo" é de enorme eficácia para uma cultura que quer planificar a sua existência; observemos todavia que ela é pouco operacional para uma cultura que quer apenas repetir o que o passado lhe legou!).

A ciência como estrutura dissipativa

Dentro dessa perspectiva, a ciência pode ser explicada pela noção de "estrutura dissipativa" tal como formulada por Prigogine no campo da física (e extrapolada para outras disciplinas; Prigogine & Stengers, 1980). Consideremos fenômenos como uma tempestade, ou um furacão, ou uma cidade: em cada caso, surge uma estrutura em uma situação instável, longe do equilíbrio estático, e surge uma organização que se "alimenta" da energia de seu contexto, tudo provocado por uma perturbação microscópica que desencadeia o processo.

Do mesmo modo, pode-se representar a ciência como estrutura de conhecimento que se desenvolveu em determinado contexto, o qual permitiu o surgimento de modos precisos de conhecimento, importantes em relação a projetos precisos, condicionados mas não determinados pelo contexto histórico. A maneira pela qual essas estruturas se desenvolveram (a maneira pela qual a física e a química se distinguem, por exemplo) depende sem dúvida de perturbações históricas que se pode considerar como infinitesimais, mas que resultam nos efeitos macroscópicos que conhecemos.

Ciências e teorias da verdade

Na ciência e na vida comum, utiliza-se a noção do verdadeiro. Porém, o que se quer dizer com isto? O termo pode significar: "Possuo uma informação prática que me permite saber como agir" (como quando se diz "O fogo é verde", e é verdade). Por sinal, Kuhn observou (1972) que era possível considerar a ciência e seu desenvolvimento sem jamais utilizar o termo verdade; basta substituir a cada vez a frase "tal proposição é verdadeira" por "ela é prática para os nossos projetos", ou algo equivalente. Entretanto, a utilização do termo "verdadeiro" em ciência pode por vezes ir bem mais longe, pretendendo atingir uma verdade absoluta, coincidindo, por exemplo, com as "ideias" que determinam o mundo.

Para a maioria, a noção espontânea do "verdadeiro" junta-se a uma velha definição da Idade Média: *"adequação entre a inteligência e o real"*. Não obstante, uma tal adequação pode ser concebida seja como prática e ligada a nossos projetos, seja pelo contrário como absoluta! Para muitos, existe uma "coisa-em-si", por um lado, e uma "representação na inteligência", por outro; e diz-se que a representação é verdadeira quando reflete a coisa-em-si. Trata-se de uma visão da verdade em que o sujeito, por assim dizer, gira em torno da coisa, a qual se encontra no centro do processo.

Nos capítulos precedentes, vimos como era possível efetuar, em uma tradição que se vincula a Kant, uma revolução copernicana e considerar que o centro do conhecimento é o sujeito. Este último constrói para si uma representação de sua ação possível daquilo que ele pode fazer. Desse ponto de vista, pode-se dizer que o objeto só possui sentido no contexto colocado pelo sujeito: trata-se de uma construção ligada ao projeto dos sujeitos.

O objeto, como vimos, não é contudo uma construção puramente "subjetiva" individual, mas antes uma construção social, convencional (uma construção puramente subjetiva levaria simplesmente o seu autor ao hospício!). Os objetos não podem ser construídos de qualquer modo: é preciso que eles sejam construídos de tal modo que os nossos projetos possam se realizar. Se, em minha representação, afirmo que o fogo é verde, quando ele é vermelho, ou se dou a mim mesmo uma representação com tantas nuances de cor que não posso me inserir de maneira adequada nesse projeto social que é o trânsito, não terei um conhecimento adequado.

Pode-se propor então um conceito de verdade mais centrado no sujeito do que no objeto: um conhecimento é dito verdadeiro quando permite realizar os projetos que se tem, e adaptar os seus projetos ao que se pode. O critério de verdade não seria uma adequação às coisas tais como são, mas uma *adequação com o "real de nossa existência"*. Como propõe Toulmin, o critério último do verdadeiro seria a maneira pela qual ele permite viver e se adaptar (Toulmin, 1973).

Dentro dessa perspectiva, a construção do verdadeiro não seria uma espécie de cópia de ideias que seria preciso atingir, mas uma construção humana (lembremo-nos da noção de estruturas dissipativas) estruturando o mundo a fim de que possamos nele viver (Latour & Woolgar, 1979). A construção do verdadeiro parece então como um projeto histórico aberto; é uma construção humana, tendo aliás um caráter estético, na medida em que o espírito humano nele se encontra (refiro-me aqui a uma noção que considera o estético como a maneira pela qual o espírito humano se encontra em sua obra; deste ponto de vista, o prazer estético é o prazer de se encontrar humano nas expressões humanas).

Assim, pode-se falar da construção de *verdades para a ação*, ou seja, representações do que se poderá fazer (Blondel, 1893. Cf. também Merleau-Ponty, 1948; notemos, de passagem, que a ciência, ao produzir verdades para a ação, proporá representações das maneiras pelas quais alguém pode se engajar na ação. Contribuirá por meio disso o que, nos capítulos seguintes, chamaremos de escolhas éticas). Desse modo, o saber verdadeiro seria a introdução de uma certa organização, de uma certa ordem em nossa visão do mundo, de maneira a permitir que tenhamos uma ação "ordenada".

Esse caráter histórico não implica que se possa construir, de maneira equivalente, qualquer verdade: sabemos que as representações teóricas não são todas bem-sucedidas. Na construção histórica do verdadeiro, por exemplo, encontramos uma dimensão que não dominamos e não conseguimos sequer descrevê-la inteiramente. Em filosofia, designa-se por meio de diversos termos esse limite em que o ser humano sente que ele não é tudo. O termo *alteridade* (do latim *alter*, significando "o outro") indica o encontro de algo diferente de nós, algo irredutível a nós. Fala-se também dessa experiência como a de uma "contingência" do ser humano, que descobre não poder dominar tudo. Sob risco de círculo vicioso, não é possível falar desse horizonte da verdade em termos de verdade (Ladrière, 1972, p.36-7): para falar a respeito, é preciso utilizar uma linguagem simbólica e/ou mítica. Considera-se, de modo geral, que a experiência da alteridade está também em relação com a experiência religiosa, seja que a Alteridade última seja fundamentalmente religiosa (Deus), seja que se considere que o discurso religioso é um discurso que projeta no transcendente a experiência humana da alteridade.

Há enfim uma outra conotação importante relativa ao "verdadeiro". Ela se centra sobre a *coerência* de nossas representações. É em torno dela que se situa também o uso mais comum da noção de *explicação*. "Explicou-se" algo quando se consegue ligar, em um discurso coerente, a representação que se deu de um fenômeno às representações que se possui, e às quais se está apegado. Na matemática, é a esse aspecto de coerência no interior de um só sistema – ligado à "não contradição" – que se refere em geral a noção de verdadeiro. Para as outras disciplinas, essa "verdade" não se liga normalmente a uma simples coerência interna, mas a noção de explicação pode muitas vezes se reduzir a ela: considera-se ter explicado algo quando se reestabeleceu uma coerência nas diversas representações que se tem do mundo.

"Explica-se", em geral, estabelecendo uma tradução entre dois níveis de interpretação. Assim, se vejo fumaça (primeiro nível de inteligibilidade ou de interpretação do mundo), direi tê-la explicado se posso relacioná-la a um outro nível de interpretação, como, por exemplo, "um fogo arde no jardim", ou "partículas de cinzas se elevam na atmosfera". Do mesmo modo, se se pôde "traduzir" uma doença em termos de bacteriologia, fazendo-lhe corresponder um bacilo, dir-se-á que se "explicou" a doença; efetuou-se uma tradução entre um nível de compreensão ou de coerência (a síndrome patológica) e um outro (a presença de determinado micróbio). Enquanto não se tiver estabelecido essa coerência considera-se certos fenômenos como "inexplicados". A explicação se liga portanto à possibilidade de traduzir o discurso de um paradigma em um outro: por exemplo, terei explicado por que uma lâmpada acende (paradigma da vida cotidiana) se conseguir ler o mesmo fenômeno no paradigma da física da eletricidade. O que implica, aliás, a relatividade do conceito de explicação: em um primeiro contexto, pode-se considerar algo como "explicado", ao passo que em um segundo será sempre considerado como "inexplicado": uma lâmpada elétrica pode "explicar" a presença da luminosidade sem que o caráter eletromagnético desta seja "explicado" e, pelo contrário, pode-se ter "explicado" uma luz em uma teoria da difusão eletromagnética sem tê-la "explicado", na medida em que a sua origem continua desconhecida. O que se chamou de projeto newtoniano ou einsteiniano da ciência (Holton, 1986) consiste na busca de uma representação global do mundo inteiro que explicaria tudo de uma vez só, ou seja, forneceria, segundo a expressão do físico Max Planck, "o domínio intelectual completo do mundo das sensações".

Em cada concepção da "verdade", aparece uma certa noção de alteridade. Na concepção "reflexo", trata-se de uma referência ao que é percebido como o "outro", o objeto. Na concepção "ação", o projeto é percebido como outro em relação a sua representação. Enfim, a visão ligada à explicação também confere um lugar à alteridade, pelo fato de que jamais se possui uma visão totalmente coerente do mundo (para uma discussão da noção de verdade em ciência, cf. Shaperee, 1984).

Reflexões sobre a "coisa-em-si"

Diante da questão "O nosso discurso realmente alcança as coisas tais como são?", podemos ficar insatisfeitos com uma teoria do verdadeiro como "verdade para a ação". As análises anteriores, porém, talvez nos tenham levado a duvidar que haja um sentido em falar dos "objetos tais como são, independentemente de nosso conhecimento"... Para enfrentar esse paradoxo, pode ser útil uma vulgarização de algumas proposições de Kant a respeito da "coisa-em-si".

Kant distingue a "coisa-em-si" (que ele chama de *noumenon*) do "fenômeno", ou "coisa fenomênica" (do grego: o que aparece), isto é, o que percebemos e compreendemos. No campo do conhecimento, não podemos perceber mais do que o mundo já estruturado por nossa sensibilidade, nossos conceitos, nossa cultura etc. Colocado de outro modo, só vemos o mundo por nosso intermédio, e entramos em contato unicamente com os "fenômenos" já estruturados em nosso conhecimento. Nesse sentido, o conhecimento da coisa-em-si escapa, segundo Kant, à razão (ainda que ele vá adiante, afirmando que, em nosso engajamento, deparamo-nos com o real). É uma dimensão daquilo que se chama agnosticismo kantiano.

Existe, em nossa cultura ocidental, um mito que fala de maneira reveladora sobre a "coisa-em-si": é o mito da "busca". Conhece-se a história dos cavaleiros da Távola Redonda, que vão em busca do Santo Graal, procurando descobrir, por meio de numerosos obstáculos, o "graal", ou seja, um cálice onde se teria guardado o sangue de Cristo. A noção de verdade e da "coisa-em-si" é com frequência representada por meio deste mito: os cientistas seriam como esses cavaleiros que superam todos os obstáculos ligados às aparências para tentar alcançar finalmente o real em si, a verdade última das coisas.

Talvez fosse mais interessante de ver na noção de "coisa-em-si" apenas uma ideia regulativa, que funciona no âmbito de uma visão teórica: pensar na existência de um átomo "em si" pode ser útil na representação da física, mas só conhecemos os conceitos teóricos de átomos que nós construímos. O filósofo Maurice Blondel (1893) sugere que o problema que consiste em atribuir demasiada importância às "coisas tais como são" ou à "coisa-em-si" provém do fato de que essa atitude tende a privilegiar sempre uma espécie de "real" que se ocultaria por trás do fenômeno; assim, estar-se-ia apenas privilegiando uma nova interpretação do mundo. Para Blondel, pelo contrário, "o real", se é que o termo possui um sentido, significa o conjunto daquilo que vivemos, o conjunto de nossas representações e não uma realidade que estaria como que escondida por trás das aparências (os fenômenos). Não seria o caso de se procurar, por trás dos objetos fenomênicos, coisas-em-si "mais reais" do que as aparências. Para ele, o real é o conjunto da história da forma como ela se apresenta para nós, de acordo com a maneira pela qual a estruturamos em objetos. Assim, sob uma tal perspectiva, a visão que teria um físico de um fenômeno (como o pôr do sol) não atingiria um aspecto mais "profundo" do "real": seria apenas uma visão diferente daquelas – que tampouco atingem o "real" – que o contemplam sem acrescentar a tecnicidade de uma disciplina científica. Não haveria uma "verdade" que seria mais fundamental do que outras, já que nos encontraríamos sempre diante de uma multiplicidade de interpretações, todas válidas de acordo com um determinado ponto de vista. A questão do fundamento último da ciência por meio de uma verdade última simplesmente não se colocaria mais (Ladrière, 1973). Em outros termos, como mostrou Certeau na trilha de Wittgenstein (de Certeau, 1980, p.45-53), a nossa verdade situar-se-ia sempre "dentro": "estamos submetidos, embora não identificados, à linguagem comum, sem possibilidade de sobrevoo ou totalização".

Acreditar na ciência?

As análises críticas que revelam a relatividade do discurso científico podem abalar, em alguns, a confiança e a crença que depositam na ciência. Existem várias maneiras de acreditar nelas mas, em cada uma delas, a expressão "crer" aproxima-se da noção de uma certa fé, de uma certa confiança.

Alguns acreditam na ciência como em uma *tecnologia intelectual*. Para eles, acreditar na ciência é acreditar que ela pode resolver um certo número de questões que lhe são colocadas. "Acreditar na ciência" corresponde então à atitude de confiança que se pode ter em uma tecnologia. Desse modo, o piloto de um avião, ou o general que concebeu um plano de batalha, ou ainda o especialista em informática que desenvolveu um programa podem acreditar respectivamente nesse avião, nesse plano ou nesse programa. Esse tipo de confiança significa que eles estão persuadidos de que essas tecnologias lhes permitirão realizar o que eles desejam. Assim, pode-se acreditar na ciência do mesmo modo que o sapateiro acredita em sua arte: reconhece-se tudo o que ela pode fazer, mas sem transformar isto em algo absoluto.

Quando se confia na ciência dessa maneira, é-se levado à seguinte questão: O que queremos ao elaborarmos representações do mundo? Isto remete à questão do sentido do engajamento histórico, sem contudo resolvê-la.

Algumas pessoas, mesmo aquelas que não creem que a ciência seja mais (o que já é bastante) do que uma tecnologia intelectual bastante eficaz, investem quase tudo nela. Da mesma forma que um piloto de um avião ou um técnico em informática podem viver apenas para o seu avião ou seu computador, há aqueles que investem um absoluto afetivo na pesquisa científica, como se só isso contasse. A ciência, nesse caso, pode tomar o lugar de tudo o mais. De maneira mais simples, pode-se querer recusar a submetê-la a qualquer exame crítico, por medo de ver o seu "ídolo" desmoronar, ou pelo menos perder o seu valor absoluto. Era essa maneira de acreditar na ciência que Oppenheimer denunciava, quando falava do "deleite científico" por meio do qual certas pessoas tendem a se fiar inteiramente ao dinamismo da ciência, sem nenhum espírito crítico (Salomon, 1970).

Uma outra maneira de acreditar na ciência, em geral ligada a uma perspectiva idealista, consiste em atribuir um valor absoluto às verdades científicas. Esse tipo de crença pode responder também à inquietude que sentem alguns diante da relatividade de nossa história: tendo dificuldade em vivenciar uma história relativa, ou acreditar que o absoluto pode se revelar no relativo histórico, buscam algo de sólido a que se segurar. Muitos, hoje em dia, situam esse sólido no campo da ciência, principalmente se um agnosticismo religioso os tiver deixado órfãos do Absoluto.

Já tivemos ocasião de nos perguntarmos se essa fé absoluta na ciência não se une àquilo que a religião chamou de idolatria: em seu desejo de possuir o absoluto, algumas pessoas não descansam enquanto não o tiverem posto em uma experiência, importante talvez, mas sempre relativa. Muitos dizem, com efeito, que "se não se acredita que a ciência nos dê uma verdade eterna, então em que se pode acreditar?". A resposta de que é possível confiar no relativo e de que não é necessário pretender que alguma coisa seja absoluta para considerá-la importante nem sempre satisfaz aqueles que não descansam enquanto não tiverem encontrado um "ídolo", evitando-lhes o passo, de certo modo "místico", da confiança no histórico relativo. Esse passo se assemelha um pouco à confiança do amor, e é por isto que é tão difícil para aqueles que querem sempre "rotular as coisas" em seus conceitos.

A ciência como trabalho sobre os limites

Resta, por fim, observar que, no plano de fundo da prática científica, há sempre uma tendência a ultrapassar o lugar onde se está situado. A ciência não é puramente pragmática, mas parece obedecer a uma pulsão de superação diante da alteridade do mundo.

Dentro desta perspectiva, pode-se defini-la como um trabalho sobre os limites, uma espécie de exuberância ou de demência do espírito humano (Morin, 1973), querendo superar-se o tempo todo, uma "festa" científica (Thill, 1972) pela qual se ultrapassa o lugar em que se está, ou ainda o jogo dos possíveis (Fourez, 1974), em que se brinca de se representar as ações possíveis, quaisquer que sejam elas...

Fica, então, a questão de conhecer o seu sentido. É aí que reside a questão ética que iremos agora tentar colocar.

Resumo

Visão idealista da ciência
Descoberta das "leis imutáveis da Natureza", da "realidade em si".

Visão histórica da ciência
Cf. *supra*: construção histórica condicionada por uma época e projetos específicos.

Cf. a ciência como "estrutura dissipativa".

Ciências e teorias da verdade
verdadeiro: detenção de uma verdade absoluta refletindo as coisas "em si", ou possibilidade de agir prático ligado ao projeto dos sujeitos;
verdade: construção humana que estrutura o mundo (aspecto de finalidade e de estética) que permite a ação, mas limitada pela alteridade (a relacionar a linguagem simbólica, mítica, e a expressão religiosa) e centrada sobre a coerência (noção de *explicação*).

Reflexões sobre a "coisa-em-si"
Cf. Kant e a distinção entre o fenômeno e o *noumenon*: o mito da busca. Posição de Blondel: conjunto daquilo sobre o que se age (e não a "realidade por trás das aparências").

Acreditar na ciência? Confiar nela?
como em uma tecnologia intelectual;
como em um conjunto de verdades absolutas;
como em um conjunto historicamente relativo e construído (como tal ou assimilado a um absoluto);
A "fé" na ciência remete à questão do engajamento e do projeto, mas não a resolve.

A ciência como trabalho sobre os limites
Cf. alteridade, superação, festa, jogo
remetimento à questão do sentido e da ética.

Palavras-chave

Explicação/ verdade prática/ verdade absoluta/ coisa-em-si/ fenômeno/ "sujeito" da ciência/ confrontação com a alteridade/ coerência/ agnosticismo kantiano/ verdade-reflexo/ verdade para a ação/ ideia regulativa/ acreditar na ciência/ festa científica/ trabalho sobre os limites/ jogo dos possíveis/ demência humana.

CAPÍTULO 12

ÉTICA IDEALISTA E ÉTICA HISTÓRICA

Ética, moral, culpabilização[1]

Para muitos, falar de "ética" evoca códigos morais, coisas a fazer ou não fazer, e induz com frequência a sentimentos de culpa. Para alguns as questões "éticas" ligam-se de maneira quase inevitável à moral afetiva e sexual. Neste capítulo, não gostaríamos de examinar a relação entre a ciência e a ética em um sentido tão estreito.

Diremos que estamos lidando com uma questão ética quando, diante de uma situação, pode-se ser levado a colocar a questão daquilo que é *desejável*. Para alguns, a questão colocar-se-á nos seguintes termos: "O que devo fazer?" ou, mais simplesmente, "O que é que eu (nós) quero (queremos) fazer?". E isto sabendo que o mundo será tal como construído por nós. (Veremos que a reflexão política seguirá e se questionará sobre os compromissos

---

[1] Este capítulo tenta, em algumas páginas, apresentar uma visão da ética. Para uma apresentação mais detalhada, ver o meu *Choix éthiques et conditionnement social* [Escolhas éticas e condicionamento social, Fourez, 1979b].

que julgar aceitáveis, e negociará para chegar ao estabelecimento de leis civis que serão impostas de maneira coercitiva aos cidadãos; sendo essas leis convenções que, em uma sociedade pluralista, não podem abranger o conjunto das posições éticas de todos os cidadãos; cf. Ricoeur, 1985.)

Desse modo, um professor de matemática a quem se pedirá que ensine em uma escola técnica e não em uma comum, a fim de beneficiar com suas capacidades pedagógicas alunos menos privilegiados, poderá se perguntar: "O que devo fazer?", "O que quero fazer?". Igualmente, alguém que se pergunta se irá fraudar o imposto de renda situa-se em um debate ético. Ou ainda, aquele que quer se posicionar diante de mentalidades racistas; um pesquisador perguntando-se se aplicará a sua experiência a embriões humanos e assim por diante.

Cada sociedade desenvolve códigos morais, mas o *debate ético* é bem mais amplo do que esses códigos (Kuhn, 1987). Falaremos aqui de ética ou de moral sempre que se tratar de discussões (por vezes puramente interiores) que se pode ter a respeito da maneira adequada de agir. Veremos como essas discussões se fazem dentro daquilo que eu chamaria de paradigmas éticos que colocam em jogo razões, valores, ideologias, representações daquilo que se quer para os seres humanos. A própria maneira pela qual apresentarei o debate ético não é neutra: reflete as minhas escolhas éticas e ideológicas.

Ética idealista

Falaremos de uma *ética idealista* quando se supõe que a moral decorre de uma série de ideias eternas, que se tornam uma norma para a ação. A maneira pela qual se constrói o raciocínio idealista na moral pode ser ilustrado pelo exemplo que se segue: "A ideia de 'família' implica uma relação monogâmica; por conseguinte, para ter um comportamento ético é preciso guiar-se por essa norma". Uma multiplicidade de normas éticas poderiam ser assim propostas, todas *deduzidas* das ideias. A ideia de sexualidade humana determinará as normas nesse campo. O mesmo ocorreria com a ideia de justiça. A ideia de amizade fornece as normas para as nossas relações e assim por diante.

Com base nessa perspectiva, falar de moral é procurar as ideias que formam a base de nosso mundo, para delas deduzir os valores e normas a serem propostos aos seres humanos.

Supõe-se que essas ideias sejam dadas. Em geral, completa-se esse tipo de filosofia moral designando a instância que "dá" essas ideias. Na prática, essas instâncias comumente são *Deus*, ou a *Natureza*, ou a *Razão*, ou a *Ciência*, ou qualquer conceito equivalente. Parafraseando a expressão de Touraine (1975), pode-se dizer que se tem nesse caso uma espécie de "moral dos deuses", o que significaria que existem instâncias últimas legitimando a ética.

Muitas vezes, aqueles que propõem uma moral idealista reservam à ciência um papel importante na busca dessas ideias. Ela será incumbida (de maneira neutra?) de encontrar a natureza das coisas ou as ideias eternas. Desse modo, pedir-se-á aos cientistas que definam o que é a morte, a sexualidade, a família, a feminilidade, a masculinidade, a masturbação etc., a fim de deduzir as normas das ideias "descobertas". As análises anteriores mostraram a debilidade de semelhante abordagem. Além do mais, desde o século XVIII, após Hume e o seu *Tratado sobre a Natureza Humana*, raros são os filósofos que aceitam ainda que se possa, do que *é*, inferir o que *deve ser*. Como observa Kemp (1987, p.49), "a ciência nos cumula de informações sobre o que podemos fazer... mas não se segue daí que convém fazer, e menos ainda que devemos fazer tudo o que entra no campo de nossas possibilidades" (cf. também Moore, 1903).

Um ponto de vista histórico sobre a ética

O ponto de vista que iremos propor agora pode ser chamado de "histórico" por dois motivos. Por um lado, consideraremos que o debate ético não funciona em torno de ideias eternas, mas em torno de conceitos historicamente construídos e, por outro lado, que o próprio debate evolui ao longo da História.

O que é considerado como moral em uma determinada época pode, mais cedo ou mais tarde, ser considerado como inadmissível do ponto de vista moral. Houve épocas e culturas em que a poligamia foi considerada normal do ponto de vista moral e outras em que não o foi. Do mesmo modo, nos Estados Unidos, há dois séculos, a maioria considerava a escravidão como eticamente aceitável; há um século, poucos sustentavam ainda esse discurso. Em outro exemplo, há não muito tempo, considerava-se que, para uma mulher, usar calças era contrário à decência; a opinião moral se modificou hoje sobre esse ponto. Poderíamos continuar esses exemplos ao infinito. É por esse motivo que é útil adotar um "modelo" da maneira pela qual se processa em geral o desenvolvimento de um debate ético.

Uma reflexão ética particular *começa* no momento em que alguns estão impressionados com o *sofrimento e gritos de dor* (cf. Feuerbach, 1845) ou, em outros termos, quando nos encontramos diante do "rosto" de um outro (Levinas, 1961). Tomando um exemplo coletivo, foi necessário que se ouvissem os gritos de sofrimento dos escravos negros da América para que uma reflexão ética se instaurasse a respeito. Diante desse sofrimento, algumas pessoas tomaram consciência de sua liberdade e disseram: "*Queremos realmente fazer um mundo como esse?*". Daí surgiu um debate que colocou em questão as representações comuns, mas por vezes opostas, às quais se denominam valores.[2]

Como exemplo de despertar de uma ética individual ou interpessoal, consideremos a situação de um casal em que um dos cônjuges está de tal modo envolvido com sua profissão que abandona o outro; um debate ético poderia ter início se o primeiro

---

2 Dizer que a reflexão ética se inicia diante do sofrimento não implica que este seja considerado como um valor (como quando se diz que é preciso evitar fazer outra pessoa sofrer) mas como uma "alteridade" que desencadeia a reflexão.

se der conta de que o outro sofre. Antes disso, nos dois exemplos citados, há boas chances de que se continue a agir, sem se colocar questões e julgando tudo "normal".

O sofrimento é, portanto, um encontro com uma *alteridade*; para a perspectiva histórica, é por esse enraizamento na história em que homens e mulheres sofrem que o debate ético não pode se reduzir a pontos de vista subjetivos (é por esse viés, dirão alguns, que se funda a *objetividade da moral*; no debate ético, não se discute *inicialmente* a propósito de princípios ou valores, mas a respeito de pessoas que sofrem – mesmo que, para uma discussão racional, construam-se valores). As nossas ações têm e terão algo a ver com esses sofrimentos e esses gritos; o debate ético colocará ao sujeito a seguinte questão: Que universo queremos construir diante dessas situações? Desse modo, a ética parte sempre de uma consciência do que simbolicamente denominamos de *mal*, percebido de início como uma situação que provoca sofrimento, e a respeito da qual alguma coisa nos diz, em nós e a nossa volta, "É necessário?".

Nesse sentido, a moral é objetiva, não porque ela teria princípios eternos ou valores isentos de ideologia, mas porque as nossas ações têm resultados e efeitos objetivos, no sentido mais habitual da palavra. É a realidade dos resultados de nossas ações sobre os homens e as mulheres que indica que as morais da intenção (ou somente a "sinceridade" daquele que age seria importante) são demasiado estreitas (Fourez, 1979b, p.94-7). O debate ético não se ocupa apenas com a sinceridade das intenções, mas também com os efeitos concretos que podem ser constatados e analisados segundo os métodos habituais da objetividade. Assim, quaisquer que sejam as intenções (ou a sinceridade) do bêbado no volante, a sua ação tem resultados objetivos. O mesmo ocorre em todos os domínios: objetividade da educação, dos conflitos sociais, das guerras, das libertações etc. Weber, aliás, distinguiu essas duas atitudes, sem dúvida complementares: a moral da convicção e a moral da responsabilidade. A primeira atribui mais importância aos valores e princípios, salvaguardas de nossa ação; a segunda, aos resultados que se espera e que se assume (Weber, 1971).

Não obstante, historicamente, os gritos de sofrimento são mal articulados. De fato, se alguém me esmaga o pé, é pouco provável que eu possa explicar calma e claramente que tipo de opressão estou sofrendo. É por isto que são importantes as vozes *proféticas*, que irão articular os gritos e eventualmente transformá-los em palavras audíveis.[3] Essas vozes proféticas, ao falar da injustiça e denunciá-la, introduzem um *novo* debate ético. Pensemos, por exemplo, no papel de Simone de Beauvoir, ao articular uma série de sentimentos das mulheres relativos a sua situação de "segundo sexo".

Assim foi a ação tradicional dos profetas em Israel e assim continua sendo a dos profetas modernos, sejam estes os *quakers* denunciando a escravidão desde o início do século XVIII, os primeiros objetores de consciência, os primeiros ecologistas etc. Em cada um desses casos, essas vozes irão articular o debate, criar novos conceitos e introduzir um diálogo cujo objeto resume-se em perguntar: "*Que mundo é este que nós iremos – de modo irreversível – construir por meio de nossas ações?*".

As vozes proféticas parecem sempre dizer ao povo, como os antigos profetas de Israel, "Vocês se preocupam com uma série de normas éticas, quando no meio de vocês há um mal que vocês desconhecem, que não querem ou não podem reconhecer. O mal ético que vocês denunciam como uma falta não é o que importa; prestem mais atenção a esse mal que uma nova consciência denuncia hoje como mal. É isto que se tornou, em nossos dias,

---

3 Nas tradições judaico-cristãs, um relato bíblico narra isto muito bem: Moisés é alguém que, graças a sua educação na corte do Faraó, será capaz de dizer tanto ao povo hebreu como egípcio o sofrimento provocado pela escravidão do povo. A Bíblia, aliás, descreve a situação com bastante sutileza: educado na corte do Faraó, ele se torna consciente de que faz parte do povo ao olhar o sofrimento de um hebreu castigado por um egípcio. Ao intervir, mata esse egípcio e depois toma consciência de sua situação; exila-se e, ao experimentar em sua própria pele o que é a opressão, torna-se capaz de refletir sobre a situação do povo. Entretanto, afastado deste por sua educação, precisará da ajuda de sua irmã e de se irmão para falar a linguagem do povo. Depois disto conseguirá suscitar negociações com o Faraó.

central para o debate ético" (aos brancos dos Estados Unidos no século passado, por exemplo, vozes proféticas disseram: "Vós vos preocupais com uma série de observações morais e religiosas, mas existe um pecado entre vós que não chamastes ainda por seu verdadeiro nome: a escravidão!"). Ao articular os gritos de sofrimento, as vozes proféticas constroem novos valores, em geral ligados a outros mais antigos e mais gerais.

Quando, após ter, por um certo tempo, clamado no deserto, as vozes proféticas são enfim ouvidas, pode-se construir um discurso ético quase sistemático, colocando às claras tudo o que está em jogo na ação. Chegar-se-á desse modo a dizer que a escravidão é inadmissível, que não é moral ter relações pouco igualitárias em um casal, seguir uma louca corrida armamentista etc. Esses princípios, normas ou máximas não são discursos que caem do céu: resumem o consenso de uma época e de uma cultura.[4] Os "valores éticos" desse modo afirmados funcionando como espécies de "depósitos de avaliações servindo de apoio a novas avaliações" (Ricoeur, 1975; Kemp, 1987), facilitam o debate, permitindo a introdução de uma certa racionalidade nas discussões éticas.

Uma vez construídos, esses princípios e valores – que resumem consensos sociais – serão utilizados no debate ético, não como pontos de partida absolutos, mas como orientações (*jalons*) em uma comunicação visando sempre determinar que mundo queremos construir.

O nascimento e desenvolvimento de um debate ético não se ligam todavia a valores e considerações "puramente" éticos. Outros fatores intervêm e são por vezes dominantes. Se o norte dos Estados Unidos se mostrou fortemente antiescravagista em meados do

---

4 Neste sentido, os princípios éticos parecem relativos. Alguns utilizam contudo *máximas absolutas* tais como: "Não torturarás" ou coisas do tipo. Essas máximas, mesmo que se apresentem como absolutas do ponto de vista linguístico, possuem um sentido na perspectiva histórica aqui apresentada. Com efeito, representam um limite imposto pela prática, uma linha demarcatória em uma situação precisa. Uma tal máxima não se destina a resolver as situações concretas práticas, mas a estruturar diferenças (cf. Benasayag, 1986; Fourez, 1979b).

século XIX, com toda probabilidade não se deveu unicamente a preocupações altruístas, mas também ao fato de que a escravidão se revelou inadaptada às incipientes estruturas industriais (enquanto continuava a corresponder às necessidades econômicas do sul agrícola). O debate ético está sempre ligado às lutas ideológicas em que se cruzam interesses diversos. Posições morais frequentemente recobrem dominações ideológicas: dão aos grupos sociais uma imagem de si próprios que legitima as dominações (Fourez, 1979b).

Algumas pessoas têm a impressão de que se adotarem o ponto de vista histórico torna-se impossível falar de qualquer valor permanente na história. Tocados pela maneira como a abordagem histórica enfatiza a relatividade de toda reflexão, deduzem que essa perspectiva implica um total relativismo, ou mesmo um irracionalismo desenfreado. Não é evidentemente nada disso. Com efeito, mesmo reconhecendo que os nossos valores, como toda a nossa racionalidade, carregam a marca da história, pode existir um diálogo – de uma racionalidade a ser definida – entre os pontos de vista e as culturas.

Desse modo, algumas pessoas reconhecem que, na reflexão moral dos homens e das mulheres, emana uma certa sabedoria que mostra algumas constâncias. Por meio das flutuações da história muitas coisas permanecem. Pode-se, por exemplo, ao mesmo tempo enfatizar o caráter historicamente marcado das ideologias dos direitos do Homem e reconhecer os laços com outras conclusões éticas, em outras culturas ou outras racionalidades. Algumas correntes filosóficas insistirão sobre o fato de que reflexões éticas, em última instância não redutíveis entre si, são *análogas* e exprimem uma certa *participação* em um dinamismo humano comum. Indiquei anteriormente nesta obra de que modo o conceito de "tradução" permite abordar situações como essas. Sistemas éticos cultural ou filosoficamente irredutíveis podem ser "traduzidos" um no outro. Semelhantes traduções sempre traem um pouco os pensamentos expressos, mas colocam em evidência que um diálogo, impossível em um certo nível de abstração teórica, pode realizar concretamente acordos profundos.

Não obstante, se nos arriscamos, com base em um lugar histórico particular, a falar de estruturas fundamentais do agir humano, será sempre preciso efetuar um trabalho crítico: desmascarar aquilo que, nas representações, tende de maneira concreta a oprimir mulheres e homens. Evidentemente esse mesmo trabalho crítico permanecerá marcado por sua particularidade...

O que é uma decisão ética?

Se fôssemos idealistas, diríamos que uma decisão põe em jogo dimensões éticas se ela coloca o mundo por nós construído em acordo com as "ideias" normativas. Em princípio, quando se é idealista, toda decisão é ética, já que tudo será ou não conforme a essas ideias (essas "ideias" podendo estar ligadas à natureza das coisas, ou aos valores eternos, a Deus etc.). Na prática, contudo, tomamos consciência de que há uma diferença entre a decisão de comprar um carro e não uma moto, e a decisão de matar ou não alguém: as suas relações com os valores não são as mesmas.

Se adotarmos um ponto de vista histórico, dir-se-á que uma decisão é ética quando, diante do debate ético (e, sem dúvida, no final das contas, diante do sofrimento), assume-se o risco de agir em uma direção ou outra e desse modo comprometer-se para o futuro.

Dentro da perspectiva idealista, a ação, segundo a sua conformidade ou não com o mundo das ideias, será boa ou má. A norma da ação é exterior a si mesma: reside nas ideias. Já na perspectiva histórica, dir-se-á que existe uma dimensão ética designando o fato de escolhermos, de maneira irreversível, o modo pelo qual evoluirá o mundo. O caráter ético de uma ação consiste então no fato de que ela determina o futuro de maneira irreversível: o mundo será aquilo que os nossos atos fizerem. Desse ponto de vista, não se pode, não mais do que na perspectiva idealista, escapar à dimensão ética: com efeito, precisamos agir (não decidir já é uma decisão), e as nossas ações moldarão o futuro. Diante do mundo por nós moldado, assumimos necessariamente as nossas responsabilidades; aí se situa a dimensão ética incontornável de nossa ação.

Em um caso concreto, as duas perspectivas funcionam com nuanças diferentes. Retomemos o caso de um professor do ensino secundário a quem se propõe que abandone o ensino público para se consagrar ao ensino profissionalizante pois, como lhe dizem, "precisa-se de bons professores como você no ensino profissionalizante".

Se ele pensa de maneira idealista, esse professor perguntar-se-á qual é *a boa* decisão a ser tomada. E suporá que existe – graças às instâncias que fundam a moral – uma boa decisão; trata-se de encontrá-la. O debate ético consistirá em procurá-la. A norma da ação é então exterior à liberdade. Observemos que essa exterioridade favorece uma tendência à culpabilização.

De um ponto de vista histórico, não existe no céu das ideias uma resposta que é preciso encontrar. O agente humano – esse professor – encontra-se em sua situação (com todos os sofrimentos que podem estar a ela associados). E precisará decidir. O futuro será determinado por sua decisão. Na medida em que se percebe que a decisão pode modificar de maneira significativa a própria existência, a dos outros e do mundo, fala-se de uma dimensão ética: o que se quer criar como futuro? O fato de que será necessário escolher, e que essa escolha terá consequências, apresenta-se como um imperativo ético. Este, porém, não possui um conteúdo preciso; a ética surge então como uma categoria que designa as ações vinculadas com a maneira irreversível pela qual elas moldarão o futuro. Não existe, para o professor de que falamos, uma resposta escrita de antemão sobre o que ele precisa fazer; contudo, se ele decidir permanecer no ensino geral, o mundo continuará assim; se ele for para o "profissionalizante", a sua ação também influenciará o futuro. E *a questão ética pode ser assim enunciada: "Diante da história e do mal que existe nela,*[5] *o que eu quero (ou nós queremos)*

---

5 Pela expressão "mal na história", designo uma situação humana, ligada à ação dos seres humanos, e da qual é difícil e talvez impossível determinar a origem precisa, mas que a

fazer (e onde arriscaremos o futuro)?". No engajamento ético, arriscamos a nossa existência e o sentido que lhe atribuímos. O debate ético consistirá em uma discussão de valores, procurando compreender as suas implicações, os que as defendem e os resultados da ação, para chegar à questão à qual responderá o julgamento prático ético: É isto o que queremos? *A maneira pela qual a ação determinará o mundo a vir define a objetividade da ética.*

Por esse caminho a ética se acha submetida àquilo que psicólogos e especialistas em ética chamaram de Lei, a Lei da Ação. Quer se queira ou não, as nossas ações marcam-se de maneira irreversível em nossa existência: construímos o nosso futuro e é impossível fugir disso. É por isso mesmo que somos sujeitos históricos. A Lei da Ação funda o sujeito, obrigando-o a se situar e a se estruturar na particularidade de seu engajamento e diante dos outros, na história em que ele se insere e a qual ele estrutura. A irreversibilidade do agir faz-nos sempre lembrar de que a história não termina nunca, e que ela é aberta; ela remete desse modo ao que denominamos de Lei da Carência, ou da Alteridade. Em outros termos, jamais dominamos a nossa ação; aceitando-nos na história, com todas as nossas particularidades, nós nos comprometemos com o nosso futuro.

O ponto de vista aqui apresentado, e insistindo sobre a escolha irreversível na história, pode nos aproximar de uma leitura de Kant (Fourez, 1979b, p.100) quando, apresentando a reflexão moral, ele escrevia: "Pergunta a ti mesmo se poderás considerar a ação que tendes em vista como um objeto possível de teu querer caso esse objeto possa fazer parte, segundo as leis da Natureza, de um mundo do qual tu mesmo serias parte". Ou ainda, "Age de modo tal que a máxima de tua ação possa se tornar, por teu querer, uma lei universal da Natureza". Em outros termos, o que ele chama de imperativo categórico exprimiria que estamos colocados diante de

---

maioria tenderá a chamar de "mal" e tentará "retificá-lá". As figuras desse mal histórico são múltiplas: torturas, explorações, desigualdades sociais, alienações diversas etc. Nas tradições cristãs ele foi simbolizado ma doutrina do pecado original.

nosso querer, que se inscreve no mundo com a implacável irreversibilidade que o século XVIII traduzia pelo termo: "leis universais da Natureza" (cf. Kant, 1982).[6]

Uma moral do apelo e o debate ético

O debate ético é uma reflexão racional e comunitária que se situa em meio a considerações, relatos, e *apelos* múltiplos (Fourez, 1979b; Kemp, 1987). Nisto o caso do professor tendo de escolher entre o ensino geral e o profissionalizante é típico; há uma possibilidade de se engajar no ensino profissionalizante e o convidam para tal a fim de melhorar a situação dos jovens que aí estudam. No debate ético, pode-se considerar diversos tipos de apelo (explícitos ou implícitos), muitas maneiras pelas quais se poderia valorizar o futuro. Existem apelos precisos (como no caso do professor de matemática a quem se solicita algo, mas que sua família também pede que esteja disponível); existem também apelos mais gerais que percorrem o nosso passado. A história pode ser vista segundo os apelos de Gandhi, de Hitler, de Pinochet, de Martin Luther King, de Jesus, de Buda, de São Francisco de Assis, dos ecologistas, das feministas, dos pacifistas, dos economistas keynesianos, dos marxistas etc. Existem apelos em mitos, poemas, ideologias, contos, romances, valores, relatos profanos e religiosos. É sempre diante da história (e ao mal nela presente) e dos apelos que fazem parte do debate ético que nos engajamos, por nossas escolhas, na história.

Depois desse exemplo do professor tendo de escolher entre o ensino geral e o profissionalizante, poderíamos considerar o de um norte-americano se perguntando, em 1860, se ele continuará a manter escravos. De um ponto de vista idealista, ele se perguntaria

---

[6] Essa leitura de Kant não foi partilhada por todos os seus comentadores: em seu pensamento, alguns veriam uma moral da intenção.

se "ter escravos é um mal", e o debate ético se centraria sobre a *ideia* dos direitos do Homem. E ele consideraria que há uma resposta única a ser encontrada. Procurará eventualmente deduzi-la de uma ideia do que é o ser humano. Em uma perspectiva histórica, ele se perguntará: "Será que eu desejo produzir um mundo onde eu teria, e onde haveria escravos?". O debate ético no qual ele se engajará poderá utilizar também a noção dos direitos do Homem, ou outros valores, mas como conceitos, e não como ideias. Na perspectiva histórica, os conceitos servem para esclarecer pontualmente o que está envolvido na ação; não se pode deduzir, de maneira absoluta, norma alguma.

Pode-se estabelecer facilmente uma correlação entre a perspectiva histórica e a "justificação pela fé ou pela confiança", segundo São Paulo, assim como com a "criança", segundo as metamorfoses do espírito de Nietzsche. Com efeito, arriscar a sua ação e dizer: "Eis o que desejo" é confiar. Aqueles que vivem em uma perspectiva de "justificação pelas obras" desejam saber o que eles "devem" fazer; e a exterioridade das normas idealistas não deixa de ter uma relação com as instâncias legitimantes que regulam a existência do "rebanho" de Nietzsche.

Responder à questão "O que eu quero?" implica sempre um passo em direção ao desconhecido, um passo quase místico, na medida em que é sempre a decisão de ir em frente para a construção parcialmente irreversível de nossa história. É impossível escapar à escolha, e a maioria dos "é preciso" ou "deve-se" colocados de maneira absoluta são apenas véus ideológicos para mascarar proposições do tipo "eu quero", ou "nós queremos".

Porém, os "*é preciso*" e os "*deve-se*" possuem sentido quando acompanhados da explicitação dos critérios, e portanto são relativos. Assim, a proposição "*é preciso* respeitar a vida do feto humano" pode muitas vezes ser uma conversão de "*Queremos* respeitar a vida do feto humano", ou da proposição "Se *consideramos* o embrião humano como uma pessoa, e *queremos* respeitar a vida de todo ser humano, então *é preciso* respeitar a vida de todo feto humano".

Assim ocultados por trás dos "é preciso" e "deve-se" há, de maneira geral, direta ou indiretamente, os "queremos" ou "eu quero".

Em princípio, toda proposição do tipo "é preciso fazer isto" pode ser traduzida seja em uma proposição descritiva condicional ("se fizermos isto, então tal consequência se seguirá", ou "se se quer defender tais valores ou obter tais objetos, tal tipo de comportamento é necessário"), seja em uma proposição normativa particular ("eu quero (nós queremos) que se faça isto"). A proposição condicional "se isto, então tal consequência" depende de uma análise por meio da qual se *decide* limitar a descrição das consequências àquelas que se menciona (ou que se percebe por meio de sua grade analítica). A proposição normativa remete a quem coloca as normas. Porém, de qualquer modo, cada um depende de uma decisão (por vezes explícita, por vezes implícita).

Para Nietzsche, evitar esses "eu quero" por medo de se envolver e refugiar-se nos "deve-se" ou "a ética diz que" é uma moral de escravos que não ousam ser livres. Para Heidegger, é viver no mundo da inautenticidade, o mundo do "se" impessoal.[7] Há cristãos que pensam do mesmo modo, em uma lógica religiosa. Para eles, Jesus teve tanta confiança nessa Presença, que ele chamava de Pai, que ele não teve medo de falar com autoridade e de dizer "eu quero"; e, do mesmo modo, depois dele, os cristãos podem viver com uma tal confiança que eles não tenham mais medo de fazer livremente a sua história, dizendo eles também "eis o que eu quero".

Por maior que seja o número de critérios que tenham sido elaborados no debate ético, o engajamento dos seres humanos em sua história acompanha-se sempre de um discurso simbólico que explicita o sentido de suas ações. O *discurso simbólico* compõe-se de relatos que se podem substituir ao serem narrados. Referem-se em última instância àquilo em que se *crê* da vida. O caso mais típico de discurso simbólico é o discurso religioso. Quando, por exemplo,

---

7 Em francês, "le monde du 'on'", equivalente ao pronome "se" como índice de indeterminação do sujeito (N.T.).

um cristão diz que recebe a sua vida de um Deus-amor, tal como revelado em Jesus Cristo, ele fala para comunicar uma experiência de sentido. Existem também linguagens simbólicas que não se referem à religião. É o caso quando alguém diz que a existência humana se reduz ao material, ou quando outro afirma que o seu sentido é o amor. O discurso simbólico fala, enfim, sobre a *fé* que cada um tem na existência. Não se pode reduzi-lo à ciência que nos permite dominar as nossas vidas, nem aos critérios utilizados no debate ético. Refere-se sempre aos grandes relatos míticos e históricos por meio dos quais pensamos ("mítico" não significa "vão", ou "lendário"; esse termo se refere à maneira pela qual nos comunicamos quando tentamos dizer aquilo que, em nossa experiência, não pode ser mais apreendido por termos claros e bem definidos).

Construção de uma ética ou de um paradigma ético

Na perspectiva de uma moral não idealista, o debate ético sobre uma questão evidentemente não é eterno. Ele nasce em uma determinada época e se desenvolve de uma maneira que não era necessariamente a única. Desse modo, a ética do transplante de órgãos só se desenvolveu no momento em que o mesmo se tornou tecnicamente possível. As questões éticas relativas à escravidão só surgiram lentamente por meio da história do continente americano. Aquelas relativas aos direitos da mulher na sociedade patriarcal têm uma história bastante recente.

A própria maneira pela qual as questões são colocadas é resultado de uma evolução, razoável sem dúvida mas não necessária. Assim, no que se refere ao transplante de órgãos, as equipes dos que trabalham na área da saúde (médicos, assistentes sociais, enfermeiros, técnicos etc.) chegam geralmente a uma certa maneira de abordar a questão. O debate assume uma determinada forma, aquela que, de acordo com o costume, pareceu a uma dada comunidade mais adequada para debater de maneira eficaz o que se deseja fazer a respeito.

Pode-se comparar, então, o debate ético com os paradigmas científicos: o debate ético e a racionalidade científica elaboram-se em torno de uma série de pressupostos, maneiras de ver, argumentos, atores sociais e tensões aceitos por todos os que participam do debate. Assim como a racionalidade científica se desenvolve em torno de paradigmas, a moral se constrói em torno de paradigmas éticos, que conferem uma estrutura a sua racionalidade. Eles veiculam e organizam as maneiras de colocar e avaliar as questões que pareceram mais adequadas às pessoas: os valores. Os paradigmas éticos, assim como os paradigmas científicos, acham-se condicionados pelo meio econômico, político e cultural. Assim, a ética do comércio será elaborada de maneira diferente por aristocratas, burgueses ou trabalhadores manuais. E a ética será pensada de maneira inteiramente diferente em uma sociedade comunitária ou em uma individualista.

Do mesmo modo que, na ciência, no interior de uma racionalidade definida por um paradigma, falam-se de leis científicas que resumem, por vezes de uma maneira bem inadequada, toda uma série de representações científicas, do mesmo modo, em moral, enunciam-se "normas" ou "princípios" que resumem toda uma sabedoria de vida, percebida por meio da história das comunidades humanas que as adotaram. Aliás, ocorre por vezes que certos valores ou princípios éticos pareçam tão importantes (como o "não roubarás") que as pessoas os consideram eternos, esquecendo-se de que resumem uma percepção daquilo que o grupo considera desejável. Assim, diz-se que tal ou tal ação é contrária à ética, como se esta existisse desde sempre sob esta mesma forma; seria mais preciso dizer que essa ação é contrária a *determinada moral ou ética particular*.

A construção de morais, sistemas de valor, ideologias e normas é muito importante porque, sem elas, seria impossível ter debates coerentes e seria necessário recomeçar a cada momento deliberações que se tornariam demasiado longas. Assim, todos concordam com o fato de que as normas da ética médica que proíbem operar uma pessoa sem o seu consentimento são úteis. Isto não significa que elas sejam absolutas. Não são mais absolutas do que as "leis científicas". Entretanto, assim como as teorias científicas nos fornecem representações daquilo que nos consideramos capazes de realizar no mundo, do mesmo modo a moral nos fornece representações do que uma comunidade considera desejável de fazer em sua história. Os paradigmas éticos permitem comparar diferentes abordagens e exprimir os valores aos quais se referem diferentes posições. E, assim como as teorias científicas que derivam de diversos paradigmas, também as posições éticas não são facilmente comensuráveis ou discutíveis quando não se referem aos mesmos paradigmas éticos.

Confrontações com os valores e as pessoas

Mesmo entre aqueles que consideram que os valores são produzidos historicamente, podem-se distinguir duas atitudes éticas, a primeira bastante próxima do idealismo. Esta posição parece-me ter sido bem exposta por Kohlberg (1981), quando afirma que a pessoa madura do ponto de vista ético tomará decisões com total liberdade e responsabilidade, embora tomando como referência os valores mais universais produzidos por nossa cultura. Sob este enfoque, é sempre diante dos valores, como noções gerais (quase como "ideias"), que os humanos se decidem. A segunda posição insiste sobre o fato de que, afinal de contas, não é por referência a valores que se decide – mesmo que os valores sejam necessários ao debate e à reflexão ética. Em última instância, sob esta perspectiva, é diante das pessoas, de seu sofrimento e cara a cara com elas que decidimos.

Carol Gilligan mostrou como a lógica de Kohlberg refere-se a um enfoque particular: para ela, trata-se de uma racionalidade alienada, tipicamente masculina. Já a segunda perspectiva, mais frequente nas mulheres, teria mais presente que, por trás dos valores, existem pessoas (cf. Fourez, 1979b).

Moral cristã idealista e histórica

Poderíamos dizer que existem duas imagens de Deus: uma, aquela que Nietzsche condenava, evoca um Deus que quer servidores ou escravos; outra evoca um Deus que considera os humanos como seus amigos e parceiros, e os deseja livres, ao mesmo tempo em que espera bastante deles. Isto conduz a dois tipos de moral cristã, uma histórica e a outra idealista.

Para o cristão "idealista", a base da moral é a *ideia do que é um cristão*. Essa ideia se supõe de antemão determinada, e o bom cristão tentará se conformar a ela. O cristianismo será visto então como uma religião moralizante e Deus como o guardião dessa moral.

O cristão que possui uma visão histórica é alguém que escolheu levar em conta a esperança de Deus tal como ela se revela em Jesus Cristo e considerar, na sua vida, o *apelo ligado à prática de Jesus*. Não se trata tanto de imitar Jesus quanto, assim como ele, engajar-se na história, diante do mal histórico. Desta perspectiva, o que é "ser cristão" não é determinado de antemão; cada cristão terá, como Cristo, de arriscar a sua existência. E, como Jesus, diante de sua escolha, terá a dizer: "Eis a minha vida, tal como eu a levo hoje". Jesus a dedicava aos outros, em uma escolha precisa; o mesmo valerá para o cristão, mas ele terá de decidir-se a isso. A existência de Jesus, portanto, para esse cristão, será uma referência importante, um apelo. Porém, para esta perspectiva ética, Deus não está fora da história, impondo suas normas; ele compartilha de nossa história, arrisca-se Ele próprio, e convida-nos a agir como Ele. Dentro desta visão ainda, a relação com Deus não é vivida tanto como entre o servidor e o Senhor, mas como de amigo a Amigo: Deus, em Jesus, interpela os humanos e nos dá um Impulso[8] graças ao qual criamos nossa própria história.

---

8 "Souffle", no original: literalmente, Sopro (N.T.).

Observemos também que, entre os cristãos, alguns – na perspectiva de Kohlberg – falarão de uma moral confrontada ao bem e ao mal. Outros insistirão em uma perspectiva segundo a qual a decisão, em última instância, é tomada diante de uma pessoa histórica: bem encarnada em Jesus.

A indispensável análise no debate ético

Examinando-se o que se *quer* fazer, um debate ético deve apoiar-se sobre uma representação daquilo que é *possível* fazer, assim como sobre os meios e fins da ação possível. Em outros termos, caso se queira refletir sobre o que se irá fazer, importa analisar seriamente a situação, as suas causas e efeitos possíveis.

Em nossa cultura ocidental, aprendemos a distinguir entre a descrição de uma situação e os juízos de valor que se pode fazer a respeito. Não obstante, há muitos que só conseguem falar sobre uma situação em termos de valores. Caso lhes seja colocada, por exemplo, uma questão a respeito do aborto, estas pessoas responderão que são "a favor" ou "contra" a descriminalização do mesmo, sem analisar em que consiste o fenômeno de que falam. No plano pessoal, muitas pessoas têm dificuldade em distinguir, nas relações afetivas, os sentimentos e as ações: não podem, por exemplo, analisar como se vive uma relação extraconjugal, sem imediatamente proferir um juízo de valor. Ora, é possível efetuar uma análise mais aprofundada, e perguntarmo-nos somente depois disso sobre o fato de saber se é algo que gostaríamos ou não de aprovar. Compreender não é nem aprovar nem desaprovar é analisar.

Veremos no próximo capítulo de que modo a ciência pode trazer uma enorme contribuição para a análise das situações que se quer discutir do ponto de vista ético. Contudo, atualmente, pode-se propor uma rápida grade analítica (Cheza, 1980) que pode contribuir para que se veja com mais clareza as questões éticas.

Como primeira etapa, de acordo com essa grade analítica, examinar-se-á a situação que se quer discutir da maneira como ela se apresenta, espontaneamente. Depois, serão identificados os *indivíduos e os grupos implicados*. Em seguida, estudar-se-ão as suas causas: todos *os fatores que conduziram a história ao ponto em que se coloca o debate ético*. Entre esses fatores distinguem-se em geral *os fatores econômicos* (todos aqueles ligados às questões de dinheiro ou à organização social que se constitui tendo em vista a produção), os *fatores tecnológicos* (as exigências das tecnologias adotadas sobre a sociedade e os indivíduos), os *fatores políticos* no sentido mais amplo da palavra (todas as relações de poder), os *fatores culturais e ideológicos* (todas as ideias e tradições que motivam e mobilizam as pessoas e legitimam as suas maneiras de agir), os *fatores emocionais* (ligados às relações interpessoais ou à história psicológica dos indivíduos). Paralelamente a cada um desses fatores, nós nos perguntaremos que *interesses* (econômicos, técnicos, de poder, ideológicos, emocionais) esse "amontoado" induz para os indivíduos e grupos implicados. O exame de todos esses elementos anteriores a uma situação analisada permite uma compreensão que evita que o debate ético se situe em um terreno demasiado abstrato. Assim, quando se analisaram todos os interesses e fatores mencionados a respeito de uma eventual decisão de fechamento de uma empresa, ou de uma interrupção voluntária da gravidez, ou de um roubo em uma grande loja, ou de um engajamento em uma profissão, tem-se, em cada um dos casos, uma representação da situação bem diferente da anterior.

Na sequência, a análise continua pelo exame dos possíveis cenários do futuro: quais poderiam ser as consequências, como aval de uma eventual decisão? Quais seriam os efeitos das diferentes estratégias de ação diante da situação? Com quem se poderia ser solidário e com quem se entraria em oposição? Ainda aqui, o exame dos possíveis cenários projeta sobre aquilo que se pode fazer uma luz inteiramente diferente da que poderia projetar a abordagem espontânea.

É somente *após uma análise desse tipo* que o debate ético propriamente dito pode ocorrer. Que valores encontraremos implicados nessas situações e cenários? Quais são aqueles que queremos privilegiar e por quê? Quais são as situações que não desejamos de modo algum e por quê? Quais são as maneiras de agir que consideramos simpáticas e por quê? O debate em torno dessas questões pode esclarecer a situação, a um ponto em que aqueles que refletem desse modo podem começar a decidir e dizer: "Eis o que eu quero fazer, de maneira irreversível, com a minha vida".

Debate ético e justiça

Em toda sociedade, existem imagens ideológicas do que é considerado como "justo" e como injusto. Assim, se tomo uma cerveja em um bar e depois não posso pagá-la, alegando que o dono do bar é meu amigo, diremos que isto não é "justo". Exprime-se com isto que, em nossa cultura, há um grande consenso em relação ao fato de que, em tais circunstâncias, tenho de pagar o que devo. Dizer que algo é justo remete a um consenso existente a respeito do assunto (em certo sentido, há uma semelhança entre o consenso que afirma "o que é justo" e aquele que afirma os "fatos"). Pode-se considerar portanto que toda vida em sociedade implica certas noções de "justiça".

Falar de justiça é situar-se diante de uma "*alteridade*", já que não poderei determinar sozinho o que é considerado como justo; o outro e os outros estarão sempre presentes para me questionar. É por isso que se pode considerar que *a ordem da justiça é a ordem que respeita as diferenças entre os seres humanos*. Em outros termos, a ordem da justiça é aquela na qual se mede, se conta, em oposição à ordem da doação e do perdão, em que se deixa por um momento de fazer contas (Fourez, 1986, cap.19). Se devo pagar o meu copo de cerveja ao dono do bar, é porque ele é diferente de mim, e porque não posso decidir por ele sobre o que ele deseja. É claro que, se ele me diz que é por sua conta, não tenho mais que pagar; ele tem o direito de me *dar*; porém, eu não posso decidir que é a sua vez de pagar. Diríamos que "não seria justo" (é possível que, em uma outra cultura, ou em outras circunstâncias e segundo outros critérios, a respeito dos quais houvesse consenso, o que se diria "justo" seria que me dessem a cerveja; por exemplo, se eu tivesse vindo ajudar-lhe e depois ele me trouxesse um copo de cerveja seria geralmente considerado injusto que ele me fizesse pagar por ela).

Dentro dessa perspectiva, diríamos que um comportamento é induzido pela justiça se ele visa a dar a um outro (aos outros) o que lhe (lhes) é devido, independentemente de minha boa vontade. A *justiça reconhece direitos aos outros, independentemente de mim.*

A questão de saber o que é devido a alguém em determinada circunstância – o que são seus "direitos"– é evidentemente delicada. Para "dizer" os direitos, será preciso que isto seja "dito", mas por uma instância que possa fazê-lo, sem suprimir a alteridade, ou seja, o respeito pelo outro. Algumas pessoas, que possuem uma concepção bastante idealista da "justiça", pensam que os direitos de cada pessoa são determinados de maneira universal, independentemente da história e das sociedades. Outros consideram que o que é "justo" depende de contingências históricas.

A sociedade volta e meia debate o que é "justo". É um debate ético, pois se discute o que se quer criar como existência individual e coletiva: quais os direitos que se quer reconhecer a todo ser humano, por exemplo. Nas sociedades estáticas, o "justo" e o "injusto" são percebidos como determinados desde sempre, ou quase. Nas sociedades de maior mobilidade, pelo contrário, o que é a justiça é bem menos claro. Assim, nos Estados Unidos, no século XIX, não era fácil saber se era "justo" ou não possuir escravos.

A representação do "justo" é de ordem ideológica, no sentido de que é uma representação que motiva e legitima. Ela variará de acordo com as situações e liga-se a maneiras de representar os próprios interesses e os de outros. Contudo, não existe sociedade sem um certo número de representações relativas ao que é "justo". Ao determinar o que se espera de cada um para que ninguém tenha muito a impressão de alguém pisar sobre os seus pés, *as representações da justiça são um dos fundamentos da ordem social.*

É desse modo que a noção de justiça está sempre ligada a uma certa noção de "bem comum", mas este pode ser pensado pelo menos de duas maneiras. De acordo com a primeira, bastante idealista, o bem comum existe, e é preciso ir ao seu encalço. De acordo com a segunda, o conceito designa o movimento pelo qual indivíduos ou grupos podem superar, em determinados momentos, os seus objetivos e interesses particulares para se ocupar com os outros; conforme essa concepção, nem sequer se cogita fazer uma representação universal do bem comum! Ainda de acordo com essa segunda perspectiva, o "bem comum" não pode determinar a lei, pois todas as representações que se adota, sobre as maneiras de superar o bem privado, permanecem sempre particulares aos indivíduos ou grupos sociais.

Algumas sociedades, como a nossa, elaboraram um código jurídico, ou seja, uma codificação relativamente precisa do que se espera de cada um para respeitar os direitos de todos, assim como os procedimentos a seguir em caso de litígio. Elas estabeleceram também uma força considerada como legítima, que possa fazer respeitar esse direito. A existência de semelhante direito tem, em princípio, a finalidade de proteger os indivíduos da arbitrariedade dos poderosos (Fourez, 1979b, cap.2). Porém, como se articulam o debate ético (ou a "moral") e o direito vigente?

Para alguns, existe (ou deve existir) uma relação direta entre a lei civil e a moral. Segundo essas concepções, em geral aparentadas a uma forma ou outra de idealismo, a justiça pode ser praticamente "deduzida" da moral. É o que ocorre principalmente com as tradições do *direito natural* (o *jusnaturalismo*), que relacionam a moral com o direito. O fundamento moral do direito estaria seja na natureza das coisas, seja em uma imagem que as pessoas se fazem do "bem comum" para o conjunto da sociedade. Espera-se que a lei puna o roubo, o assassinato ou a interrupção da gravidez, porque é "ruim". Dentro desta perspectiva, as condenações, em nome do direito, se fazem essencialmente porque alguém teria cometido um ato "mau".

Para outros, não é tão importante considerar o vínculo entre o direito e a moral. Esses juristas *positivistas* consideram o direito tal como existe, sem perguntar-se sobre a sua origem. A única coisa que os interessa é a sua lógica e a maneira pela qual ele se aplica. Com base nessa perspectiva, uma condenação não está ligada ao "mal"; condena-se simplesmente porque alguém violou a lei. Essa maneira de ver o direito liga-se à tomada de consciência de que aqueles que violam a lei nem sempre são, de acordo com o bom--senso, pessoas más; ou, em todo caso, que elas não são necessariamente menos boas do que outras que não foram punidas (alguém que tiver roubado milhares de francos, por exemplo, será com certeza condenado; é ele "pior" do que o homem de negócios que, em plena legalidade, arruinou dezenas de famílias?).

A concepção positivista do direito recusa-se a "moralizar" em torno das violações da lei. É o motivo pelo qual muitos o veem como liberalizante, pois consideravam injusto culpabilizar as pessoas condenadas quando, em geral, elas não são "menos boas" do que outras pessoas. No fundo, a concepção positivista recusa-se a efetuar julgamentos morais sobre o que é justo segundo a lei; ela remete os indivíduos a sua própria consciência ou aos grupos com os quais eles debatem questões éticas. Esta concepção se contenta em dizer que, de acordo com um compromisso social, a força pública atribuirá a cada um o que lhe é determinado pelo direito.

Uma concepção política e positiva do direito

Outros, enfim, possuem uma concepção "política e positiva" do direito; eles querem refletir ainda mais sobre a sua origem e a maneira pela qual ele exprime a busca de compromisso com os conflitos da sociedade. Para estes, a pluralidade das posições em um debate ético torna vã a pretensão de fundar o direito sobre a moral – a não ser para um certo número de casos sem problemas, em que o consenso é praticamente universal. Não que, para eles, o direito não se refira o tempo todo à ética (as leis exprimem o que se "quer fazer" em uma sociedade), mas as leis – com exceção de alguns casos nos quais existe um consenso social relativo à ética e aos interesses – representam compromissos diante de diversos projetos mais ou menos em oposição. O caso da legislação relativa à interrupção da gravidez é típico disso: em nossa sociedade pluralista, não existe consenso ético a respeito.

As leis que se votam são portanto, em essência, *compromissos políticos*, ligados a negociações entre visões e, eventualmente, interesses opostos. De modo geral, exprimem as relações de força na sociedade; por alto, são as normas impostas pelos mais fortes, mas sempre moderadas que eles tiveram que aceitar, dada a força relativa dos mais fracos (essa situação é particularmente visível no estabelecimento do direito do trabalho ou do direito de caça). Pode haver então uma grande distância entre o direito e o que certos grupos sociais considerariam ético.

O direito (produzido em geral por meio dos conflitos sociais) teria então um caráter convencional e seria determinado pelas relações de força políticas. Raramente apenas remeteria a um consenso ético. Não obstante, não faria sentido propor um direito sem referir-se ao tipo de mundo que se quer criar, ou seja, a um debate ético. No caso em que existe um relativo consenso social sobre o que é justo, tem-se a impressão de que o direito se funda sobre a moral (assim, como existe um consenso ético sobre o fato de não matar os próprios pais, e como ninguém questionaria uma lei sancionando semelhante ato, tende-se a dizer que tal lei se baseia sobre a moral. Do mesmo modo que se diz, quando não há contestação alguma, que a observação descreve os fatos, quando existe consenso diz-se que certas leis decorrem da moral). Em outros casos, a lei exprime um acordo bem mais frágil, seja que ele tenha sido imposto pelos mais fortes, seja que ele resulte de um compromisso.

O direito não pode portanto ser identificado à ética. Não obstante, o fato de que existe um direito possui uma significação simbólica importante. Ele indica que não se quer viver as relações humanas baseado no puro modo das relações de força (ou da doação gratuita), mas que se aceita a mediação de uma "lei" que atribui um lugar a cada um, ou quase. Pela "lei" significamos que jamais estamos pura e simplesmente um diante do outro, de maneira dual, mas que há sempre uma alteridade, um terceiro membro, a lei, que nos lembra que queremos atribuir um valor a cada indivíduo. Sem dúvida, o horror que provoca, em nossa cultura, a escravidão ou a tortura provém do fato de que, nesses casos, o outro é apenas um objeto diante do dono ou do torturador, que não existe mais lei na gestão desse tipo de relação entre os homens (cf. Benasayag, 1986).

Chama-se de domínio da *política* aquele lugar em que os compromissos do direito se negociam. A política é sempre inspirada por posições éticas (cada parte representa para si o mundo que deseja), mas não se pode confundir os dois domínios. Semelhante confusão correria o risco de engendrar um totalitarismo, isto é, uma situação em que uma parte consideraria legítimo impor a sua ética a todos. A moral é portanto a representação do fato de que se assume o risco pessoal de querer (de certo modo, de maneira independente de outros que podem querer outra coisa!), ao passo que a política é o lugar dos compromissos sempre necessários (e, no entanto, quando se aceita um compromisso, assume-se um certo engajamento ético, pois se *decide* assumir esse compromisso, com as consequências que ele irá provocar).

A vontade de aceitar compromissos políticos testemunha uma inspiração moral característica de uma ética e ideologia pluralistas, que consideram o respeito aos outros e a sua liberdade de consciência pelo menos tão importantes quanto o triunfo de nossa concepção ética. Pode ocorrer que, em nome de uma moral em busca de acordos para salvar uma estabilidade social, se aceitem compromissos e leis contrárias à representação que se tem da moral. É por isso que muitos insistem sobre o fato de que a moral e o direito são distintos. Não obstante, o estabelecimento de leis só pode ocorrer no interior de um debate ético em que cada pessoa recorre às ideologias para legitimar a sua maneira de ver, a sua maneira de querer construir o mundo.[9]

Justiça e amor

Afirmei anteriormente que a noção de justiça era um conceito ideológico ligado àquilo que se considera como devido a cada pessoa – aos direitos e deveres –, independentemente dos pontos de vista subjetivos (mas propondo acordos convencionais). A justiça, nesse sentido, funda-se sobre as diferenças entre as pessoas e as partes. Na perspectiva da justiça, as diferenças (e com frequência as divergências) de interesses são reconhecidas.

Quando se fala de amor, pelo contrário, insiste-se muito no fato de querer o bem da pessoa que se ama. O amor não se basearia sobre a diferença, mas sobre a comunhão. Contudo, a perspectiva da comunhão pode ser ambígua. Se, com efeito, quero a felicidade do outro, este deseja a sua felicidade como *eu* desejo? O respeito pelo outro pede que, antes de procurar a felicidade do outro, eu reconheça que ele pode ter uma opinião diferente de mim a esse respeito. O amor que não começa reconhecendo a diferença do outro, ou seja, a dimensão da justiça, é um amor que invade, e é por vezes oprimente. Denomina-se *paternalismo* a essa atitude que pretende tornar os outros felizes sem lhes deixar dar a sua opinião e defender o que realmente querem.

Uma tal relação entre a justiça e o amor é particularmente importante nos grupos e relações em que se insiste sobre a comunhão, e em especial na família, na amizade e no amor. No amor, reconhecer que o outro é diferente, que ele não tem

---

9 Para uma discussão da interação entre ética e política, ver Ricoeur (1985) e Mouffe (1987).

necessariamente os mesmos projetos e objetivos que eu, e que ele pode ter interesses ou desejos opostos, é dar o seu lugar à dimensão da *justiça* na relação. Pretender, pelo contrário, que ambos formam apenas um é superdimensionar essa relação, visando a uma harmonia total, sem conflito. Infelizmente, essa atitude conduz com frequência a conflitos tanto mais penosos que eles são percebidos como fracassos e acabam por acarretar uma culpabilização. O que não é de surpreender, pois ao pretender se referir à comunhão total, corre-se o risco de não ver que esta repousa sobre uma imagem particular do "bem" para ambos. Referir-se, pelo contrário, à imagem de uma negociação contínua entre parceiros realmente diferentes é permitir-se, talvez, uma relação na qual um e outro podem reconhecer-se e amar-se nas diferenças.

Ideologias da justiça

Quando as pessoas falam de justiça, referem-se normalmente a uma representação ideológica do que é justo. Em nossa sociedade, as noções de justiça podem ser classificadas em alguns tipos gerais. Examinaremos de início os dois valores que se apresentam com mais frequência para "fundar" a noção de justiça: a *igualdade* e a *liberdade*. Correspondem respectivamente às *ideologias igualitárias e neoliberais*. Veremos também que, nas perspectivas igualitaristas, podem-se considerar três tipos de igualdade ou de justiça: as *justiças procedural, distributiva e substancial*. A menção desses diferentes pontos de vista permitirá perceber que, por trás das noções de justiça, diferentes concepções entram em um debate ideológico: uma noção de justiça pode ocultar uma outra!

As *ideologias liberais* insistem sobre o *respeito à liberdade*. A suprema injustiça, desse ponto de vista, é não respeitar a liberdade de alguém. Dir-se-á, por exemplo, que não é justo instaurar regulamentos que não permitem aos indivíduos progredir dentro da empresa.

As *ideologias de tipo social-democrata*, pelo contrário, consideram que a suprema injustiça é tolerar enormes *desigualdades*. Com base nessa perspectiva, declara-se injusto, por exemplo, que haja pessoas morrendo de fome enquanto outras acumulam privilégios.

Na linguagem corrente, quando se fala de justiça, faz-se referência em geral a uma ou outra dessas perspectivas. Contudo, uma não conduz à outra, pelo contrário! Com efeito, dar sem restrições o primado à liberdade é dar a liberdade ao forte diante do fraco. Aliás, querer a igualdade é em geral limitar a liberdade do forte. Essas duas concepções da justiça são portanto antinômicas. É o que Montesquieu bem exprimia ao dizer que, entre o forte e o fraco, a liberdade oprime, ao passo que a lei libera. De modo mais trivial: se coloco um lobo e um cordeiro juntos e priorizo a liberdade, posso esperar ver o cordeiro comido. Se quiser impedir isso, o lobo se queixará de que se infringe a sua liberdade.

As lutas sociais ligadas à industrialização mostraram a tensão existente entre esses dois pontos de vista: a insistência sobre a liberdade dos patrões lhes permitirá oprimir os trabalhadores, e os regulamentos que defendem estes diminuem a liberdade dos patrões. Uma grande insistência sobre a liberdade pode levar a uma sociedade onde reina a lei da selva, enquanto uma insistência sobre a igualdade pode produzir, levada ao extremo, uma sociedade bastante burocrática.

Quando se fala de justiça em uma perspectiva igualitária, existem ainda diversas maneiras de compreendê-la. Fala-se de *justiça procedural* quando todos enfrentam os mesmos procedimentos. Isto ocorre, por exemplo, quando todos têm as mesmas questões a responder nos exames, ou os mesmos procedimentos para obter um emprego (nada de "pistolões"!). A "justiça procedural" favorece o forte, na medida em que, sem uma correção, o forte prevalecerá.

A *justiça distributiva* quer estabelecer um corretivo para esse tipo de desigualdade, visando a uma igualdade de resultados, e não somente a procedimentos. Pode-se querer corrigir, por exemplo, por meio de processos de redistribuição fiscal, as grandes desigualdades de renda. Em outro exemplo, no sistema escolar o sistema procedural cuidaria para que a escola fosse a mesma para todos, enquanto uma perspectiva de justiça distributiva tentaria dar uma ajuda diferenciada aos alunos social, familiar ou intelectualmente menos dotados, a fim de diminuir as desigualdades no ensino. Ainda neste caso, o que pode parecer "justo" de um ponto de vista pode não sê-lo de um outro.

Enfim, chama-se de *justiça substancial* uma perspectiva que supõe uma "ordem do mundo", uma sociedade onde seria bom viver e que considera que, na medida em que nos aproximamos dessa ordem, temos uma sociedade justa.

Moral individual e moral estrutural

Conforme nos situamos como um indivíduo sozinho diante de sua ação ou como uma coletividade diante de seu futuro, existem duas maneiras de encarar o debate ético (Fourez, 1979b). Quando nos consideramos sós, a questão que primeiro se coloca é: "Aceitando como pressuposto o estado atual de nossa sociedade, como irei agir?". É, por exemplo, a questão que se coloca um indivíduo que se pergunta se irá ou não utilizar drogas. Porém, existe uma outra questão diante da droga: "Dado que a droga é um problema de nossa sociedade, que estratégia podemos ter em vista para construir o mundo que queremos, e no qual um número menor de pessoas se destrua pela droga?".

A diferença entre as abordagens individual e estrutural pode aparecer em uma cidade onde existe um problema de estacionamento. O indivíduo buscará uma solução aceitável para o seu problema, sem buscar necessariamente modificar as causas deste. O problema estrutural residirá sem dúvida no fato de que o interesse de cada um cria uma situação coletiva em que ninguém mais pode estacionar o seu carro. Para resolvê-lo será preciso *analisar* as causas estruturais do mesmo e depois tentar solucioná-lo.

Pode-se levar em conta as duas abordagens para enfrentar os roubos cometidos nas grandes lojas de departamento (ou a "pirataria" dos livros por fotocopiadoras!). Um debate ético individual examinará o que os indivíduos querem assumir em relação a essa questão. Um enfoque estrutural procurará ver de que modo agir sobre as condições coletivas para que menos pessoas sejam levadas a roubar nas grandes lojas, ou que se tenha menos interesse em "piratear" os livros. As duas abordagens são complementares. Importa saber o que se faz nas situações existentes, mas também importa examinar como eliminar as causas do problema.

O debate ético, no plano estrutural, busca saber como os indivíduos podem se associar, organizar-se e unir as suas estratégias a fim de modificar os sistemas que engendram os problemas.

Certos problemas não se deixam abordar senão por um enfoque estrutural: o enfoque individual muitas vezes só consegue piorar a situação e provocar culpabilizações inúteis e apatia. Se há, por exemplo, uma centena de pessoas em um laboratório e cinquenta microscópios apenas, de nada adianta que cada um se esforce para conseguir um microscópio para si. Sempre alguém vai ficar sem. Um enfoque estrutural consistiria em esforçar-se para que cinquenta estudantes façam outra coisa enquanto os outros utilizam os aparelhos. Pensemos também nos engarrafamentos que os motoristas têm de enfrentar ao se dirigirem para os bairros ao final do trabalho, ou no problema do desemprego em uma sociedade em crise. Um enfoque individual pode ser útil, mas sem solução estrutural o problema geral permanecerá.

Alguns problemas estruturais são evidentemente mais complicados: pensemos no desemprego, no subdesenvolvimento, na corrida armamentista, na lentidão burocrática, nas fraudes fiscais etc. A abordagem dessas questões pede sempre uma análise que tente descobrir as causas dos fenômenos e ver como se pode conceber estratégias correlatas. Para tal análise, um enfoque científico (de ciências naturais ou ciências humanas) pode ser bem útil. Será importante, todavia, caso se queira ser eficaz, que as ações dos indivíduos diante dessas questões inspirem-se em uma visão "estratégica" do problema, ou seja, em uma maneira de conseguir, utilizando as forças coletivas, resolvê-los a longo prazo.

Resumo

Ética idealista: deriva de ideias eternas tornando-se normas para a ação (mas originando-se de instâncias diversas).

Ética histórica: constata que o debate ético funciona e evolui em torno de conceitos construídos.

Etapas do debate ético:
- tomada de consciência do sofrimento;
- vozes proféticas solitárias;
- estabelecimento de um consenso sobre "novos" princípios éticos.

N.B.: "Objetividade": elementos exteriores à ética (situação econômica, por exemplo).

Decisão ética: decisão que comporta um elemento "moral", seja de um ponto de vista idealista, seja de um ponto de vista histórico.
Na perspectiva idealista, o critério ético é buscado no mundo das ideias.
Na perspectiva histórica, o critério ético será a escolha (arriscada) que marcará de maneira irremediável o futuro.

A *moral dos apelos* pode ser concebida como idealista ou histórica. A perspectiva histórica está em correlação com a "justificação pela fé" em São Paulo, e a "criança", em Nietzsche. A perspectiva idealista está em correlação com a justificação pelas obras (São Paulo) e o espírito "rebanho" (Nietzsche).

O *discurso simbólico* tentando dizer o sentido.

Construções e paradigmas éticos:
Moral cristã. Ideia do que é um cristão: idealismo anti-histórico. Apelo ligado à prática de Jesus: Deus na História.

Análise e debate ético:

Debate ético, justiça e política. O conceito de justiça se situa diante de uma alteridade e é ideológico em uma dada sociedade. Em caso de debate, regula-se o conflito por meio de leis. As leis e o direito não se baseiam sempre sobre um consenso ético, mas exprimem em geral compromissos provenientes de relações de força. É no domínio da política que se negociam os compromissos.

Justiça e amor e sua dialética. O amor que não começa pela justiça é oprimente. Noção de paternalismo.

Ideologias da justiça:
- Primado da liberdade ou da igualdade? Liberalismo ou social-democracia?;
- justiça procedural: favorece o forte;
- justiça distributiva: quer eliminar as desigualdades e opõe-se por vezes à justiça procedural;
- justiça substancial: supõe uma "ordem do mundo" onde seria bom viver;
- moral individual e moral estrutural.

Palavras-chave

Debate ético/ debate político/ ética idealista/ vozes proféticas/ princípios éticos/ mal histórico/ compromisso/ decisão ética/ apelos éticos/ ética da convicção/ ética da responsabilidade/ moral da intenção/ paradigma ético/ moral cristã idealista/ moral cristã histórica/ justiça/ comportamento justo/ alteridade ética/ objetividade da ação/ máximas absolutas/ moral individual/ moral estrutural/ direito natural/ jusnaturalismo/ juristas positivistas/ leis civis/ concepção política do direito/ bem comum/ ideologia neoliberal/ ideologia social-democrata/ justiça procedural/ justiça distributiva/ justiça substancial/ paternalismo.

CAPÍTULO 13

COMO ARTICULAR CIÊNCIA E ÉTICA?

Articulação da reflexão ética e dos resultados científicos

Para tratar desse assunto, conservaremos em mente o exemplo de algumas questões padrão: "Pode a ciência nos dizer quando, no processo de crescimento de um feto, estamos diante de uma pessoa humana?" e "Pode a ciência nos dizer que política seguir em matéria de corrida armamentista?" e ainda "Deve-se ou não construir centrais nucleares?".

Diante da ética e da política, os limites dos paradigmas

Quando a ciência examina uma questão, ela se baseia nos pressupostos de seu paradigma. Desse modo, a biologia, ao estudar os embriões, utilizará os pressupostos que a fundam: ela considerará os níveis microscópicos da bioquímica e da célula e depois colocar-se-ão questões do ponto de vista dos órgãos, ampliando o estudo ao introduzir uma noção biopsicológica do indivíduo. Diante da corrida armamentista, as ciências físicas e políticas também utilizarão os seus pressupostos; assim, a precisão de um míssil será considerada de acordo com critérios válidos em laboratório, mas que não podem ser extrapolados para uma situação de pânico geral; e a ciência política partirá de um conceito de "racionalidade" dos comportamentos que está longe de funcionar em todas as circunstâncias.

O conceito de "risco aceitável" utilizado para examinar a corrida armamentista ou a instalação de centrais nucleares não é levado em consideração por um físico; e, se os economistas e especialistas em política podem utilizá-lo, é somente após tê-lo *redefinido* em seu modelo de racionalidade. O conceito de "personalidade humana", tal como pensado nos debates éticos, tampouco faz parte do paradigma da biologia. De modo geral, pode-se dizer que os conceitos científicos ventilados nos debates éticos ou políticos ligam-se sempre a uma racionalidade particular, determinada por um paradigma e, portanto, por pressupostos particulares.

Considerando então o problema do feto humano, concluímos que o conceito de "pessoa humana" não é um conceito biológico. Ainda que os biólogos utilizem esta noção, ela será determinada pelo paradigma dessa disciplina. Se, por exemplo, um biólogo define um ser humano como um ser que teria o patrimônio genético humano, a definição tem um valor circular somente: ela indica que, no âmbito de seu trabalho, os biólogos definirão o ser humano dessa maneira. Esta definição, aliás, só faz sentido em um projeto que privilegie a estrutura genética.

Do mesmo modo, se um engenheiro de uma central nuclear utiliza o conceito de "segurança", trata-se de um conceito *traduzido* em seu paradigma, ou seja, em termos de probabilidade de explosões, ou de escape, ou de fusão de reator etc. Contudo, o paradigma no qual o engenheiro se baseia não leva em conta o sistema de polícia que seria necessário para defender a central contra sabotadores, nem o estilo de vida social que se seguiria.

Os especialistas em armamentos que calculam os riscos da dissuasão nuclear devem, para tanto, negligenciar alguns elementos. Poderão, por exemplo, desconsiderar o peso da corrida armamentista sobre o desenvolvimento do Terceiro Mundo, ou os efeitos a longo prazo, sobre gerações inteiras, do fato de viver no "equilíbrio do terror".

Talvez, sugerirão alguns, uma abordagem interdisciplinar permitisse eliminar esses limites das análises por demais encerradas em uma disciplina. As práticas interdisciplinares são úteis para diminuir os inconvenientes dos limites de um paradigma determinado. Vimos porém que uma reunião de um certo número de especialistas pode na melhor das hipóteses criar uma nova especialidade e não um ponto de vista universal. A interdisciplinaridade, por útil que pareça ser no exame de questões éticas ou políticas, não opera uma mudança qualitativa: os resultados de um trabalho interdisciplinar permanecem marcados pela dosagem paradigmática resultante da negociação – sociopolítica – dos especialistas.

Em outros termos, reencontramos aqui, sob outra forma, a distinção entre o que se diz "ser" e o que se diz que "deve ser". A ciência não pode dar uma resposta às questões éticas. No caso preciso do feto, por exemplo, "biologicamente falando, é impossível dar uma indicação precisa quanto ao começo da existência; depende do que chamamos de vida humana propriamente dita" (Kemp, 1987, p.55).

As contribuições das análises especializadas na escolha da liberdade

Nos debates éticos, a ciência pode apresentar elementos de interpretação "especializada" que podem testar a coerência de uma certa visão. Se, por exemplo, alguém define a personalidade humana como um óvulo fecundado, as informações científicas indicando que é sempre possível que, em um período de vários dias, determinado óvulo se divida para "dar" gêmeos e, portanto, segundo o senso comum, duas personalidades humanas, mostram a dificuldade em conciliar semelhante definição com o senso comum.[1] Do mesmo modo, os engenheiros, os físicos e os médicos podem fornecer indicações sobre os danos que se deve esperar de uma guerra nuclear. Enfim, os economistas podem fornecer informações preciosas sobre os efeitos (escomptés) de uma produção maior ou menor de energia elétrica. Todas essas informações podem ser esclarecedoras quando se precisa tomar decisões políticas ou éticas. Não somente podem ser esclarecedoras, como é difícil conceber hoje em dia um debate ético que não se baseie em resultados científicos e isto sob pena de produzir um debate ético que não leve em conta as consequências efetivas das escolhas feitas.

A ciência permite portanto analisar melhor os efeitos e a coerência de uma determinada abordagem. Trata-se de reduções metodológicas extremamente úteis. Diante das questões éticas relativas à contracepção, por exemplo, a psicologia, a biologia e a sociologia trarão elementos de análise concernentes aos resultados das diversas práticas. No caso da corrida armamentista, a física, a economia e a ciência política podem mostrar como ela se processa e quais os seus efeitos.

Entretanto, o que a ciência não pode fornecer jamais é a resposta à questão ética: "Queremos assumir tal decisão?". Assim, em relação à "definição" de uma pessoa humana, a questão consiste em perguntar: "Queremos aceitar tal ou tal tipo de critérios para decidir reconhecer uma pessoa humana, com o conjunto de direitos

---

1 Para uma análise minuciosa da questão: "O feto é uma pessoa humana", ilustrando bem as dificuldades de articulação entre a visão filosófica e a científica, ver Malherbe (1985) ou Kemp (1987). Caso se questione o limite entre o "animal" e o "humano", o livro de Vercors (1952), *Les animaux dénaturés* [*Os animais desnaturados*], focaliza claramente a interação entre a ciência e as decisões éticas quando da escolha de critérios para decidir sobre o que se considerará como espécie humana. Exemplifica considerando como a justiça inglesa faria para determinar se um antropoide é um ser humano. Indica as contribuições das diferentes disciplinas. Mostra porém que, afinal, é necessário escolher um critério, e que essa escolha não é *determinada* por uma análise científica.

que reconhecemos como nossos semelhantes?". Ou, ainda, no caso da corrida armamentista, "Queremos este mundo onde é criada uma sociedade de tal tipo, com esse tipo de corrida armamentista e todas as suas consequências?". Também em relação à construção de centrais nucleares, "Queremos investir nesse tipo de tecnologia com todas as suas implicações?". A análise científica pode contribuir para esclarecer as implicações das escolhas, mas não pode jamais responder à questão: "É isto o que eu (nós) quero (queremos)?".

Essas análises (científicas ou de situação) são essenciais para "esclarecer" as escolhas. Sem elas, lançamo-nos no puro desconhecido. Para examinar de modo lúcido a ética da contracepção é necessário possuir análises psicológicas, sociológicas e biológicas (e outras mais, sem dúvida, seguindo outros paradigmas ou grades analíticas) que permitam conhecer a escolha que se irá fazer. Contudo, nenhuma dessas análises fornece uma resposta à questão ética.

Além das análises, diversos *apelos éticos* intervêm também na abordagem das decisões éticas. É o caso do debate ético concernente à parceria homem-mulher, em que existem "apelos" que sugerem que seria "bom" (*chouette*) ter tal ou tal tipo de relação (em nossa cultura, por exemplo, existem apelos convidando a superar as relações homem-mulher tais como definidas pela sociedade patriarcal, a fim de promover uma parceria mais igualitária). Ainda aqui, esses "apelos" apresentam possibilidades às escolhas livres dos seres humanos. Aqueles que veem a ética de maneira histórica reconhecerão a diversidade desses apelos, ao passo que aqueles que defendem uma ética idealista tenderão a dizer que as "boas" escolhas foram determinadas de antemão pelos "deuses", instâncias exteriores à liberdade humana (cf. Touraine, 1975). As decisões éticas e políticas são adotadas como consequência de um debate (implícito ou explícito), em que intervirão análises e apelos éticos. Tais decisões são relativas à história, às análises pelo viés dos paradigmas e das grades de leitura e aos apelos éticos pelo viés dos indivíduos ou grupos que os expressaram. Apelam ao debate ético e aos valores, mas, enfim, são tomadas de maneira a-racional, por meio de um salto quase místico no desconhecido (cf. Fourez, 1979b, cap.5 e 11).

Nenhuma dessas escolhas é, contudo, *indiferente* pois, afinal, nós nos tornamos aquilo que fazemos de nossa história. Voltamos a encontrar aí o que assinalei anteriormente como a objetividade da ação moral que constrói o que somos.

Se, em teoria, podemos distinguir decisão ética e análise científica, na prática elas se encontram em geral misturadas. Assim, a biologia veicula em seu paradigma toda uma série de ideias sobre o que é a saúde, o ser humano, a sexualidade etc., mas é muito difícil apresentar um curso sobre a sexualidade humana sem misturar elementos de análises e escolhas relativas a nosso modo de vida. Não obstante, pode ser importante do ponto de vista metodológico colocar em evidência a ruptura entre os elementos de análise científica e as decisões éticas de viver de tal ou tal modo. A análise procura ver de que se trata e quais as suas implicações, ao passo que a decisão responde ao problema: "O que queremos fazer de nossa história?". Mesmo que a análise contenha sempre elementos éticos (relativos ao que nós aceitamos considerar!), a distinção pode ser útil.[2]

Um exemplo: a psicologia e a ética nas relações afetivas

A maneira pela qual se cruzam os discursos da psicologia e da ética a respeito de nossas decisões pode ajudar a esclarecer as interações entre ciência e ética.

---

2 Muitos têm dificuldade em utilizar essa distinção entre juízo descritivo e normativo, ainda mais porque certos conceitos são utilizados linguisticamente como descritivos, quando são na verdade juízos de valor. Assim, a proposição "isto é uma chantagem" parece descritiva, mas se comporta como uma decisão relativa a valores. Algumas pessoas abordam as situações com categorias morais de bem e mal, de preferência a categorias descritivas.

A psicologia procura tornar compreensíveis os nossos comportamentos individuais. Se alguém experimenta um profundo sentimento de ódio por seus pais, o psicólogo não se perguntará se isto é bom ou mau, mas "por quê?". A psicologia – e em particular a psicanálise – tentará explicar como alguém pode experimentar um tal sentimento. No entanto, o psicólogo não dará uma aprovação (ou desaprovação) moral a alguém que odeia os seus pais ou – o que é diferente – a alguém que quer fazer com que eles sofram. Ele dirá, em geral, que não é mais o seu papel como psicólogo; como tal, ele analisa o que acontece e não julga.

Todavia, o psicólogo dará muitas vezes um passo a mais. Dirá – unindo-se, aliás, a antiquíssimas tradições morais – que existe uma diferença entre sentir algo e deixar agir cegamente a pulsão ligada a esse sentimento. O psicólogo, por exemplo, analisará de modo sereno o que pode sentir um homem que tem vontade de estuprar uma mulher; e o moralista o acompanhará nesse terreno. Porém, se esse homem quer passar ao ato, o psicólogo, de maneira geral, dirá que a sua tarefa continua a ser compreender o "por quê", deixando que o moralista reflita sobre a questão "É isto moralmente admissível?". E, para o moralista, existe uma enorme diferença entre "sentir ódio por seus pais" e "agir visando a destruir os seus pais". A primeira atitude é da ordem dos sentimentos, enquanto a segunda é da ordem das decisões das quais se pode ser responsável.

O que a psicologia moderna – e as diversas ciências – nos ensinou foi a refletir sobre a questão: "O que acontece?", antes de colocar a outra questão, "É isto bom?". Uma educação moral falseada leva com efeito certas pessoas a evitar a primeira questão. Por exemplo, ao serem perguntadas sobre "o que pensa você sobre o aborto na Bélgica?", algumas pessoas responderão rapidamente: "Sou contra", ou "Sou a favor" (em geral, confundem a questão do aborto e a sua criminalização). Contudo, as ciências humanas nos ensinaram a passar por uma primeira etapa de análise antes de abordar o ângulo ético. Elas perguntariam, por exemplo, "O que acontece com uma mulher que decide interromper a gravidez?", "Que repercussões isto terá sobre a sua maneira de ver a simbologia da vida?", "Como essa consideração de uma interrupção da gravidez se situa em seu futuro pessoal?", "Em que classes sociais e diante de que tipos de dificuldades a questão do aborto se coloca?", "Em que contexto a questão da descriminalização do aborto se coloca?".

A reflexão moral não coloca as mesmas questões que a psicologia. Ela se pergunta não sobre o que acontece, mas sobre o que se considera *desejável*. "O que devo fazer?", ou "O que é que 'eu' (ou 'nós') quero (queremos) fazer?", e isto com consciência de que o mundo será tal qual nós o construirmos.

É importante, portanto, que não se confunda moral e psicologia. Se, por exemplo, um psicólogo diz que, em certos casos, uma experiência de adultério pode ter como resultado tornar a relação conjugal mais sólida, ele não enunciou um juízo ético sobre a questão. Se uma tradição ética afirma que não se pode ter relações sexuais antes do casamento, ela não disse nada sobre as consequências psicológicas que pode ter, em uma dada sociedade, semelhante juízo moral.

Não têm os resultados da psicologia influência alguma sobre a reflexão moral? De modo algum. Façamos uma comparação. Se a biologia me ensina que, despejando determinado tipo de dejetos em um rio, matarei uma boa parte dos peixes, semelhante resultado científico suscitará uma reflexão ética (a qual, lembremos, coloca-se a questão: "O que consideramos como uma ação 'boa'?"). Do mesmo modo, se a psicologia mostra que dizer aos jovens que eles não deveriam jamais ter devaneios sexuais é perigoso por poder potencialmente criar "complexados", faz parte da reflexão ética.

A psicologia ajuda a reflexão moral, na medida em que permite apreender melhor os efeitos de alguns de nossos comportamentos. Ela contribui para a compreensão do que é "amar" os outros, e melhor discernir o que é "'mal' amar". O progresso da psicologia nos ensinou, por exemplo, como se pode, tentando sinceramente amar o seu parceiro, envolver-se em uma relação que se quer totalmente fusional e que não pode, a longo prazo, provocar senão sofrimento e fracassos. A psicologia mostrou, assim, as ambiguidades de certos discursos de moralistas que convidavam os cônjuges a formarem um todo indiviso, deixando de lado o fato de que, para amar, é preciso permanecer dois. Poderíamos multiplicar os exemplos em que os conhecimentos psicológicos permitem descobrir o que constitui um obstáculo à realização de um ideal moral sadio.

Pode-se desconfiar um pouco da maneira pela qual algumas pessoas apresentam uma psicologia vulgarizada como uma espécie de norma moral. Tomam uma representação do que é um "ser humano desenvolvido" ou "um casal bem equilibrado" e consideram que é uma norma a ser seguida. Desse modo, veem-se muitas pessoas tentarem ser "desenvolvidas"... e destruírem-se nessa busca. Igualmente, quantos casais não fracassam justamente por terem adotado como norma uma imagem de um "bom casal perfeitamente bem-sucedido"?

A visão da ética aqui apresentada conduz a um debate no qual se discutem modos de vida que se considera "válidos", os resultados científicos auxiliando a ver mais claramente as consequências de nossas escolhas. Todavia, tende-se muitas vezes a evitar que se ponha em evidência algumas escolhas éticas (com toda a solidão que comportam), pretendendo que é a ciência que determina o comportamento a escolher (atitude tecnocrática), ou que existam normas éticas dadas de uma vez por todas e que resolvam todas as questões (atitude idealista). A ética – e, *mutatis mutandis*, pode-se dizer o mesmo da política – que apresento aqui supõe que, no final de tudo, é o ser humano quem decide. Caso se acredite em Deus, pode-se dizer que essa liberdade é o Seu dom. De qualquer modo, ela parece ser uma parte do mistério humano no qual somos confrontados à nossa história, ao mal, ao sofrimento, mas também ao rosto do Outro, à confiança e à esperança.

Resumo

Exemplos iniciais: quando o feto pode ser considerado uma pessoa? Que política seguir na corrida armamentista? São necessárias mais centrais nucleares?
As ciências utilizam necessariamente os pressupostos de seus paradigmas. O conceito de pessoa humana não é um conceito biológico; e o conceito de "segurança" não é um conceito concernente a uma disciplina precisa; e o de "necessidade em energia" não se deve nem à arte do engenheiro nem à da ciência econômica.
Contudo, a ciência pode apresentar elementos parciais (pontuais) podendo testar a coerência de uma certa visão e afinar certas análises.
Entretanto, a ciência não pode jamais responder à questão ética: "Queremos nós assumir tal decisão?".
As escolhas serão antes favorecidas por apelos éticos ou pela crença de que as "boas" escolhas são predeterminadas pelos "deuses".
Na prática, decisão ética e análise científica geralmente se confundem. É portanto praticamente impossível dar um curso de ciência sem iniciar um debate ético.
Frequentemente se manifestam resistências – seja na afirmação de que as ciências determinam as escolhas – seja na de que normas éticas "eternas" resolvem todas as questões.
Exemplo da psicologia e da ética.

BIBLIOGRAFIA

ACHINSTEIN, P. *Concepts of Science: a Philosophical Analysis.* Baltimore, London, 1968.
AGASSI, J., COHEN, R. S. Scientific Philosophy Today. In: *Essays in Honor of Mario Bunge.* Dordrecht: Reidel Publ. Cy, 1980.
ALTHUSSER, L. *Pour Marx.* Paris: Maspero, 1966.
_____. *Philosophie et philosophie spontanée des savants.* Paris: Maspero, 1974.
_____. *Elements d'autocritique.* Paris: Hachette, 1974.
ARDITTI, R., BRENNAN, P., CAVRAK, S. *Science and Liberation.* Boston: South End Press, 1980.
ARNKOFF, D. B. Psychotherapy from the Perspective of Cognitive Theory. In: MAHONEY, M. J. *Psychotherapy Process.* New York: Plenum Press, 1980.
ARREGHI, A. M. *Summarium Theologiae Moralis.* Bilbao: El Mensagero del Corazon de Jesus, 1961.
AUTREMENT, L'explosion biologique. *Autrement (Paris)*, n.30, mars. 1981.
BACHELARD, G. *Le Nouvel esprit scientifique.* Paris: PUF, 1971.
BADINTER, E. *L'un est l'autre, des relations entre hommes et femmes.* Paris: Odile Jacob, 1986.
BARFIELD, C. E. *Science Policy from Ford to Reagan.* Washington D.C.: American Enterprise Institute for Public Policy Research, 1982.
BARNES, B. T. S. *Kuhn and Social Science.* London: MacMillan Press, 1982.
BASILE, J. *Il se passe quelque chose du côté de l'homme.* Bruxelas: La Renaissance du Livre, 1980.

BEAUMONT, M. et al. *Abus de savoir*. Paris: DDB, 1977.
BELLAH, R. N. et al. Habits of the Heart – Individualism and Commitment. In: *American Life*. New York: Harper and Row Publ., 1986.
BENASAYAG, M. *Utopie et Libertés, l'idéologie des droits de l'homme*. Paris: Gallimard, 1986.
BERGER, P., LUCKMANN, T. *The Social Construction of Reality, A Treatise in the Sociology of Knowledge*. New York: Anchor Books, 1967.
BERNARD, C. *Introduction à l'étude de la médecine expérimentale*. (l. ed., 1865). Paris: Delagrave, Réimp. Garnier/Flammarion, 1934.
BERNSTEIN, B. *A socio-linguistic Approach to Socialization*. In: GUMPERG, J. e HYMES, D. (Org.) *Directions in Socio-linguistics*. New York: Holt, Rinehart & Winston, 1970.
BLONDEL, M. *L'Action*. Paris: 1893, réédité pela Presses Universitaires de France, 1950.
BLOOR, D. *Wittgenstein and Manheim on the sociology of mathematics. Studies in the History and Philosophy of Science*. v.4, n.2, p.173-91, 1973.
_____. *Sociologie de la logique ou les limites de l'epistémologie*. Paris: Pandore, 1982.
BOUE, J., BOUE, A. Décisions thérapeutiques et moralité. In: *Lumière et Vie*. Janvier-mars 1978. p.53-60.
BOULLOCHE A., RICHTER, K., WARREN, K. *The Sciences and Democratic Government*. (Concílio da Europa), London: Beecles and Colchester, 1976.
BRAUN, E., COLLINGRIDGE, D., HINTON, K. *Assessment of Technological Decisions-Case Studies*. London: Butterworths, 1979.
BROGLIE, L. de. *Certitudes et incertitudes de la Science*. Paris: Albin Michel, 1966.
BRYDER, T. *Power and Responsibility*. Lund: CWK Gleerup, 1975.
BUNGE, M. *The Methodological Unity of Science*. Dordrecht: Reidel Publ. Cy, 1973.
_____. *Epistémologie*. Paris: Maloine, 1983.
_____. *Philosophie de la physique*. Paris: Seuil, 1975.
CALLON, M. Incidence des rapports sociaux sur le développement scientifique et technique. In: *Roqueplo*. Paris: CORDES-CNRS, 1978.
CAMERON, L., EDGE, D. *Scientific Images and their Social Uses*. London: Butterworths, 1979.
CANGUILHEM, G. *Idéologie et Rationalité dans l'histoire des sciences de la vie*. Paris: Vrin, 1977.
CAPEK, M. *The Concepts of Space and Time*. Dordrecht: Reidel, 1976.
CASTORIADIS, C. *Les carrefours du labyrinthe*. Paris: Seuil, 1978.
CENTRE CATHOLIQUE DES INTELLECTUELS FRANÇAIS. *Le pouvoir de l'homme sur la vie*. Paris: DDB, 1976.
CERTEAU, M. de. *L'invention du quotidien*. Paris: UGE, 1980, coll. 10/18.

CHAGULA, W. K., FELD, B. T., PARTHASARATHI, A., LAVAKARE, P. J. (Org.). *Pugwash on Self-Reliance*. New Delhi, 1977.
CHEZA, M. *Pour une morale du changement*. Bruxelles: CEFA, 1980.
CIBA, Foundation symposium. *Civilization and Science in Conflict or Collaboration?* Amsterdam: Elsevier, 1972.
CLUB OF ROME'S project on the Predicament of Mankind. *The limits to Growth*. New York: Universe Books, 1972.
COLEY, N. G., HALL, V. M. D. *Darwin to Einstein* – Primary Sources on Science and Belief. New York: Longman, 1980.
COLLINGRIDGE, D. *Decisions on Technology* – Techniques and Policies. Manchester: Siscon, 1977.
COMISSION INTER-IREM EPISTEMOLOGIE, *Actes de l'Université d'été sur l'histoire des mathématiques* (6-13 juillet 1984). Université du Maine, 1986.
CORIAT, B. *Science, technique et capital*. Paris: Seuil, 1976.
COZART, W. R. *Dialogue on Science*. New York: The Bobbs – Merril Cy. Inc., 1967.
DAVIES, J. T. *The Scientific Approach*. New York: Academic Press, 1973.
DESCARTES, R. *Discours de la Méthode*. Ed. original 1637, Verviers: Marabout, 1974.
DOUGLAS, M. *Natural Symbols*. London: Barrie and Jenkins, 1970.
DRUET, P. Ph. Rationalité scientifique, Etat rationnel et raison d'Etat. In: *Un lieu de contrôle démocratique des sciences*. Facultés Universitaires de Namur, septembre 1977.
DRUET, P. Ph., KEMP, P., THILL, G. *Technologies et sociétés*. Paris: Galilée, 1980.
DUCHENE, J. *Phénoménologie et Ontologie dans la philosophie de Merleau-Ponty*. Louvain: Université Catholique de Ivain – Pac. de Philosophie et Lettres, 1975.
_____. World and Rationality in Merleau-Ponty's Phénomenologie de la perception. In: IPG, décembre 1977.
DUHEM, P. *La théorie physique: son objet, sa structure*. Paris: Rivière, 1906.
EASLEA, B. *Liberation and the Aims of Science*. London: Chatto and Windus, 1973.
_____. *Witch hunting, Magic and the new Philosophy, an introduction to debates of the Scientific Revolution 1450-1750*. Brighton: Harverster Press, 1980.
ELKANA, Y. *Two – tier – thinking: Philosophical realism and historical relativism*. Jerusalém: The Hebrew University and the Van Leer Jerusalem Foundation.
_____. The Problem of knowledge. In: *Historical Perspective*. Athens, 1973.
ELLUL, J. *Le rôle médiateur de l'idéologie*. Paris: Castelli, Aubier, 1973.
ELZINGA, A., JANISON, A. *Cultural component in the scientific attitude to nature*. Lund: Research Policiy Institute, 1981.

ESPAGNAT, B. d'*Conceptions de la physique contemporaine*. Paris: Hermann, 1965.
EXSTEYL, J. *Science et stratégie de l'activité humaine*. 1976.
FACTOR, L., KOOSER, R. *Value Presupposition in Science textbook, a critical bibliography*. Galesburg: Know College, s.d.
FARLEY, G., GEISON, J. *La Science telle qu'elle se fait*. Paris: Pandore, 1982.
FOUCAULT, M. *Histoire de la folie à l'âge classique*. Paris: Plon, 1961.
_____. *Surveiller et punir*. Paris: Gallimard, 1975.
_____. *La volonté de savoir*. Paris: Gallimard, 1976.
FOUREZ, G. *La Science partisane*. Gembloux: Duculot, 1974.
_____. Science et développement ou le transfert des techonologies intellectuelles. In: *Economies et Sociétés*. n.11-2, 1979a. p.1672-94.
_____. *Choix éthiques et condionnement social*. Paris: Centurion, 1979b.
_____.La nouvelle alliance de I. Prigogine e I. Stengers. In: *Revue des Questions Scientifiques*. Namur, 1980. p.289-304.
_____. Les sciences comme technologies intellectuelles. In: *Esprit*. Paris: août-septembre 1983a. p.100-6.
_____. Société duale et luttes technologiques. In: *La Revue Nouvelle*. 1983b, p.412-19.
_____. La révolution sexuelle en perspective. In: *Concilium*. 1984, p.15-25.
_____. *Pour une éthique de l'enseignement des sciences*. Bruxelles: Vie Ouvrière, 1985.
_____. Pour une éthique de l'enseignement de la Physique. In: *Humanités Chétiennes*. Bruxelles, juin-août 1985-1986.
_____. *Construire une éthique de l'enseignement scientifique*. Namur: Presses Universitaires de Namur, 1986.
_____. *Une bonne nouvelle pour le monde*. Bruxelles: Novissima, 1987.
_____. Science et developpement. Anotado e ilustrado por A. ART, Ch. DE GREEF. In: *Cahiers Nord-Sud*. Bruxelles, v. I, n.5, p.32-59.
GESSERT, R. A., HEHEIR, J. B. *The New Nuclear Debate*. New York: Council of Religion and International Affairs, 1976.
GIARD, L. L'ostension des mathématiques. In: *Traverses*. Paris, octobre 1982. p.4-16.
_____. Briser la clôture. In: *Esprit*. juin 1974. p.967-84.
GILLIGAN, C. *Une si grande différence*. Paris: Flammarion, 1986.
GONSETH, F. *Les fondements des mathématiques – De la géométrie d'Euclide à la relativité générale et à l'intuitionnisme*. Paris: Blanchard, 1974.
GORZ, A. Caractère de classe de la science. *Les Temps modernes*, 29, n.330, janvier 1974, p.1158-74.
GOWING, M., ARNOLD, L. *The Atomic Bomb*. London: Butterworths, 1979.
GRAMSCI, A. *Oeuvres choisies*. Paris: Editions Sociales, 1959.

GRANDY, R. E. *Theories and Observation in Science*. Englewood Cliffs, Prentice Hall, 1973.
GROUPE BIOLOGIES ET SOCIÉTÉ. *Le matin des biologistes*. Paris, NER, 1980.
GROUPE D'ETUDE ET DE RECEHERCHE SUR LA SCIENCE. *Législation, sécurité du travail et recherche scientifique*. Strasbourg: Étude, Univ. Louis Pasteur, 1976.
GUINE, W. V. *Ontological Relativity*. Columbia: Columbia University Press, 1969.
HABERMAS, J. *La science et la technique comme "idéologie"* Paris: Gallimard, 1973.
HACKING, I. Science Turned Upside Down. In: *The New York Review of Books*. New York, XXXIII, 3, 1986, p.21-6.
HALL. E. T. *The Silent Language*. Fawcett premier, 1959.
HANSON, N. R. *Patterns of Discovery*. Cambridge: Cambridge University Press, 1958.
HARRE, R. *The Principles of Scientific Thinking*. London: MacMillan, 1970.
HAUCHART, Ch. *Sur l'appropriation des concepts de suite et de limite de suite*. Louvain-la--Neuve, 1985. Doctorat (Dép. de Math: Université Catholique de Louvain) Faculté des Sciences.
HEGEL, W. F. *La phénoménologie de l'esprit*. Paris: Montaigne, 1969.
HEIDEGGER, M. *Essais et conférences*. Paris: Gallimard, 1958.
HETMAN, F. *La Société et la Maîtrise de la Technologie*. Paris: OCDE, 1973.
HIMSWORTH, H. *The development and organization of scientific knowledge*. London: Heinnemann, 1970.
HOLTON, G. *The scientific imagination, Case studies*. Cambridge: Cambridge Univ. Press, 1978.
_____. *The advancement of Science and its burdens*. Cambridge: Cambridge Univ. Press, 1986.
HOTTOIS, G. Éthique et Technoscience. In: NAISSE, J. (Org.), *Science et Ethique*. Bruxelas: Ed. de l'Univ. de Bruxelles, 1987.
_____. Bioéthique et libre - examen. In: *Le Soir*, 13 out. 1986.
HUME, D. *Traité de la nature humaine*. Paris: Aubier, 1946.
HUSSERL, E. (Inédito). *Die Krisis europäischen Wissenschaften und die transzendentale Parzeption*. Citado por MERLEAU-PONTY, M. *Phénoménologie de la perception*. Paris: Gallimard, 1945.
HUTCHINGS, R. *Soviet Science, Technology, Design*. London: Oxford Univ. Press, 1976.
ILLICH, I. *Némésis médicale, l'expropriation de la santé*. Paris: Le Seuil, 1976.
_____. *La Convivialité*. Paris: Seuil, 1973.
_____. *Gender*. New York: Panthéon, 1982.

IMPACT–SCIENCE ET SOCIÉTÉ. Science et bon sens, UNESCO - v.XXV, janvier-mars 1975.

INSTITUT UNIVERSITAIRE D'ÉTUDES DU DÉVELOPPEMENT. *Cahiers de l'Institut Univ. d'études du développement*. Paris, Genève: OUF, 1977.

IRIBARNE, Ph d'. *La Science et le Prince*. Paris: Denoël, 1970.

JACCARD, A. *L'exil intérieur*. Paris: PUF, 1975.

JACOB, F. *La logique du vivant*. Paris: Gallimard, 1970.

JOLLEY, J. L. *The Fabric of Knowledge*. Duckworth: Gloucester, 1973.

KANNAN, K. P. *Towards a People's Science Movement*. Kerala Sastrasahitya Parished, 1979.

KANT, E. *Fondement de la Métaphysique des Moeurs*. Paris: Delagrave, 1982.

KEMP, P. L'engagement dans le débat nucléaire: le problème d'une éthique politique. In: *Un lieu de contrôle démocratique des sciences*. Facultés Universitaires de Namur, Col. Int. & Int., septembre 1977.

_____. *Ethique et Médecine*. Paris: Tiercé, 1987.

KENNEY, M. *Biotechnology: the University-Industrial Complex*. Yale Univ. Pr., 1986.

KNORR, K., CETINA, K. Bruno Latour, les microbes: guerre et paix, suivi de Irréductions. In: *Social Study of Science*, London: Sage, v.15, 1985. p.577-85.

KNORR, K. CETINA, K., MULKAY, M. *Science Observed*. London: Sage, 1983.

KNORR, K. KROHN, R., WHITLEY, R. The Social Process of Scientific Investigation. In: *The Sociology of the Sciences, a Yearbook*. Dordrecht: Reidel, 1981.

KOEKELMANS, J. J., KISIEL, Th. J. *Phenomenology and the Natural Science*. Evanston: Northwestern University Press, 1970.

KOHLBERG, L. *Philosophy of moral development*. New York: Harper and Row, 1981.

KOTEK, J. D. *L'affaire Lyssenko*. Bruxelles: Complexe, 1986.

KRISIS. *Bulletin de liaison Science-Technique-Société*. n.0 a 4, Bruxelles: ULB, 1982/83.

KUHN, Th. *The Structure of Scientific Revolutions*. Chicago: University of Chicago Press, 1970.

_____. *La structure des révolutions scientifiques*. Paris: Flammarion, 1972.

LACOSTE, Y. *La géographie, ça sert d'abord à faire la guerre*. Paris: Maspero, 1976.

LADRIERE, J. La notion de constructivité en métamathématiques. *Bulletin de la Sté Mathémat. de Belgique*. Tome VIII, fasc. 1, Gembloux: Duculot, 1956.

_____. *L'articulation du sens*. Paris: Aubier, 1970.

_____. *La science, le monde et la foi*. Tournai: Casterman, 1972.

_____. *Vie sociale et destinée*. Gembloux: Duculot, 1973.

LADRIERE, J. Vérité et praxis dans la démarche scientifique. In: *Revue philosophique de Louvain*, Tome 72, 4ᵉ série, n.14, Louvain, 1974, p.284-310.

LAGUES, M. *La science dans la Presse: exemple du Volcan de la Soufrière*. Louvain-la-Neuve, 1977.

LAKATOS, I. Falsification and the Methodology of Scientific Research Programs. In: LAKATOS, I., MUSGRAVE, A. *Criticism and the Growths of Knowledge*. Cambridge: Cambridge University Press, 1970.

LAMBOURNE, R. A. *Le Christ et la santé*. Paris: Le Centurion – Labor et Fides, 1972.

LAMOTTE, B. Le rédutionisme, méthode ou idéologie. *Lumière et vie*, XXXIV, 172, 1985. p.5-18.

LATOUR, B. Pouvoir et devoir dans un article de sciences exactes. *Actes de la Recherche*, février 1977. p.81-95.

_____. Is it possible to Reconstruct the Research Process?. In: K. KNORR et al. (Org.). Dordrecht: Reidel Publ. Cy., 1981.

_____. Give me a Laboratory and I Will Raise the World. In: KNORR, K. e MULKAY, M. (Org.). *Science observed, New Perspectives in the Sociology of Science*. London: Sage, 1982.

_____. Comment redistribuer le grand partage?. In: *Revue de Synthèse*, avril-juin 1983.

_____. *Les Microbes – Guerre et Paix* seguido de *Irréduction*. Paris: Métaillé et Pandore, 1984.

LATOUR. B., WOOLGAR, S. *Laboratoy Life*: The Social Construction of Scientifc Facts. Los Angeles: Sage, 1979.

LEACH, J. *The Biocrats*. London: J. Cape Ltd., 1970.

LECLERCQ, R. *Traité de la méthode scientifique*. Paris: Dunod, 1964.

LECOURT, D. *Lyssenko: histoire réelle d'une science prolétarienne*. Paris: Maspero, 1976.

LEFEVRE, Th. *La science d'aujoud'hui pour la société de demain*. Bruxelles: Vie Ouvrière, 1971.

LEGRAND, M. Langage ordinaire, historicité et science. *Bulletin de l'Institut Supérieur de Philosophie*. Tome 22, Louvain, août 1974. p.539-52.

LEPRINCE-RINGUET, L. *Le grand merdier ou l'espoir pour demain?* Paris: Flammarion, 1978.

LEROI-GOURHAN, A. *Le geste et la parole*. Paris: Albin-Michel, 1970. 2v.

LEVY, P. *Quelques aspects de la pensée d'un mathématicien*. Paris: Blanchard, 1970.

LEVY-LEBLOND, J. M. *L'esprit de sel: science, culture, politique*. Paris: Fayard, 1981.

LEVY-LEBLOND, J. M., JAUBERT, A. *Autocritique de la science*. Paris: Seuil, 1973.

LICHNEROWICZ, A., PERROUX, F., GADOFFRE, G. *Structure et dynamique des systèmes*. Paris: Maloine-Doin, 1976, Séminaires Interdisciplinaires du Collège de France, Recherches Interdisciplinaires.

_____. *Analogie et connaissance*. Paris: Maloine, 1981, Séminaires Interdisciplinaires du Collège de France.

LIPSCOMBE, J. e WILLIAMS, B. *Are Science and Technology Neutral?* London: Butterworths, 1979.

LONGSDON, J. M. *The Apollo Decision and its Lessons Makers*. Washington D.C.: The George Washington University, n.7, 1970.

MACDONALD, S., COLLINGBRIDGE, D., BRAUN, E. *From Science to Technology*: the case of semi-conductors, Manchester, Siscon, 1975.

MACH. E. *La mécanique*. Paris: Hermann, 1925.

MALHERBE, J. F. *La théorie russellienne des descriptions, Exposé et critique*.Namur: Presses Universitaires de Namur, 1973.

_____. *La philosophie de Karl Popper et le positivisme logique*. Namur: Presses Univ. de Namur e Paris: Press. Univ. de France, 1976.

_____. Popper réfuté: esquisse d'une nouvelle conjecture en philosophie des sciences. In: *Bulletin Copernic*. Septembre 1980, p.3-14.

_____. L'embryon est-il une personne humaine? In: *Lumière et Vie*, n.172, 1985.

_____. *Pour une éthique de la Médecine*. Paris: Larousse, 1987.

MANHEIM, K. *Idéologie et Utopie*. Paris: Marcel Rivière, 1974.

_____. *Essays on the Sociology of Knowledge*. London: Routledge & Kegan Paul, 1952.

MARCUSE, H. *L'homme unidimensionnel, sur l 'idéologie de la société industrielle avancée*. Paris: Minuit, 1968.

MARECHAL, J. *Etudes sur la psychologie des Mystiques*. 2. ed., Bruxelas-Paris: DDB, 1924, 1937.

MASLOW, A. H. *The Psychology of Science*. Chicago: Gate-Way, 1969.

MEDAWAR, P. B. *Induction and Intuition in Scientific Thought*. London: Methuen and Co. Ltd., 1969.

MENAHEM, G. *La Science et le Militaire*. Paris: Seuil, 1976.

MENDEHLSON, E. *The Social Construction of Scientific Knowledge*. Dordrecht: Reidel, 1977.

MERCHANT, C. *The death of Nature*. San Francisco: Harper and Row, 1980.

MERLEAU-PONTY, M. *Phénomenologie de la perception*. 4 ed., Paris: Gallimard, 1945, 1962.

_____. *Le Visible et l'Invisible*. Paris: Gallimard, 1964.

_____. *Sens et non-sens*. 6 ed., Paris: Nagel, 1948, 1966.

_____. *Leçons sur la genèse des théories physiques*: Galilée, Ampère, Einstein. Paris: Vrin, 1974.

MERTON, T. *The Sociology of Science*. Chicago: University of Chicago Press, 1973.
MESCHKOWSKI, H. *Evolution of mathematical thought*. San Francisco: Holden-Day, Inc., 1965.
MESTHENE, E. G. How Technology will shape the Future. *Science*. Harvard Univ. Progr. on Technology and Society, july 1968.
MICHAELIS, A. R., HARVEY, H. *Scientists in Search of their Conscience*. Berlin-New York: Springer Verlag, 1973.
MITTELSTAEDT, P. *Philosophical Problems of Modern Physics*, Dordrecht-Boston: Reidel Publ. Cy., 1976.
MOLITOR, M. La Profession scientifique. *Courrier hebdomadaire (Bruxelas)*, CRISP, n.620, 1973.
MONOD, J. *Le hasard et la nécessité*. Paris: Seuil, 1970.
MOORE, G. E. *Principia Ethica*. 1903, Cambridge: Cambridge University Press, 1976.
MORAVCSIK, M. J. Science Development – The Building of Science. In: *Less Developed Countries*. Bloomington: International Development Reserch Center, 1976.
MORAZE, Ch. et al. *La science et les facteurs de l'inégalité*. Paris: UNESCO, 1979.
MOSCOVICI, S. *Histoire humaine de la Nature*. Paris: Flammarion, 1977.
MOUFFE, C. Le libéralisme américain et ses critiques, Rawls, Taylor, Sandel, Walzer. *Esprit*, (Paris), n.124, mars 1987. p.100-14.
NADEAU, R., DESAUTELS, J. *Epistémologie et didactique des sciences*. (exposé à débattre), Conseil des sciences du Canada, avril 1984.
NAISSE, J. (Org.). *Science et Ethique*. Bruxelles: Ed. de l'Université de Bruxelles, 1987.
NATHAN, O. *Le dilemme du physicien critique dans le debat technologique*.Dubrovnik: Inter-Univ. Center, 1981.
NEEDHAM, I. *La Science chinoise et l'Occident*. Paris: Seuil, 1972.
NIETZSCHE, F. *Ainsi parlait Zarathoustra*. Paris: UGE, 1953, coll. 10/11.
NIINILUOTO, I., TUOMELA, R. *Theoretical Concepts and hypothetics-inductive inference*. Dordrecht: Reidel Publ. Cy., 1973.
NORDON, D. *Les mathématiques pures n'existent pas!* Bordeaux: Université de Bordeaux, I, 1980.
PANDORE. La science telle qu'elle se fait. In: *Anthologie de la Sociologie des Sciences de langue anglaise*. Paris: SAGI, 1982.
PIAGET, J. *Le Structuralisme*. Paris: PUF, 1968. (Coll. Que sais-je?).
PINCH, T. *Theories and Observation in Science*. Englewood Cliffs: Prentice-Hall, 1973.
_____. Towards an Analyses of Scientific Observation: The Externality and Evidencial Significance of Observational Reports in Physics. In: *Social Studies of Science*. London: Sage, v.15, 1985. p.3-36.

POPPER, K. *La logique de la découverte scientifique*. Paris: Payot, 1973.
_____. *L'univers irrésolu*. Plaidoyer pour l'indeterminisme. Paris: Hermann, 1984.
PRIGOGINE, I., STENGERS, I. *Entre le temps et l'Eternité*. Paris: Fayard, 1988.
_____. *La nouvelle Alliance* – Métamorphose de la science. Paris: Gallimard, 1979.
RADNITZKY, G. Philosophie de la recherche scientifique. In: *Archives de Philosophie*. Beauchesne, tome 37, janvier-mars 1974.
RASMONT, G. De la biologie à la morale. In: NAISSE, J. (Org.) *Science et Ethique*. Bruxelles: Ed. de l'UNIV. de Bruxelles, 1987.
RAVETZ, J. *Scientific Knowledge and its Social Problems*. Oxford: Clarendon Press, 1971.
REEVES, H. *L'heure de s'enivrer*; l'univers a-t-il un sens? Paris: Seuil, 1986.
RENYI, A. *Dialogue on Mathematics*. San Francisco: Holden Day, 1967.
REPORT OF THE WORLD COUNCIL OF CHURCHES. Faith and Science in an unjust World, Conference on Faith Science and the Future, Geneve, Tomes 1 e 2, 1980.
REVUE NOUVELLE. Science et Société, numéro spécial, janvier 1972.
RICOEUR, P. Science et idéologie. In: *Revue Philosophique de Louvain*, Tome 72, 4ᵉ série, n.14, Louvain, 1974. p.328-56.
_____. Ethique et politique. In: *Esprit*, mai 1985. p.1-11.
_____. Le problème du fondement de la morale. In: *Sapienza*, 1975.
RITCHA, R. *La civilization au carrefour*. Paris: Anthopos, 1968.
ROQUEPLO, P. Structure et sens ou la conscience que la science a de son propre sens. In: *Revue des questions scientifiques*, Namur, 1968.
_____. *L'énergie de la foi, science, foi, politique*. Paris: Cerf, 1973.
_____. *Incidences des rapports sociaux sur le developpement scientifique et technique*. CNRS, 1976.
ROQUEPLO, P., THUILLIER, P. et al. *Incidence des rapports sociaux sur le developpement scientifique et technique*, Paris, 1976.
RUSSO, F. *Pour une bibliothèque scientifique*. Paris: Seuil, 1972. (Coll. Points).
SALOMON, J. J. *Science et politique*. Paris: Seuil, 1970.
_____. *Prométhée empêtré: la résistance au changement technique*. Paris: Pergamon Press, 1982.
SARTON, G. *An Introduction to the History of Science*. Baltimore: Williams & Wilkins, 1927-1948. 3v.
SECRETARIAT NATIONAL DE L'ENSEIGNEMENT CATHOLIQUE, (SNEC). *Programmes expérimentaux pour les trois degrés*. Bruxelles, LICAP, 1979, p.8-9.
SELYE, H. *The Stress of Life*. New York: McGraw-Hill, 1956.
SEMINAIRE DE PHILOSOPHIE ET MATHEMATIQUES. *Penser les mathématiques*. Paris: Seuil, 1982.

SERRES, M. Cartes marines. In: *Le Monde Dimanche*, 1ᵉʳ août 1982.
SERVICES DE PROGRAMMATION DE LA POLITIQUE SCIENTIFIQUE. *La politique scientifique, ses objectifs et ses instruments*. Bruxelles, 1984.
SESIC, B. V. *Logic of Change*. Bolonha: Centro Superiore di Logica e Scienze Comp., 1972.
SHAPERE, D. *Reason and the search for knowledge*. Dordrecht: Reidel Publ. Cy., 1984.
SNOW, C. P. *Science and Government*. New York: Mentor Books, 1962, The Godkin Lectures at Harvard Univ.
_____. *The two cultures*: and a second look. New York, Toronto: New American Library, 1963.
STAUDENMAIER, J. M. *Technology's Storytellers*. Cambridge: MIT Press, 1984.
STEHELIN, L. *Science(s), femme(s), idéologie(s)*. Strasburg: Université Louis Pasteur, 1974.
STENGERS, I. Comment parler de la science dans la société. In: *Cahiers de sociologie et d'économie régionales*. Bruxelles: Ed. UIB, novembre 1981, p.151-60.
_____. Evolution conceptuelle de la Physique. In: *Chroniques*. Bruxelles: Université des Femmes, novembre 1984.
_____. *D'une science à l'autre, des concepts nomades*. Paris: Seuil, 1987.
STONE, M. H. The Revolution in Mathematics. *Liberal Education*. v. XLVII, n.II, p.304-27, may 1961.
TAYLOR, J. (Sir) *The Scientific Community*. Oxford: Oxford University Press, 1973.
THEOBALD, R. *Dialogue on Technology*. New York: The Bobbs Merril Cy. Inc., 1967.
THILL, G. *La fête scientifique*. Paris: Desclée, Aubier, 1972a.
_____. *La fête scientifique, Science et praxis, dèmarche ghrétienne*. Paris: Institute Catholique, 1972b.
_____. Science, politique, foi – Le debat nucléaire en Belgique. In: *Esprit*, p.682-95, avril 1976.
_____. Un lieu de contrôle démocratique des sciences: le débat nucléaire. Atas do Colóquio Internacional, Namur, Facultés Universitaires de Namur – Dpt. Philo Homme de Sciences, 1977.
_____. *Contrôle démocratique, critique scientifique et staut de l'expert*. Rome: Conferência Internacional, May 1979.
_____. L'invention socio-epidémiologique. In: *Recherche Interdisicplinaire*, Namur, Facultés Universitaires de Namur, tomes I e II, 1980a.
_____. Democratic Control of the Sciences. In: IPG, New York: Fordham University, e Namur, FUN, mars 1980b.

THILL, G. et al. *L'invention socio-épidemiologique*: Enquête-test dans la Basse-Sambre auprès d'une population ouvrière masculine. Namur: Facultés Universitaires de Namur, 1980c.

_____. Problématique de l'énergie. In: *Recherche Interdisciplinaire*, Bruxelles-Namur, 1981.

_____. *Biologie(s) Rôle(s)*. Seminário Biologie et Société, Namur, Facultés Universitaires de Namur, 1982.

THILL, G., WAUTELET, J. M. *Le monde des médecins vétérinaires*. Bruxelles: CRISP, 1974.

THILL, G., LAMBERT, D. *Variances mathématiques*. Séminaire. Mathématiques et Société 1984-1985.

THILL, G., FELTZ, B. *Autoorganisation et approche systémique des pratiques de recherche*. Louvain-la-Neuve: CIACO, 1986.

THILL, G., KEMP, P., MULJEVIC, V. Systèmes technologiques et autogestion. *Actes du Cours l'Inter-University Center de Dubrovnik*. Avril 1984, Namur: Presses Universitaires de Namur, 1985.

THUILLIER, P. *Jeu et enjeu de la science, essais d'épistémologie critique*. Paris: Laffont, 1972.

_____. Les mathématiques: fin en soi ou instrument? In: *La Recherche*, n.37, setembre 1973, p.805.

TOCQUEVILLE A. de. *Democracy in America*. New York: J. P. Mayer, Anchor Books, Doubleday, 1969.

_____. *De la Démocratie en Amérique*. Paris: Flammarion, 1981 - (1. ed.: 1835-1840).

TORALDO DI FRANCIA, G. *The Investigation of the Physical World*. Cambridge: Cambridge Univ. Press, 1981.

TOULMIN, S. Crucial experiments: Priestley and Lavoisier. In: *Jounal of the History of Ideas*, v.18, 1957. p.205-20.

_____. *Human Understanding*. Princeton: Princeton University Press, 1972.

_____. *L'explication scientifique*. Paris: Armand Colin, 1973.

TOURAINE, A. La Science, les Intellectuels et la Politique. In: *La Nouvelle Revue Socialiste*, 1975. p.61-6.

_____. *L'après-socialisme*. Paris, Grasset, 1980.

VALENDUC, G., LAFFINEUR, J. *Face aux nouvelles technologies*. Bruxelles: Fondation Travail-Université, 1982. (Dossier 7).

VALENDUC, G. et al. *La science et la guerre*. Bruxelles: Grip, 1986.

VAN MELSEN, A. G. *Science and responsability*. Pittsburgh: Duquesne Univ. Press, 1970.

VAVOULIS, A., COLVER, A. W. (Org.) *Science and Society* - Selected Essays. San Francisco: Holden Day Inc., 1966.

VERCORS. *Les animaux dénaturés*. Paris: Albin Michel, 1952.

WAKS, L. J. Une nouvelle éthique de la formation scientifique et technologique. In: FOUREZ, G. (Org.) *Actes du Colloque* CETHES. Namur: Presses Universitaires de Namur, 1986.

WALLIS, R. On the Margins of Science, the Social Construction of Rejected Knowledge. In: *Sociological Review Monograph*, Keele, 1979.

WATTE, P. *L'éthique avant la technologie*. Un choix universitaire. Bruxelles: Lumen Vitae, 1982.

WAYSAND, G. *La contre-révolution scientifique*. Paris: Anthropos, 1974.

WEBER, M. *Le savant et le politique*. Paris: Plon, 1971.

WEISS, P. A. *L'Archipel scientifique*. Etudes sur les fondements et les perspectives de la science. Paris: Maloine Ed., 1974.

WIENER, N. *The human use of human beings*. New York: Doubleday, 1954.

WITTGENSTEIN, L. *Philosophical Investigation*. Oxford: Blackwell, 1976.

ZAHAR, E. G. The Popper-Lakatos Controversy. In: *Fundamenta Scientiae*, v.3, n.1, Pergamon Press, 1982. p.21-54.

ZIMMERMAN, B., RADINSKY, L., ROTHEMBERG, M., MEYERS, B. *Towards a Science for the People*. People's Press, december 1972.

_____. *Wetenschapskritiek*. Verlag van de Seminariesiklus, Werkgroep Wetenschapskritiek, Leuven: KUI, 1976, 1977.

_____. *Du mode de production des sciences* – Finalisation/Autonomie de la recherche. Bruxelles: Ed. de L'Université Libre de Bruxelles, 1981.

SOBRE O LIVRO

Coleção: Biblioteca Básica
Formato: 14 x 21 cm
Mancha: 25 x 44 paicas
Tipologia: Goudy Old Style 12/14
Papel: Pólen 80 g/m² (miolo)
Cartão Supremo 250 g/m² (capa)
1ª edição: 1995

EQUIPE DE REALIZAÇÃO

Edição de Texto

Vera Luciana Morandin (Preparação de Original)
Fábia Cristina Vieira Machado
e Dalila Maria Pereira Lemos (Revisão)
Barbara Eleodora Benevides Arruda (Atualização ortográfica)

Editoração Eletrônica

Celso Carramenha Linck (Edição de Imagens)
Joselito Ramos de Oliveira, Sueli de Paula Leite e
R2/D'Livros (Diagramação)

Projeto Visual
Lourdes Guacira da Silva

Impressão e acabamento